WWW.NEWLEFTREVIEW.ES

Licencia Creative Commons

Reconocimiento-NoComercial-SinObraDerivada 4.0 Internacional (CC BY-NC-ND 4.0)
© New Left Review Ltd., 2000

Editores de la edición en castellano: Carlos Prieto del Campo
Diseño y coordinación editorial: David Gámez Hernández

Edita:
Editorial Traficantes de Sueños
Calle Duque de Alba 13, 28012, Madrid, España
Tel: (34) 911857773
www.traficantes.net/nlr
nlr@traficantes.net
ISBN: 978-84-19833-19-8
Depósito legal: M-11977-2024

documentos 09

SOBRE EL CAPITALISMO POLÍTICO
EL NUEVO DEBATE BRENNER

Robert Brenner
Dilan Riley
Matthew Karp
Tim Barker
Aaron Benanav
Alyssa Batisttoni
Geoff Mann
Lola Seaton
Grey Anderson
Joshua Rahtz

Traducción:
Carlos Prieto del Campo
Ana Useros Martín

NEW LEFT REVIEW
en español

traficantes de sueños

ÍNDICE

Isidro López
EL PODER POLÍTICO EN LA ERA DEL CAPITALISMO FINANCIARIZADO:
¿un nuevo debate Brenner?

No es la primera vez que se produce un debate en torno a la obra de Robert Brenner. En este caso, la reaparición de sus hipótesis del articulo de 1998, «La economía de la turbulencia global»[1] en la *New Left Review* ha dado lugar a un debate sobre la naturaleza del capitalismo actual que se ha extendido a lo largo de 2023, y parece que va a continuar durante 2024.

El artículo «Siete tesis sobre la política norteamericana»,[2] escrito junto a Dilan Riley, plantea cuestiones que vienen de lejos en la obra de Robert Brenner. En concreto, la idea de que el ciclo neoliberal que se inició en los años ochenta, se desarrolló en los noventa y tuvo como resultado final las burbujas tecnológicas e inmobiliarias consecutivas de principios y mediados de los dos mil, no ha logrado reavivar las tasas de beneficio en el capitalismo occidental en crisis desde 1973. La

---

[1] La investigación de Brenner concluyó en un amplio trabajo publicado con el mismo título *La economía de la turbulencia global*, Madrid, Akal, 2009.

[2] R. Brenner y D. Riley, «Siete tesis sobre la política estadounidense», *New Left Review*, núm. 138, enero-febrero de 2023.

<7>

rentabilidad capitalista no financiera, y muy especialmente la rentabilidad de los capitales industriales no se ha recuperado desde entonces. La explicación a este fenómeno descansa en un término central en el análisis de Robert Brenner, y sobre el cual volveremos, el de exceso de capacidad o sobrecapacidad productiva. Brenner utiliza toda una batería de datos empíricos, centrados fundamentalmente en las estadísticas de rentabilidad y de productividad.

Esta primera versión de la hipótesis de Brenner sobre el capitalismo actual ya generó una primera tanda de respuestas,[3] casi todas ellas procedentes del marxismo académico en las que se discuten tanto la propia tesis como el aparato de datos que la soporta. Brenner actualiza la hipótesis en el cambio de siglo en *La expansión económica y la burbuja bursátil*.[4] Escrito en el momento de mayor expansión de lo que fue la burbuja tecnológica del cambio de siglo, cuando la salida a bolsa de las llamadas empresas punto.com generó una fuerte revalorización de los mercados bursátiles globales, Brenner sostuvo entonces que la sobrecapacidad productiva global heredada de las políticas que gobernaron la salida neoliberal a la crisis de 1973 lastraba la posibilidad de un nuevo ciclo de rentabilidad industrial liderado por Silicon Valley y las entonces nuevas industrias informáticas.

«Siete tesis sobre la política norteamericana» es la primera colaboración de Brenner con Dilan Riley, un escritor de corte mucho mas periodístico y de intervención coyuntural que Brenner, este último figura central del marxismo norteamericano actual, especializado en las profundidades analíticas de la economía política. El articulo es todavía otra reactualización de la tesis del exceso de capacidad como el factor que gobierna toda la dinámica del capitalismo actual

---

[3] G. Dumenil, M. Glick y D. Levy, «Brenner on competition», *Capital and Class*, vol. 25, núm. 2, verano de 2001. Ajit Zacharias, «Competition and Profitability: a critique of Robert Brenner», *Review Of Radical Political Economy*, vol. 34, núm. 1, invierno de 2002.

[4] R. Brenner, *La expansión económica y la burbuja bursátil*, Madrid, Akal, 2003.

desde 1973. La persistencia de cuarenta años de sobrecapacidad productiva en el capitalismo global habría tenido como resultado la aparición de un modelo político mixto, al que por oposición al capitalismo «económico», Brenner y Riley denominan capitalismo político.

El termino capitalismo político no es nuevo ni en la obra de Brenner, ni en la tradición de la historiografía crítica norteamericana. Propuesto originalmente por el historiador Gabriel Kolko en su libro canónico *The Triumph of Conservatism*[5] sobre los cambios en el capitalismo norteamericano emergente en el cambio entre los siglos XIX y XX, Kolko habla de capitalismo político para describir un modelo económico caracterizado por el monopolismo y el control del poder político por parte de las élites económicas, antes que por las virtudes que el capitalismo cuenta de sí mismo: la libre competencia y el emprendimiento. Desde esta primera utilización del término por parte de Kolko, el termino capitalismo político se ha usado en el mundo anglosajón como forma de hablar del amiguismo, el nepotismo y el tráfico de influencias generalizado como forma de cancelación de cualquier posible amenaza a la reproducción de las posiciones de poder de las élites.

Brenner también había utilizado el termino capitalismo político durante el «primer debate Brenner». Este debate fue de naturaleza muy diferente al que nos ocupa en 2024: una discusión propiamente historiográfica sobre la naturaleza y la periodización de la transición entre el feudalismo y el capitalismo. Brenner, en una de sus aportaciones a este debate[6] identificó una fase intermedia entre feudalismo y capitalismo, en el que ya existía una determinada industria de bienes de lujo que aún no es ni la industria capitalista bri-

---

[5] *Gabriel Kolko, The Triumph of Conservatism: A Reinterpretation of American History, 1900-1916*, Nueva York, Glencoe, 1963.
[6] Robert Brenner, «The Agrarian Roots of European Capitalism», *Past & Present*, núm. 97, noviembre de 1982. Las principales contribuciones a este debate están disponibles en castellano en *El debate Brenner. Estructura de clases agraria y desarrollo económico en la Europa preindustrial*, Barcelona, Crítica, 1985.

tánica del siglo XIX, con su revolución de la productividad por la incorporacion de las maquinas al proceso de producción, ni mucho menos el conglomerado de alta productividad, alto consumo y absorción institucional de las luchas de clases al que llamamos fordismo. Se trataba mas bien de un puñado de industrias manufactureras emergentes de productos de lujo, situadas en Flandes y en las ciudades del norte de Italia. Estas servían a una demanda procedente de la competencia entre distintos señores tardofeudales en su proceso de conversión en rentistas o incluso protocapitalistas. La mayor capacidad de satisfacción de esta demanda de bienes de lujo proporcionaba mayor cercanía a los lugares del poder político en proceso de concentración en aquella época, y por tanto mejores posiciones en algo así como un modo de producción protocapitalista.

Bidenomics

En 2023, Brenner y Riley retoman el término en un contexto totalmente otro: las políticas públicas norteamericanas de los años de la pandemia analizadas ya en la fase pospandémica. En un articulo anterior en la propia *New Left Review*, «Saqueo pantagruélico»,[7] Brenner formula por primera vez de forma «aplicada» la hipótesis del capitalismo político, que ya había sido ensayada de forma puramente analítico-teórica en el prólogo del primer número de la revista *Catalyst*. Este artículo se sitúa en los primeros meses de la pandemia en 2020, con la monumentalmente dotada CARES Act, más de dos billones de dólares en gasto total del gobierno de Donald Trump. Brenner detecta aquí una nueva forma de capitalismo político en el rescate económico generalizado de toda la estructura económico empresarial de las élites norteamericanas.

Pero no es hasta la publicación de «Siete tesis» cuando el debate realmente prende. La novedad frente a «Saqueo pantagruélico» es que la tesis del capitalismo político se cruza con

---

[7] Robert Brenner, «Saqueo pantagruélico», *New Left Review*, núm. 123, julio-agosto de 2020.

un análisis de la coyuntura del momento. Riley y Brenner analizan los resultados de las elecciones de medio mandato [*midterm*] de 2022 en las que el Partido Repúblicano ganó el control del Senado y el Congreso de EEUU. De hecho, tan solo dos años después de la apretada victoria de Biden sobre Trump, el Partido Repúblicano volvía a ganar unas elecciones. En este sentido, la pregunta que lanzan Brenner y Riley es: ¿cómo es posible que después de una de las políticas públicas de reinversión industrial más ambiciosas desde el New Deal, el partido del presidente Joe Biden haya perdido las elecciones tan pronto?

En efecto, sobre todo la conocida como Inflation Reduction Act (IRA), pero también otras leyes del gobierno de Joe Biden, como la CHIPS Act, suponen la mayor intervención en términos de inversión industrial de las ultimas décadas en Estados Unidos. Estas políticas expansionistas de gasto y de estimulo económico generalizado componen el corazón de la llamada *bidenomics*. La IRA ha tratado de movilizar casi 800.000 mil millones de dólares en inversiones directas en infraestructuras e industrias «verdes» con el fin de favorecer una «transición justa» a una economía «descarbonizada». Siendo equivalente en intención al plan de estimulo Next Generation de la Unión Europea, la IRA dedica mas recursos a las industrias emergentes del «capitalismo verde» y, además, incluye disposiciones proteccionistas y arancelarias para poner barreras de entrada, precisamente a los capitales europeos, con el propósito de conseguir una posición de ventaja competitiva frente a la UE. Y esto aunque ambos bloques económicos hayan quedado subordinados a China en el nuevo orden productivo mundial post pandémico.

Esta ley supone también un cambio cualitativo. El discurso del «capitalismo verde», no así su puesta en marcha efectiva, ha sido patrimonio de la Unión Europea durante los últimos 30 años. La «visión» institucional y de gobierno de una economía basada en las energías renovables, el coche eléctrico, una nueva fiscalidad ecológica y un nuevo entramado industrial circular que tendría como efecto la reducción de emisiones de GEI es algo muy novedoso en Estados Unidos. Si a esto le sumamos que en Estados Unidos, el ciclo de desinversión pública neoliberal fue mucho más duro que en Europa, se puede concluir que existe un fuerte déficit de infraestructuras colectivas sobre el que articular una política de reconstrucción de corte neokeynesiano con capacidad para liderar una cierta recuperación, al menos en el corto plazo.

La apuesta por la reindustrialización del gobierno de Biden ha tenido, por tanto, como efecto una cierta reanimación económica que se registra en los datos de empleo y en una cierta recuperación de la manufactura dirigida por la inversión del Estado. Estas circunstancias no se veían en Estados Unidos desde hace bastante tiempo, hasta el punto de que las previsiones de fuertes subidas salariales en los sectores beneficiados por la *bidenomics* han sido una de las causas de la posible inflación. En un *revival* del miedo a la inflación distributiva de los años setenta, esto ha sido uno de los motivos esgrimidos en 2023 por la Reserva Federal de Estados Unidos para terminar con las políticas de tipos de interés bajos e iniciar una subida del coste del dinero

Volvemos entonces a la pregunta de Brenner y Riley: ¿cómo es posible que las *bidenomics* no hayan generado ni siquiera una breve hegemonía electoral del Partido Demócrata?

El capitalismo político hoy

Si un programa de reanimación del trabajo industrial en Estados Unidos de la escala de los acometidos por Biden no ha tenido grandes efectos en términos de generar apoyos por parte del estrato social al que tradicionalmente se suele denominar clase obrera americana, es, según Riley y Brenner, por los efectos ampliados del capitalismo político sobre una coyuntura caracterizada por un exceso de capacidad permanente.

Sin una base de acumulación privada lo suficientemente potente es imposible reconstruir la relación capital-trabajo, y por lo tanto, es imposible también reconstruir las luchas de clases tal y como se entendieron en los siglos XIX y XX. Al intervenir el Estado en un sentido de reconstrucción de toda la estructura económica y la jerarquía política propia del proceso de acumulación privado en un entorno de baja rentabilidad y productividad del trabajo estancada, la redistribución se convierte en un juego de suma cero, donde las ganancias de unos son las perdidas de otros. Este cambio supone una transformación fundamental de la base material sobre la que se producían los debates entre la izquierda y la derecha económicas realmente existentes durante los años 1980 y 2008, en concreto el debate entre neoliberalismo y socialdemocracia.

La política electoral durante los años en que aún existían ciertas esperanzas de reanudación del crecimiento y la productividad del trabajo, aun podía tener elementos de política de clase en la medida en que distintas coaliciones de actores políticos, ya fueran mas neoliberales o mas socialdemócratas proponían distintas estrategias de crecimiento económico que beneficiaban mas a una clase social que a otra, y en esa misma medida, eran capaces de servir de vehículo indirecto para los intereses de clase. Aunque fuera siempre desde una posición subordinada al capital, ambas posiciones interpelaban a distintos sectores sociales y distintos sectores de la propiedad.

Hoy, en lugar de estas posiciones de clase, en el modelo del capitalismo político actual, las coaliciones de actores capitalistas proponen distintas estrategias fiscales y de mejora de posición grupales frente a otras posiciones sociales que también demandan ventajas en términos de renta y jerarquía concedidas por parte del Estado. *De un modelo basado en intereses de clase habríamos pasado a otro de grupos de presión para la consecución de ventajas parciales a través del Estado.* En este sentido, Riley y Brenner utilizan el criterio de la posesión de titulación universitaria entre la clase trabajadora, para separar dos grandes tipos de clientelas que caracterizarían la política americana actual.

Por un lado, la clientela del Partido Republicano estaría mayoritariamente formada por la sección de la clase obrera que carece de titulación y que acude a la promesa de ventajas en el mercado de trabajo y en el acceso a renta por parte de los trabajadores «nativos», norteamericanos o con papeles en regla, frente a la supuesta «invasión» de migrantes fundamentalmente de América Central y del Sur. Y aunque Brenner y Riley hablan mas de «nativismo» que de «racismo», en el caso de los mercados de trabajo norteamericanos es inevitable plantear, y de hecho en el articulo se plantea, que estas posiciones no cualificadas de la clase obrera americana que apoyan al Partido Republicano son mayoritariamente blancas, y esa blanquitud es el «titulo de los sin titulo» según Brenner y Riley. Enfrente estaría la otra gran clientela, la progresista, del Partido Demócrata, que en este caso vería la expansión del gasto público en la economía como una oportunidad de acceder a los distintos tipos de posiciones expertas que se abren y que les permitirían monetizar sus títulos universitarios y sus cualificaciones.

Exceso de capacidad

La aportación de Aaron Benanav al debate, «Un exceso de capacidad devorador»,[8] es quizá la más significativa y la que mejor complementa la necesariamente incompleta hipótesis de Brenner y Ryley. Benanav es uno de los autores recientes que mejor ha utilizado el concepto de sobrecapacidad para sus propias investigaciones, entre las que se encuentra el brillante librito *La automatización y el futuro del trabajo*.[9] Benanav utiliza el concepto de sobrecapacidad de Brenner para analizar que sucede con la nueva oleada de automatización de la producción basada en las distintas formas de *big data* e *inteligencia artificial*.

La conclusión de Benanav es tan demoledora como contraintiuitiva, cada ciclo de inversión industrial lejos de acercarnos a la salida de la crisis y la vuelta del crecimiento económico, lo que hace es profundizar los problemas

[8] Aaron Benanav, «Un exceso de capacidad devorador», *New Left Review*, núm. 140-141, mayo-agosto de 2023.
[9] Aaron Benanav, *La automatización y el futuro del trabajo,* Madrid, Traficantes de Sueños, 2021.

estructurales de rentabilidad y productividad del capitalismo actual. La causa: una crisis de exceso de capacidad permanente heredada de los años setenta y que no ha parado de agravarse durante las décadas de la hegemonía neoliberal en la globalización. Un exceso de capacidad que afecta especialmente a las que fueron las industrias punteras del gran ciclo de crecimiento fordista-keynesiano conocido como los «treinta gloriosos», como el automóvil o la aeronáutica. Sin embargo, los modelos políticos y sociales del capitalismo occidental parecen seguir anclados en esa coyuntura: muy especialmente la socialdemocracia. Porque simplemente la competencia es demasiada. Es decir, en cada ciclo sucesivo de crisis el patrón es demasiadas entradas, pocas salidas. Y todos estos programas pseudo keynesianos de intervención del Estado provocan que el ajuste, el mecanismo homeostático del capitalismo que funciona destruyendo el valor que previamente ha creado de forma masiva el trabajo, no realice su operación generando la saturación de agentes empresariales en los sectores económicos a los que se les supone la capacidad de relanzar el beneficio y la productividad.

En concreto, en el momento en el que los Estados intervienen en la operación de ajuste, retrasándola o posponiéndola a futuro, se produce una distorsión en la que empresas con estructuras de costes demasiado elevadas pueden seguir produciendo, saturando mercados de por sí saturados. Los cambios tecnológicos, en la medida en que se producen antes de que se amortice la masa de medios de producción no realizados, añaden todavía una capa más de costes a la larga línea histórica de costes provocados por la imposibilidad de realización de los capitales en este contexto. En ultima instancia, esta situación se resuelve por la vía de la destrucción de empleos industriales y la caída en picado de la población de clase obrera.

Aunque Benanav no entra directamente en la cuestión del capitalismo político si que apunta algo importante, que también está detrás de la posición de Brenner y Ryley, la situación de exceso de capacidad permanente que afecta al proceso de acumulación de capital no permite pensar en ningún tipo de acuerdo redistributivo del estilo de la antigua socialdemocracia. Y por lo tanto, quedaría validado indirectamente el modelo de capitalismo político como movilización de clientelas políticas bajo la promesa de ventajas exiguas en lo que, desde el punto de vista de la totalidad, sigue siendo un juego de suma cero en el que las ganancias de unos son las perdidas de otros.

Críticas

El articulo de Brenner y Ryley ha generado una serie de respuestas críticas en la *New Left Review* y en *Jacobin*, la otra revista en la que se han publicado textos relativos a este debate. En general, las criticas a la posición de «Siete tesis» le acusan de derribar la *bidenomics* antes de que se puedan ver cuales son sus efectos y, mas en general, de cancelar cualquier posibilidad de reactivación económica por la vía de la inversión estatal. En este sentido se plantea el articulo de Tim Barker «Algunas cuestiones sobre el capitalismo político»,[10] que empieza planteando que el poder económico y el poder político siempre han estado relacionados sin que haya registro de ningún momento histórico de capitalismo de mercado perfecto y prístino sin intervención estatal. Es difícil no estar de acuerdo con esta posición, pero de lo que se habla en este debate parece algo cualitativa y cuantitativamente diferente, la escala de la intervención estatal es la de una reconstrucción entera desde lo público de las posiciones de poder, lo cual debería generar la acumulación privada de capital.

Mathew Karp, autor citado en el articulo de Brenner y Ryley por sus tesis sobre la desalineación de clase, también responde con un texto impresionista mas que analítico sobre dos ciudades de Minnesota, Hibbing y Royal Oak, una de ellas representante de la clase obrera tradicional y la otra de la nueva clase media profesional progresista.[11] En una reina la

---

[10] Tim Barker «Algunas cuestiones sobre el capitalismo político», *New Left Review*, núm. 140-141, mayo-agosto de 2023.

[11] Matthew Karp, «Partido y clase en la política estadounidense. Réplica a "Siete tesis sobre la política estadounidense"», *New Left Review*, núm. 139, marzo-abril de 2023.

decadencia mientras en la otra los nuevos «privilegiados» profesionales se atrincheran en una urbanización cerrada frente a la pobreza que le rodea. A partir de ahí, Karp vuelve a plantear su tesis del abandono y el descuido de la base de clase obrera del Partido Demócrata. Precisamente frente a esta hipótesis, Brenner y Ryley argumentan que en condiciones de exceso de capacidad y capitalismo político, es simplemente imposible que el Partido Demócrata presente las políticas socialdemócratas que sedujeron a la clase obrera como alternativa.

Siguiendo con las aportaciones al debate, el texto de Lola Seaton, una de las editoras de la *New Left Review*, «Sobre el capitalismo político»[12] plantea una lectura política de la tesis diciendo que si el capitalismo se juega hoy en la arena política también su superación se juega en ese mismo terreno, lo cual es una buena noticia. Mientras el texto de Alyssa Battistoni y Geoff Mann, «*Bidenomics* climática»,[13] apunta a la necesidad de políticas relativas al cambio climático y la descarbonización, algo que siendo importante, deja intacto el corazón de la tesis de Brenner y Ryley, esto es, la imposibilidad de que un ciclo de inversión pública por potente que sea vuelva a traer los niveles de productividad que hicieron posible el *welfare state* y la redistribución de la renta. Y para terminar el repaso, dos articulos mas breves de Grey Anderson y Joshua Rahtz en *Sidecar*. En el primero, Anderson recuerda que los defensores de las *bidenomics*, y por extensión del *Green New Deal* y el capitalismo verde, tienden a olvidar en sus argumentos la nueva hegemonía productiva de China en las industrias verdes. Y Rahtz defiende algunas partes concretas de la obra de Robert Brenner, claramente mal entendidas por algunos partidarios de las *bidenomics*, como Ackerman.[14]

---

[12] Lola Seaton, «Sobre el capitalismo político», *New Left Review*, núm. 142, septiembre-octubre de 2023.
[13] Alyssa Battistoni y Geoff Mann, «Bidenomics climatica», *New Left Review*, núm. 143, noviembre-diciembre de 2023.
[14] «Robert Brenner's Unprofitable Theory of Global Stagnation», *Jacobin*, 9 de diciembre de 2023.

Dylan Riley
Robert Brenner

SIETE TESIS SOBRE LA POLÍTICA ESTADOUNIDENSE

Durante las semanas posteriores a las elecciones legislativas estadounidenses de medio mandato de noviembre de 2022, el estado de ánimo en el área intelectual del Partido Demócrata osciló entre la ansiedad exasperada y la autocomplacencia eufórica. Las funestas advertencias de una «ola roja», que otorgaría amplias mayorías en el Congreso al Partido Republicano, se trastocaron en júbilo por la salvación de la democracia. En realidad, los resultados fueron muy dispares. Los Republicanos se hicieron con la Cámara de Representantes por una estrecha mayoría, mientras que los Demócratas conservaron su frágil control del Senado. Los Republicanos arrasaron además en Florida y ganaron un puñado de distritos en Nueva York. Los derechos reproductivos tuvieron una noche netamente buena, pero los Demócratas obtuvieron pésimos resultados entre los votantes blancos sin estudios universitarios, dado que, según una encuesta, los Republicanos ganaron más del 70 por 100 del voto de los mismos[1].

---

[1] «Exit Polls 2022», NBC News, fuente: National Election Pool, consultado el 7 de diciembre de 2022.

<19>

Se han ofrecido varias explicaciones para los resultados del Partido Republicano, más débiles de lo esperado, en el contexto de un presidente profundamente impopular y una inflación elevada. Entre las principales hipótesis figuran la escasa «calidad como candidatos» de muchos de los contendientes respaldados por Trump; la anulación por el Tribunal Supremo de la garantía constitucional del derecho al aborto con la sentencia *Dobbs vs. Jackson* este pasado verano; y la participación relativamente alta entre los votantes jóvenes (27 por 100). Todos estos factores tienen algo de plausible, pero pasan por alto la cuestión más general. La política estadounidense ha experimentado un cambio tectónico en los últimos veinte años, que se halla vinculado a las profundas transformaciones estructurales registradas en el régimen de acumulación. Estas transformaciones aún no se han esbozado y teorizado adecuadamente y los imprevistos resultados de las elecciones de mitad de mandato del pasado noviembre son una buena ocasión para empezar a hacerlo.

Lo que ofrecemos aquí no es un razonamiento acabado, sino un conjunto de siete tesis telegráficas, sustentadas por pruebas empíricas, que están concebidas para provocar un debate más profundo sobre estas cuestiones fundamentales. Para ello, comenzaremos con un breve esbozo de la coyuntura actual y una aclaración de términos.

I

Durante la mayor parte del siglo XX, los partidos políticos estadounidenses representaron diferentes coaliciones de capitalistas, que apelaban a los votantes de la clase obrera aduciendo que promoverían el desarrollo económico, ampliarían las oportunidades de empleo y generarían ingresos para invertir en bienes públicos. Esta era la «base material del consentimiento», que determinaba el éxito de los partidos en las urnas: una versión local de la política que dio forma a la mayoría de las democracias capitalistas durante el largo periodo de expansión de posguerra. En Estados Unidos ello produjo importantes oscilaciones electorales y grandes mayorías en el Congreso para el bando ganador: Eisenhower en 1956, Johnson en 1964, Nixon en 1972. Ese panorama político ha desaparecido. A partir de la década de 1990, y definitivamente desde 2000, Republicanos y Demócratas se alternan en el poder gracias a estrechísimos márgenes de victoria. Ganar unas elecciones ya no implica apelar a un vasto centro cambiante, sino que depende de la participación y la movilización de un electorado profunda pero estrictamente dividido.

Esta nueva estructura electoral está relacionada con el surgimiento de un nuevo régimen de acumulación, que podemos denominar provisoriamente capitalismo político. En el capitalismo político, el poder político puro, y no la inversión productiva, es el determinante clave de la tasa de rentabilidad. Esta nueva forma de acumulación está asociada a una serie de nuevos mecanismos de «fraude políticamente constituido»[2]. Entre ellos se incluye una serie creciente de exenciones fiscales, la privatización de activos públicos a precios de saldo, la flexibilización cuantitativa y los tipos de interés ultrabajos para promover la especulación bursátil y, sobre todo, el gasto público masivo dirigido directamente a la industria privada y dotado de efectos de puro goteo para el conjunto de la población: la *Medicare Prescription Drug, Improvement, and Modernization Act* (2003) de Bush Jr; la *Affordable Care Act* (2010) de Obama; la *Coronavirus Aid, Relief, and Economic Security Act (2020)* de Trump; y el paquete legislativo constituido por la *American Rescue Plan Act* (2021), y la *Infrastructure Investment and Jobs Act* (2021), la *chips and Science Act* (2022) y la *Inflation Reduction Act* (2022), leyes todas ellas promulgadas por Biden[3]. La totalidad de estos instrumentos de extracción

---

[2] Robert Brenner, «Introducing Catalyst», *Catalyst*, primavera de 2017, p. 11.

[3] Luigi Zingales, *A Capitalism for the People: Recapturing the Lost Genius of American Prosperity*, Nueva York, 2012, pp. 44, 79, 45, contiene un excelente material descriptivo sobre el fenómeno: el 43 por 100 de los beneficios del gigante agrícola Archer-Daniels-Midland estaba vinculado a productos subvencionados por el Estado, como el jarabe de maíz y el etanol, mientras que el número de asignaciones específicas contenidas en proyectos de ley federales pasó de 10 en 1982 a 4.128 en

de excedente son abierta y obviamente *políticos*. Todos ellos permiten obtener beneficios no mediante la inversión en instalaciones, equipos, fuerza de trabajo e insumos para producir valores de uso, sino, por el contrario, mediante la realización de inversiones *en política*[4]. Esta nueva estructura es el fundamento real de la principal conclusión extraída por Piketty: que la tasa de rentabilidad del capital supera ahora a la tasa de crecimiento (aunque el propio Piketty, en nuestra opinión incorrectamente, presenta este hecho como una vuelta a la normalidad capitalista tras el periodo excepcional de la larga expansión económica de posguerra)[5].

El surgimiento del capitalismo político ha reconfigurado profundamente la política. En cuanto a las elites, ello se ha traducido en niveles vertiginosos de gasto en las campañas electorales y de corrupción explícita a gran escala. En cuanto a las masas, ello ha significado el desmoronamiento del anterior orden hegemónico, ya que en un entorno de crecimiento persistentemente bajo o nulo –«estancamiento secular»– los partidos ya no pueden funcionar en virtud de programas de crecimiento, esto es, no pueden gestionar un «compromiso de clase» en el sentido clásico del término. En estas condiciones, los partidos políticos se convierten en coaliciones fundamentalmente *fiscales* en lugar de productivistas. Antes de pasar a formular las correspondientes hipótesis sobre el funcionamiento de estas coaliciones, conviene aclarar los términos que utilizamos para efectuar nuestro análisis de clase de esta situación.

2005. Zingales también ofrece un vívido relato del funcionamiento de los gigantes hipotecarios Fannie Mae y Freddie Mac, descritos como enormes monopolios privados, que «utilizan sus conexiones políticas para ganar dinero a costa de los contribuyentes».

[4] La enorme intensificación de los grupos de presión podría entenderse como una forma de «acumulación política», diferente, por supuesto, de su antepasado feudal, pero no por ello menos distintiva.

[5] Thomas Piketty, *Capital in the Twenty-First Century*, Cambridge (MA), 2014, pp. 449-450 [ed. orig.: *Le capital au XXIe siècle*, París, 2013; ed. cast.: *El capital en el siglo XXI*, Madrid, 2014]. Piketty muestra que la tasa de rentabilidad del capital supera, sustancialmente la tasa de crecimiento desde 2012, pero no explica muy bien el significado de esta inversión.

2

Las clases sociales, en nuestra opinión, son posiciones estructurales vinculadas por relaciones de explotación. La clase dominante extrae el esfuerzo del trabajo, es decir, «explota», a la clase subordinada. Ese esfuerzo laboral es la base del control de la clase dominante sobre el excedente social, que a su vez le otorga un papel protagonista en la determinación de la dinámica general de desarrollo de la sociedad en cuestión. Surgen diferentes estructuras de clase a partir de los modos cualitativamente específicos mediante los cuales las clases dominantes extraen el esfuerzo laboral de sus subordinados. Por ejemplo, en el capitalismo los propietarios de los medios de producción extraen normalmente el esfuerzo laboral de los trabajadores durante el proceso de producción tras la compra de su fuerza de trabajo –la capacidad de trabajar– en el correspondiente mercado. En cambio, en el feudalismo los señores feudales no suelen extraer el esfuerzo laboral en el proceso de producción propiamente dicho, sino después, mediante la aplicación o la amenaza del uso de la fuerza. De estas posiciones generales se desprenden varias cuestiones.

En primer lugar, el propósito del «análisis de clase» es, en nuestra opinión, identificar el centro neurálgico del conjunto del orden social a fin de organizar su posible trascendencia. No se trata, por lo tanto, *pace* al desaparecido y brillante Erik Olin Wright, de una teoría de la «estratificación social», ni de un procedimiento destinado a proporcionar una cartografía social de las «oportunidades vitales». De hecho, las categorías de las ciencias sociales predominantes son mucho mejores para realizar tal tarea que el análisis de clase. El trabajo de Olin Wright constituye una admisión tácita de este hecho en el sentido de que su «mapa de las clases», organizado en función de los criterios de la propiedad, la autoridad y la formación, no está relacionado con su teoría marxista subyacente de lo que es la clase: un conjunto de posiciones entrelazadas constituidas por relaciones de explotación[6]. Así,

---

[6] Para una excelente exposición de la diferencia que media entre la clase entendida como «oportunidades vitales» y la clase comprendida en el

especialmente en condiciones capitalistas, pueden existir diferencias abismales en cuanto a las «oportunidades vitales», los ingresos y el estilo de vida realmente existentes en el seno de la clase obrera. De hecho, en el curso normal de las cosas cabría esperar que las verdaderas relaciones de clase fueran cuasi invisibles como realidad cotidiana para la mayoría de los actores sociales durante la mayor parte del tiempo.

En segundo lugar, y relacionado con lo anterior, nuestro uso de la expresión «política de clase» se refiere a la politización de la principal relación de explotación existente en la estructura de clase objeto de discusión. En la sociedad capitalista ello significa la politización de la relación trabajo asalariado/capital y, en particular, los intentos de ejercer un control político sobre cómo se invierte el excedente social. La política de clase en este sentido es un acontecimiento raro; en las sociedades capitalistas avanzadas la mayor parte de la política tiende a ser política no de clase, como se explica a continuación en la Primera Tesis. Finalmente, nuestro argumento postula que está surgiendo una nueva estructura de explotación en el mundo capitalista avanzado; en consecuencia, también debemos estar asistiendo a la aparición de una nueva estructura de clase articulada en torno a relaciones de «redistribución políticamente diseñada hacia quien ya dispone de mayor renta y riqueza». Hemos intentado, aunque de forma breve y telescópica, caracterizar estas nuevas relaciones de clase utilizando las nociones de coaliciones fiscales y grupos de estatus. Para comprender su especificidad debemos situar el momento presente en la perspectiva teórica e histórica adecuada.

---

sentido marxiano, véase Erik Olin Wright, «The Shadow of Exploitation in Weber's Class Analysis», *American Sociological Review*, vol. 67, núm. 6, 2002. No es sorprendente que dividir a la población por ocupación en lugar de por clase ofrezca una visión mucho más precisa de las «oportunidades vitales», véase, por ejemplo, Kim Weeden y David Grusky, «The Case for a New Class Map», *American Journal of Sociology*, vol. iii, núm. 1, julio de 2005.

3

Primera Tesis. Desde la década de 1990 ha surgido una nueva política no de clase, sino sólidamente material. La escena política estadounidense presenta desde hace tiempo un aspecto profundamente paradójico: aunque está omnipresentemente estructurada por la clase, se caracteriza por una ausencia casi total de «política de clase»[7]. Los partidos, en sus cúspides, atienden a distintas fracciones del capital, pero en sus bases se orientan respecto a distintas fracciones de la clase obrera. Así, ni el Partido Republicano ni el Partido Demócrata son, ni han sido nunca, un «partido de la clase obrera»; es correcto interpretar estos partidos como partidos del capital. Sin embargo, a pesar de esta orientación fundamental, ambos deben tratar de apelar a los intereses materiales de aquellos que «solo poseen su propia fuerza de trabajo», ya que este sector constituye la gran mayoría de la población estadounidense. Cualquier partido que compita en la política electoral debe responder en cierta medida a los intereses de la clase obrera. A pesar de que se hable de política de la identidad y de «valores posmateriales», la política estadounidense tiene una clara base *material* de masas, pero no es una política de clase, porque naturalmente ni Demócratas ni Republicanos pretenden movilizar *contra* el capital a los muchos trabajadores que les votan; como tampoco pretenden ejercer un control político efectivo sobre el mismo, especialmente en la era del «capitalismo político». Así pues, de acuerdo con nuestra

---

[7] En palabras de Mike Davis, refiriéndose a finales del siglo XIX: «La creciente proletarización de la estructura social estadounidense no ha ido acompañada de una tendencia similar hacia la homogeneización de la clase obrera como colectividad cultural o política. Las estratificaciones generadas por las posiciones diferenciales ocupadas en el proceso de trabajo social se han fortalecido por mor de antagonismos étnicos, religiosos, raciales y sexuales profundamente arraigados en el seno de la clase obrera». Davis ofrece un análisis que podría leerse como una versión materialista del excepcionalismo estadounidense, véase Mike Davis, «Why the US Working Class Is Different» NLR I/123, septiembre-octubre de 1980, p. 15; ed. cast.: «Por qué la clase obrera estadounidense es diferente», NLR 31, marzo-abril de 2005, pp. 97-99.

formulación, contamos con una política de intereses materiales sin que contemos con una política de la clase obrera.

Esta interpretación se basa en una comprensión particular de la relación existente entre la política de la clase obrera, la estructura de clase y la formación de clase. Sostenemos que la estructura de clase en el capitalismo *infra*determina la política de clase. Esta infradeterminación, inherente a la estructura de las relaciones de explotación vigente en el capitalismo, es particularmente aguda en Estados Unidos por razones históricas, dos de las cuales merecen ser destacadas: la aparición a partir de la década de 1870 de un sistema racializado de control laboral en el Sur (el sistema de «Jim Crow»); y la inmigración de masas, que creó los fundamentos para proceder a la estratificación «étnica».

4

En el nivel más abstracto, los trabajadores y trabajadoras que persiguen sus intereses económicos en el capitalismo pueden elegir entre dos estrategias principales: la individualista y colaboracionista de clase y la organizada en torno a la acción colectiva basada en la clase[8]. Mediante la primera estrategia, en cierto modo la más natural, los trabajadores persiguen sus intereses como propietarios de la «mercancía especial», esto es, la fuerza de trabajo. Esta estrategia puede adoptar muchas formas, pero fundamentalmente toda la política no de clase basada en los intereses materiales de los trabajadores se centra en mejorar los salarios y las oportunidades de empleo en el seno del sistema de apropiación privada, lo cual no es una «política de clase» de la clase obrera, porque en este tipo de política los trabajadores no actúan, ni se conciben a sí mismos, como una clase. En un polo de esta política no de clase se sitúa la negociación colectiva; en el otro, la política antiinmigración y racista. En Estados Unidos hoy en día, dado su

---

[8] Robert Brenner, «The Paradox of Social Democracy: The American Case», en Mike Davis, Fred Pfeil y Michael Sprinker (eds.), *The Year Left: An American Socialist Yearbook*, Nueva York, 1985, p. 39.

gran colectivo de trabajadores dotado de un nivel de educa-ción relativamente alto, la titulación académica y la defensa del valor de los títulos académicos constituye también una habitual estrategia no de clase. Las distintas fracciones de la clase obrera organizadas tienden a unirse en lo que Weber denominó «grupos de estatus para proteger el valor del tra-bajo», desplegando medios político-ideológicos para gestionar la competencia. Esta forma de política tiende a fragmentar y aislar a los trabajadores entre sí.

La alternativa es la «política de clase» de la clase obrera. Los trabajadores que siguen una estrategia de clase vincu-lan las demandas redistributivas a un intento más amplio de ejercer el control político sobre el excedente social producido por los trabajadores y trabajadoras y apropiado por el capital. También se conciben a sí mismos como miembros de una clase en una sociedad dividida por clases. La búsqueda de una política de la clase obrera siempre es arriesgada para los traba-jadores individuales, ya que requiere que un gran grupo actúe en solidaridad. Siempre es tentador, y a menudo muy racio-nal, que los individuos se aparten de la estrategia de clase y opten por el planteamiento del grupo de estatus en su intento de aumentar los beneficios de la venta de su correspondiente unidad de fuerza de trabajo. Mientras tanto, el único meca-nismo que puede mantener unidos a los trabajadores como «clase», y no como un «saco de patatas» de vendedores de fuerza de trabajo, es la *lucha de clases*. La importancia de la lucha de clases reside, por lo tanto, no solo en la pugna entre el trabajo y el capital, sino también –y ello es igualmente importante– en la lucha por transformar a los propietarios de la fuerza de trabajo, intrínsecamente aislados y atomizados, en un agente colectivo a fin de romper el rígido caparazón de la forma mercancía y poner en movimiento a la clase obrera como sujeto histórico. Como dijo Rosa Luxemburg, extrayendo las lecciones pertinentes de la Revolución Rusa de 1905: «El proletariado requiere un alto grado de educación política, de conciencia de clase y de organización. Todas estas condiciones no pueden cumplirse mediante panfletos y octa-villas, sino solo mediante la escuela política viva, mediante la lucha y en la lucha, en el curso continuo de la revolución»[9]. La política de clase de la clase obrera, en resumen, se constituye en el contexto de la lucha de clases.

La política de la clase obrera en este sentido ha sido un acontecimiento muy inusual en la historia estadounidense. Solo se verificó en dos breves periodos durante el siglo XX. El primero, que se extendió entre 1934 y 1937, registró la aprobación de la *National Labor Relations Act* en 1935 (derogada en 1948). El segundo, que se extendió desde mediados de la década de 1960 hasta principios de la de 1970, trajo consigo la *Vote Rights Act* y los programas de la Gran Sociedad de Lyndon B. Johnson. Estos episodios de política de clase se agotaron, sin embargo, rápidamente. Los estratos políticos reformistas surgidos de los mismos consiguieron algunos logros materiales para los ciudadanos de a pie, pero solo en las condiciones económicas favorables del largo periodo de expansión económica de posguerra. Cuando este se desvaneció, dando paso a la larga recesión posterior, los líderes sindicales burocratizados y los políticos del Partido Demócrata solo pudieron imponer concesiones a su base de masas.

5

Desde la década de 2010 se ha producido un repunte de la lucha de clases, pero los miembros de la clase obrera siguen persiguiendo sus intereses de forma abrumadora como propietarios de la fuerza de trabajo, y no como clase. Esto no quiere decir que nada haya cambiado[10]. Fundamentalmente ahora existe una variedad mucho mayor de puntos de partida desde los cuales pueden perseguirse políticas de colaboración de clase o políticas basadas en los correspondientes

---

[9] Rosa Luxemburg, «The Mass Strike, the Political Party and the Trade Unions» [1906], en Peter Hudis y Kevin B. Anderson (eds.), *The Rosa Luxemburg Reader*, Nueva York, 2004, p. 182; ed. cast.: *Huelga de masas, partido y sindicato*, Madrid, 2015.

[10] R. Brenner, «The Paradox of Social Democracy: The American Case», cit., p. 85.

grupos de estatus. Hasta la década de 1980 estas políticas podían describirse en términos generales como reformistas o «socialdemócratas», basadas, como todas las políticas socialdemócratas, en la perspectiva del crecimiento económico, pero la política del periodo actual ni siquiera alberga la *esperanza* del crecimiento, lo cual redunda en una política de redistribución de suma cero verificada principalmente entre diferentes grupos de trabajadores. Es una política distinta de la política socialdemócrata no porque no sea una política de clase –lo cual también es cierto para la socialdemocracia–, sino porque no es una política basada en el crecimiento. Así, los dos principales partidos políticos estadounidenses ya no se constituyen como modelos de crecimiento alternativos, sino, por el contrario, como coaliciones fiscales diferentes: la política de *Make America Great Again* (MAGA), que pretende redistribuir los ingresos arrebatándoselos a los trabajadores no blancos e inmigrantes, y el neoliberalismo multicultural, que pretende redistribuir los ingresos hacia las personas con un alto nivel educativo[11]. Ambas políticas tienden a atomizar y fragmentar a la clase obrera.

6

Con este marco conceptual en mente, permítasenos ofrecer algunos datos básicos sobre el carácter de la clase obrera estadounidense. Como primera aproximación, la clase obrera puede conceptualizarse en términos de su relación con los principales activos de la sociedad. Trabajadores y trabajadoras son todos aquellos que no disfrutan de ingresos procedentes de rentas, dividendos o pagos de intereses. Como muestra el cuadro 1, solo el 21 por 100 de los hogares estadounidenses son propietarios de activos (excluida la propiedad de la vivienda), lo que deja aproximadamente al 79 por 100 de los mismos sin acceso a tales formas de ingresos. Podría pensarse que ello exagera el tamaño de la clase obrera, ya que quizá exista un gran grupo de trabajadores autónomos que

---

[11] Dylan Riley, «Líneas de fractura», *NLR* 126, enero-febrero de 2021.

no disfrutan ni de activos ni de ingresos salariales. Pero, como muestra el cuadro 2, soo alrededor del 11 por 100 de los hogares tiene ingresos por cuenta propia procedentes de la actividad del trabajo autónomo y muchos de ellos son, sin duda, asalariados encubiertos. Si cruzamos estos dos hechos objetivos, podemos establecer un límite inferior para la extensión cuantitativa de la clase obrera. Incluso suponiendo que todos los hogares con ingresos por cuenta propia sean propietarios de sus principales medios de producción y no dependan de los salarios, el 68 por 100 de la población estadounidense pertenecería a la clase obrera.

CUADRO 1: *Hogares perceptores de intereses, dividendos o rentas netas de alquiler*

Perciben intereses, dividendos o ingresos netos procedentes de alquileres	25.218.729	20,6 %
No perciben intereses, dividendos ni ingresos netos procedentes de alquileres	97.135.490	79,4 %
Hogares	122.354.219	100 %

Fuentes: Social Explorer; US Census Bureau.

CUADRO 2: *Hogares perceptores de ingresos procedentes del trabajo autónomo*

Perciben ingresos procedentes del trabajo autónomo	13.437.280	11 %
No perciben ingresos procedentes del trabajo autónomo	108.916.939	89 %
Hogares	122.354.219	100 %

Fuentes: Social Explorer; US Census Bureau.

En consecuencia, a este nivel de generalidad, la afirmación de Marx de que la clase obrera del siglo XIX constituía la «gran mayoría» de la sociedad capitalista sigue siendo correcta[12].

---

[12] Esta constatación también se corresponde con la investigación de Piketty, que muestra que el 50 por 100 inferior de la distribución de ingresos no posee casi nada. Sobre Estados Unidos, Piketty escribe: «El decil superior posee el 72 por 100 de la riqueza estadounidense,

7

Sería el colmo de la estupidez dogmática, sin embargo, no reconocer las profundas divisiones existentes en el seno de la clase obrera, divisiones que nunca han sido adecuadamente cartografiadas en la tradición marxiana. El problema soólo puede esbozarse aquí aduciendo unas pocas indicaciones empíricas referidas a la educación, los sectores del mercado de trabajo y la «raza». Empecemos por el fenómeno de la educación: hoy en día es un lugar común en Estados Unidos equiparar a las personas «sin estudios universitarios» con la «clase obrera». Desde un punto de vista teórico, esta fusión es muy problemática, porque la «educación» no es un recurso comparable a la propiedad de bienes. Un título colgado en la pared, por muy prestigiosa que sea la institución concedente, no produce ingresos. En nuestra opinión, cualquier concesión a las nociones de «capital cultural», «capital humano» o «clase profesional-empresarial» es, en última instancia, una capitulación ante una de las más antiguas patrañas ideológicas de la sociedad burguesa: la idea de que esas sociedades están formadas predominantemente por propietarios independientes que venden sus mercancías en el mercado. Incluso el trabajador más excelsamente formado, si carece de bienes, debe entrar en una relación salarial, es decir, debe subordinarse al *capital* para ganarse la vida.

Esto no significa que la educación sea económicamente irrelevante; por el contrario, en Estados Unidos la educación está claramente correlacionada con salarios más altos[13]. La distribución de la población según la posesión, o no, de

---

mientras que la mitad inferior solo posee el 2 por 100», *Capital in the Twenty-First Century*, cit., p. 322.

[13] Para una descripción vívida de las desigualdades producidas por el sistema de educación superior estadounidense, véase David Grusky, Peter Hall y Hazel Rose-Markus, «The Rise of Opportunity Markets: How Did It Happen and What Can We Do?», *Daedalus*, vol. 148, núm. 3, verano de 2019, pp. 19-45. Los autores describen los ingentes recursos que las familias de «clase media» gastan en educación privada. Lo que no subrayan adecuadamente es que las familias que

un título de educación superior nos dice, por lo tanto, algo importante no tanto sobre la clase obrera, como sobre una fracción significativa de la misma. Si tenemos esto presente, es cabal que nos planteemos la siguiente pregunta: ¿qué porcentaje de la población estadounidense disfruta, al menos potencialmente, de los beneficios de una titulación superior? Como muestra el cuadro 3, un tercio de la población estadounidense mayor de 25 años tiene un título universitario, mientras alrededor del 38 por 100 solo tiene estudios secundarios o equivalentes. Queda el 29 por 100 con «alguna formación universitaria», a menudo un «título asociado» de dos años en una especialidad profesional, como, por ejemplo, enfermería. En los niveles superiores del sistema educativo terciario, los porcentajes son realmente reducidos. Solo el 9 por 100 tiene un máster y apenas el 2 por 100 tiene un «título de escuela profesional», como el que se exige para ser médico, o un «título de doctor», como sucede en el doctorado. Cabe destacar que la mayoría de la población estadounidense se enfrenta al mercado laboral como mano de obra básicamente no cualificada.

La clase obrera también es heterogénea en cuanto a su composición sectorial. Los trabajadores de los sectores ocupados previamente por la «clase obrera histórica» constituyen una clara minoría: las rúbricas de «Agricultura, silvicultura, pesca y caza, y minería», «Construcción», «Industria manufacturera» y «Transporte y almacenamiento, y agua, gas y electricidad» representan en su conjunto aproximadamente el 24 por 100 de la población empleada, mientras que la categoría única de «Servicios educativos, sanitarios y de asistencia social» constituye más del 23 por 100. Es probable que una parte sustancial de quienes trabajan en estos sectores tengan algún tipo de titulación académica.

---

más asiduamente persiguen estas estrategias siguen siendo asalariadas, como probablemente lo serán sus hijos.

Cuadro 3: *Nivel de estudios de la población de 25 años o más*		
Menos de enseñanza secundaria	25.562.680	11,5 %
Título de educación secundaria (o equivalente)	59.421.419	26,7 %
Algún tipo de estudios universitarios	64.496.416	28,9 %
Licenciatura	45.034.610	20,2 %
Máster	20.210.271	9,1 %
Título de Escuela Profesional	4.863.846	2,2 %
Doctorado	3.247.592	1,5 %
Población de 25 años o más	222.836.834	100 %

Fuentes: Social Explorer; US Census Bureau.

Por supuesto, la clase obrera estadounidense también está profundamente dividida por la «raza». Alrededor del 70 por 100 de la población se identifica como «blanca» y alrededor del 13 por 100 como «negra», pero las variaciones regionales son amplias; por ejemplo, el 56 por 100 de los californianos se identifica como «blanco» y el 6 por 100 como «negro». Además, la categoría de «latino» o «hispano» es transversal a la de «blanco». A escala nacional, alrededor del 10 por 100 de la población «blanca» se identifica como «hispana» o «latina», lo que significa que los «blancos no hispanos» representan aproximadamente el 60 por 100 de la población estadounidense, constituyendo alrededor del 40 por 100 en los grandes estados receptores de inmigración como California, Texas y Florida. Estas identidades constituyen, como es bien sabido, un terreno fértil para la política no de clase o de grupos de estatus.

¿Cómo resumir esta configuración básica? La clase obrera, entendida como aquella que no posee activos y, por lo tanto, debe subsistir obteniendo ingresos salariales, constituye entre el 68 y el 80 por 100 de la totalidad de los hogares estadounidenses. Pero esta clase está profundamente dividida por el nivel educativo, el sector de actividad económica y la «raza». Estas divisiones están arraigadas en la lógica de una configuración global en la que los propietarios del capital están efectivamente exentos de cualquier intento de efectuar una redistribución significativa. Esta perspectiva nos permite reunir la educación y la raza en un único marco conceptual. La «titulación» y la «raza» pueden concebirse como formas de clausura social surgidas en el seno de la clase obrera estadounidense, la cual se halla organizada principalmente en función de criterios de redistribución interna. Para decirlo de la forma más concisa posible, la «blanquitud» o la «natividad» deben entenderse como el título de licenciatura de quienes no han cursado estudios universitarios, y la posesión de este debe entenderse como la «blanquitud» o «natividad» de quienes han cursado estudios universitarios.

CUADRO 4: *Sector laboral de ocupación para la población civil de 16 años o más*

Agricultura, silvicultura, pesca y caza y minería	2.658.413	1,7 %
Construcción	10.416.196	6,7 %
Industria manufacturera	15.617.461	10,0 %
Comercio al por menor	3.971.773	12,6 %
Comercio al por mayor	17.195.083	11 %
Transporte y almacenamiento; Agua, gas y electricidad	8.576.862	5,5 %
Información	3.066.743	2.0 %
Finanzas y seguros; Sector inmobiliario; Alquiler y leasing	10.319.201	6,6 %
Servicios profesionales, científicos y de gestión; Servicios administrativos; Servicios de gestión de residuos	18.312.454	11,8 %
Servicios educativos; Asistencia sanitaria y social	36.315.008	23,3 %
Arte, entretenimiento y ocio; Servicios de alojamiento y alimentación	14.651.909	9,4 %
Otros servicios excepto Administración Pública	7.516.616	4,8 %
Administración Pública	7.271.189	4,7 %
Población civil ocupada total de 16 años o más	155.888.980	100 %

Fuentes: Social Explorer; US Census Bureau.

8

Segunda Tesis. El bidenismo ofrece keynesianismo sin crecimiento.
El bidenismo es un fenómeno peculiar. Para caracterizarlo
con precisión primero tenemos que reconocer la ambiciosa
escala de la agenda del gobierno de Biden. El proyecto de ley
Build Back Better aprobado por la Cámara de Representantes,
controlada por los Demócratas, en septiembre de 2021 se
basaba, al igual que sus predecesores, en la generosidad para
con el capital implementada mediante instrumentos políticos; cuantificada en 2,2 billones de dólares, no solo rivalizaba
en volumen con la *Coronavirus Aid, Relief, and Economic
Security Act (2020)*, sino que de haber sido aprobada habría
introducido nuevas medidas, aunque limitadas, en pro del
seguro sanitario universal, la baja familiar remunerada, el
cuidado infantil subvencionado y la educación infantil. Su
redimensionada sustituta, la *Inflation Reduction Act* (IRA),
promulgada en agosto de 2022, aporta 738 millardos de
dólares a lo largo de diez años mediante una combinación
fiscal de dos tercios de recortes impositivos y un tercio de
gasto directo destinados a estimular el capitalismo verde –
empresas de energía solar y nuclear, agroindustria, eficiencia
energética doméstica, vehículos eléctricos–, reducir el precio
de los medicamentos y ampliar la financiación vigente a la
Affordable Care Act, aprobada por Obama en 2010 (64 millardos de dólares desembolsados a lo largo de tres años).

La nueva agenda presenta, sin embargo, dos peculiaridades. La primera se refiere a sus condiciones de emergencia.
Aunque la versión estadounidense del Estado del bienestar
keynesiano nunca fue consecuencia directa de la política de
clase, dado que tuvo al menos tanto que ver con la movilización en tiempos de guerra, históricamente se basó, sin
embargo, en una oleada previa de militancia de la clase obrera.
Por el contrario, la política expansiva posterior a 2020 no
tiene esa base, siendo en gran medida una respuesta fortuita
a la pandemia de la COVID-19 y quizá también a la rivalidad con China; de hecho, la continuidad entre *bidenomics* y

trumponomics radica precisamente en este hecho[14]. La segunda peculiaridad es el entorno económico en el que opera la nueva agenda. Todos los demás Estados del bienestar keynesianos se han basado en una economía en proceso de crecimiento; la *bidenomics*, en cambio, es un programa de gasto financiado mediante el endeudamiento público verificado en un entorno de ausencia de crecimiento económico. Hay muy pocos indicios de una recuperación real de la rentabilidad del sector industrial estadounidense.

9

¿Cómo entender entonces a esta extraña criatura? Una breve narración de cómo Biden llegó a ocupar su puesto actual puede ser útil en este sentido. La campaña presidencial de Hillary Clinton de 2016 estaba tan netamente comprometida con el neoliberalismo como lo habían estado los tres gobiernos anteriores y apelaba a la base electoral natural del Partido Demócrata constituida por la fracción de la clase obrera en posesión de títulos educativos y perfilada por los términos gemelos de la profesionalidad y la diversidad, pero sin proponer prácticamente nada relacionado con el crecimiento económico. Si hubiera ganado Clinton, ello habría representado la continuación de la hegemonía del neoliberalismo multicultural en su forma pura.

La sorprendente victoria de Trump bloqueó ese camino. Esta ruptura electoral con el neoliberalismo multicultural se vio agravada por la pandemia. Aunque el propio Trump se resistió en todo momento a dar una respuesta obvia y racional a la crisis de la COVID-19, su gobierno abrió, no obstante, el camino hacia una nueva forma de política debido a la necesidad ineludible de

---

[14] «Podría ser así, pero la política económica de Biden podría considerarse también como un intento de remodelar el régimen capitalista impulsado por la deuda y monetizado centralmente hacia una forma más compensatoria: una tercera vía de nuevo cuño, impulsada tanto por la conmoción populista como, sobre todo, por la fricción competitiva con una China en auge», Susan Watkins, «Cambios de paradigma», NLR 128, mayo-junio de 2021.

contrarrestar la pandemia. El Estado federal intervino masivamente para mantener las vidas de muchos estadounidenses de
clase obrera, lo contrario de lo que Trump y sus colaboradores
proclamaban que querían hacer, lo cual produjo una situación
extraña en la que Trump desacreditaba las propias políticas
que su gobierno implementaba, especialmente con respecto a
las mascarillas y la vacunación masiva.

Estas contradicciones se interpretaron erróneamente
como debilidades personales. En realidad, el comportamiento errático de Trump concentraba y ejemplificaba las
contradictorias circunstancias históricas que llevaron a los
Republicanos a convertirse en el primer partido estadounidense en avanzar hacia una renta básica garantizada. El
constante autodescrédito en el que incurrió Trump, sus ridí-
culas formulaciones sobre la lejía como antídoto contra la
COVID, etcétera, eran un intento de no reconocer que las políticas a las que le obligó la pandemia eran adecuadas y eficaces.
Su gobierno podía reclamar legítimamente cierto crédito por
el desarrollo extraordinariamente rápido de vacunas eficaces,
pero como el propio Trump descubrió, ello podía alejar seriamente a sus bases coaguladas en torno al lema *Make America
Great Again*[15].

Biden emergió triunfante sobre las ruinas del proyecto
de Clinton una vez que los movimientos entre bastidores de
la cúpula del Partido Demócrata orquestaron la derrota de
Bernie Sanders. El bidenismo es también, sin embargo, y
de manera crucial, un fenómeno específicamente posterior
a Trump. Para ganar en 2020 Biden tuvo que aprovecharse
de las contradicciones históricas que se encarnaban biológi-
camente, por así decirlo, en el descerebramiento de Trump.
Inicialmente Biden tenía, por consiguiente, el viento a
su favor, porque parecía el mejor líder político disponible
en la lucha contra la COVID-19, lo cual, por su propio des-
envolvimiento, forzó una ruptura más allá de la política
neoliberal- multicultural de Clinton, a pesar de que Biden

---

[15] Jill Colvin, «Trump reveals he got COVID-19 booster shot; crowd boos
him», Associated Press, 20 de diciembre de 2021.

había sido un neoliberal incondicional de Delaware desde la década de 1990. Como muestra su agenda doméstica, Biden llegó a personificar, breve y accidentalmente, algo así como un nuevo *New Deal*. La respuesta presupuestaria de Trump y Biden ante la recesión de la COVID-19 verificada entre marzo de 2020 y marzo de 2021 ascendió a más de 5 billones de dólares, cantidad cinco veces superior al estímulo fiscal inyectado en 2008 y equivalente prácticamente a la cuarta parte del PIB estadounidense. Crucialmente, 1,8 billones de dólares de este paquete de ayuda fueron directamente a individuos y hogares a través de cheques de estímulo y subsidios de desempleo, completados con 600 dólares semanales asignados entre marzo y julio de 2020, con una ronda adicional de cheques de 2.000 dólares desembolsados en enero de 2021[16]. A todo ello, la posterior legislación de Biden aprobada en 2021-2022 –esto es, la *Infrastructure Investment and Jobs Act* (2021), la *chips and Science Act* (2022) y la *Inflation Reduction Act* (2022)– añadió otros 2 billones de dólares.

De un modo extraño, pues, la COVID-19 ha representado el equivalente funcional del tipo de política de clase que habían contribuido a generar los paquetes de políticas públicas del *New Deal* y de la Gran Sociedad, si bien las peculiaridades de la génesis de esta agenda también marcaron sus límites, porque aunque el gobierno de Biden, que se había preocupado de adular e incorporar a sanderistas aquiescentes, entre ellos el propio Sanders, propuso políticas objetivamente favorables a los trabajadores, todo ello se hizo *sotto voce* dentro de las limitaciones impuestas por la renuncia total a cualquier intento de redistribuir los beneficios. El destino del experimento de Biden también estuvo determinado por las condiciones económicas imperantes. La prosecución de un programa presupuestario muy semejante al seguido durante el *New Deal*, pero en un entorno de nulo crecimiento capitalista como hubiere sido necesario para garantizar su éxito, ha contribuido, como era de prever, al aumento de la inflación,

---

[16] Véase la serie tripartita de Richard Duncan, «2008 vs 2020», *Macro Watch*, Third Quarter 2022.

ya avivada por los cambios en la demanda registrados durante la era pandémica y por las interrupciones de la cadena de suministros, seguidos ambos procesos por las subidas de los precios de los alimentos y los combustibles provocados por la guerra de Ucrania. A su vez, la crisis del coste de la vida ha desacreditado a Biden a escala nacional. Así pues, la paradoja de la *bidenomics* podríamos resumirla concisamente de este modo: un paquete de políticas relativamente favorable a la clase obrera ha desembocado en una profunda impopularidad, que le ha acarreado índices de desaprobación a mitad de mandato equiparables a los de Trump[17].

10

Tercera Tesis. La hipótesis del «desalineamiento de clase» es un marco inadecuado para entender la política contemporánea estadounidense. De acuerdo con este planteamiento, cuyo exponente de izquierda más sofisticado e informado es Matt Karp, en un tiempo la política estadounidense era una política de clase, pero ahora está estructurada por la identidad[18]. El análisis del «desalineamiento de clase» postula una política que trataría de repolarizar a la población en términos de clase, lo cual, de acuerdo con esta línea de pensamiento, constituyó la base del reformismo en sus manifestaciones del *New Deal* y de la Gran Sociedad. Esta posición exagera el carácter

---

[17] Amina Dunn, «Biden's job rating is similar to Trump's but lower than that of other recent presidents», Pew Research Center, 20 de octubre de 2022.

[18] Véase Matt Karp, «The Politics of a Second Gilded Age», *Jacobin*, núm. 40, 2021. Karp escribe: «Los trabajadores de cuello azul siguieron estando profundamente divididos por la geografía, la raza, la religión, la etnicidad o, en una palabra, por la identidad y la cultura a tenor de cuyo patrón los sureños y los católicos blancos votan por los Demócratas, mientras los protestantes y los afroamericanos (en los casos y ubicaciones en las que pueden votar), votan por el Partido Republicano», p. 99. No disputaremos que estas divisiones fueron cruciales, pero pondríamos reparos ante la idea de que estas implicaban la identidad *como opuesta a* los intereses materiales. De hecho, las diferencias de identidad activas en el seno de la clase obrera estadounidense son profundamente materiales.

de clase de la política estadounidense antes del colapso de la coalición del *New Deal* y subestima su sólida base material, pero obviamente no de clase, vigente en el periodo actual.

Para decirlo de nuevo: las políticas reformistas o características del Estado del bienestar en Estados Unidos (y en otros lugares) nunca fueron el resultado *directo* de la insurgencia de clase. Al menos igual de importante fue la movilización en tiempos de guerra, que no solo sacó a Estados Unidos de la Gran Depresión, sino que también produjo muchas de las políticas más ambiciosas de la época: la construcción del sistema hospitalario de veteranos, por ejemplo, o *la Servicemen's Readjustment Act* de 1944, que contemplaba los programas de asistencia en beneficio de los exmilitares estadounidenses. Además, la continuación del «Estado del bienestar» estadounidense, comparativamente mínimo, encontró su base de apoyo principal no tanto en la clase obrera, como en el estrato de funcionarios reformistas que surgieron de los raros y breves brotes de política de clase mencionados anteriormente. El proyecto político de este grupo de funcionarios sindicales y operativos del Partido Demócrata a mediados de siglo estaba orientado a garantizar la rentabilidad continuada del capitalismo estadounidense, ya que consideraban, con razón, que la rentabilidad era la piedra angular de su propia viabilidad. Así pues, este estrato trató sistemáticamente de imponer soluciones individualistas y colaboracionistas a los trabajadores, considerando su movilización autónoma como una amenaza. Cuando el largo periodo de crecimiento económico se convirtió en la larga recesión posterior, este mismo estrato ofreció poco más que la austeridad a los trabajadores a los que ostensiblemente representaba. Por lo tanto, no tiene fundamento alguno confundir el Estado del bienestar keynesiano estadounidense con la política de clase.

En segundo lugar, la noción de desalineamiento de clase no ofrece una descripción positiva del fundamento de la política estadounidense en el momento presente. Aunque capta el importante hecho de los continuos esfuerzos realizados por el Partido Demócrata por atraer a los trabajadores blancos

–y, cada vez más, a los trabajadores no blancos– carentes de título universitario, no logra explicar cómo los trabajadores blancos, en tanto que trabajadores blancos, o los trabajadores nativos, en tanto que trabajadores nativos, están siendo de nuevo movilizados en la coalición del Partido Republicano. Tampoco explica el hecho, igualmente desconcertante, de que los trabajadores con un alto nivel educativo lo estén siendo por la coalición del Partido Demócrata[19]. Quizá lo más sorprendente de la política estadounidense actual es que el Partido Republicano haya hecho un esfuerzo concertado realmente exitoso para cortejar a la fracción menos educada de la clase obrera estadounidense; de hecho, su fortuna política se halla cada vez más ligada a este estrato[20]. Pero describir estos cambios tectónicos como arraigados en la «identidad» es engañoso o, al menos, realmente insuficiente.

Las pruebas son en la actualidad abrumadoras. Los cuadros 5, 6 y 7 indican la naturaleza y el alcance del problema para los Demócratas. En las elecciones para el Congreso, los titulares de una licenciatura se inclinaron por el Partido Demócrata en un porcentaje de 14 puntos. Los no licenciados constituyen la imagen especular de estas cifras, inclinándose por el Partido Republicano aproximadamente en 15 puntos. Entre los licenciados blancos la diferencia es similar, pero los blancos no licenciados indican su preferencia por los candidatos republicanos por un margen de 32 puntos. Un

---

[19] Thomas Piketty tiene razón cuando escribe: «Si el Partido Demócrata se han convertido en el partido de quienes poseen elevadas credenciales educativas, mientras que quienes poseen menos se han refugiado en el Partido Republicano, ello se debe a que este último grupo cree que las políticas respaldadas por los Demócratas cada vez satisfacen menos sus aspiraciones», *Capital and Ideology*, Boston (MA), 2020, p. 834; ed. orig.: *Capital e idéologie*, París, 2019; ed. cast.: *Capital e ideología*, Barcelona, 2019.

[20] El programa del republicanismo de clase obrera característico del Partido Republicano se halla bien conceptualizado en Nicholas Lemann, «The Republican Identity Crisis after Trump», *The New Yorker*, 23 de octubre de 2020. Lehmann bosqueja un escenario de «reversalismo» a tenor del cual el Partido Republicano, bajo la dirección quizá de Marco Rubio o Josh Hawley, se convierte en el hogar natural de la clase obrera estadounidense.

cuadro similar emerge de los índices de aprobación de Biden y Trump. La aprobación de Biden está completamente por debajo de la media entre los votantes sin titulación universitaria: dos tercios de los votantes sin titulación universitaria lo desaprueban, una cifra que se eleva a casi el 75 por 100 entre los votantes blancos sin titulación universitaria. Por el contrario, entre los que poseen un título universitario su aprobación ronda el 50 por 100. En el caso de Trump, la pauta de comportamiento es la inversa. Entre el conjunto de los votantes en posesión de un título universitario, Trump está por debajo en 28 puntos, mientras que entre los votantes que no lo poseen goza de una ligera ventaja. El patrón es similar para los blancos con título universitario, donde Trump está 25 puntos por debajo, mientras que entre los blancos no titulados universitarios, disfruta de un margen positivo de 14 puntos.

CUADRO 5: *Preferencia de voto de los candidatos*

	Licenciatura o más	No licenciatura	Blanco con licenciatura o más	Blanco sin licenciatura
Candidato Demócrata	55 %	39 %	52 %	31 %
Candidato Republicano	41 %	54 %	45 %	63 %
No sabe	4 %	7 %		6 %

Fuente: *The New York Times* Siena Poll.

CUADRO 6: *Aprobación de Joe Biden como presidente*

	Licenciatura o más	No licenciatura	Blanco con licenciatura o más	Blanco sin licenciatura
Aprueba	49 %	31 %	47 %	24 %
Desaprueba	47 %	66 %	48 %	74 %
No sabe	4 %	3 %	5 %	1 %

Fuente: *The New York Times* Siena Poll.

CUADRO 7: *Opinión sobre Donald Trump*			
	Licenciatura o más	No licenciatura	Blanco con licenciatura o más	Blanco sin licenciatura
Favorable	35 %	49 %	37 %	56 %
No favorable	63 %	45 %	62 %	42 %
No sabe	3 %	6 %	1 %	3 %

Fuente: *The New York Times* Siena Poll.

Este desplazamiento de los trabajadores blancos sin titulación universitaria hacia el Partido Republicano se entiende mejor no como un proceso de desalineamiento de clase, sino, por el contrario, como consecuencia de la apuesta exitosa efectuada por el Partido Republicano de apelar a los intereses de una fracción concreta de la clase obrera en términos nativistas y racistas[21]. El punto clave es que el paso de este segmento a los Republicanos no debería explicarse en términos de actitudes o prejuicios, sino que, por el contrario, esas actitudes deberían considerarse como el resultado de la situación objetiva de esta fracción de clase. La organización de la clase obrera blanca como blanca, o de los trabajadores nativos como nativos, es en muchos sentidos una estrategia racional para aquellos trabajadores que tienen la oportunidad de constituirse como tales en un contexto en el que la identidad *de clase* no es evidente en ninguna parte. Al mantener alejados a los inmigrantes y a los no blancos, la clase obrera blanca, o nativa, pretende aumentar el valor y el atractivo de su fuerza de trabajo, lo cual no implica que dicha estrategia se base en un análisis preciso o que tenga probabilidades de éxito. Se trata simplemente de que las preferencias políticas de las personas sin estudios universitarios son comprensibles desde un punto de vista pragmático sin tener que atribuir a este grupo un fanatismo que no tiene.

---

[21] Ambos no son equivalentes. Es probable que el «nativismo» adquiera más protagonismo que el «racismo», si los Republicanos consiguen explotar su atractivo para el conjunto de la fracción de trabajadores que no poseen un título universitario.

La misma lógica debería aplicarse a los trabajadores con un nivel educativo relativamente alto que votan al Partido Demócrata. Este es un paso que muy pocos analistas dan, optando por el contrario por argumentar habitualmente, de forma inverosímil, que quienes poseen una titulación universitaria se hallan motivados por «valores» y no por intereses económicos. Pero los «valores» fundamentales que defienden estos votantes coinciden notablemente con sus *intereses materiales*, que residen en la valoración de la profesionalidad experta, lo cual es probablemente más evidente en la aceptación de la ciencia como valor ideológico. Aunque claramente menos regresiva que su homóloga MAGA, esta ideología neotecnocrática desempeña una función social análoga a la hora de articular una estrategia para aumentar el valor del tipo particular de fuerza de trabajo –dotada de títulos académicos en lugar de blanca– que está muy extendida en la coalición demócrata. Y ello constituye, por supuesto, en tan escasa medida una manifestación de la política de la clase obrera como su contraparte republicana. Como organizaciones de masas, los dos partidos están, por lo tanto, anclados en diferentes partes de la clase obrera: los Republicanos en su fracción menos educada y los Demócratas entre quienes poseen una titulación universitaria. En ambos casos, sus llamamientos se enmarcan en términos que presentan a los trabajadores como pequeños propietarios de la fuerza de trabajo. Este tipo de política tiende a fragmentar aún más a la clase obrera y a alejar aún más la política de *clase* de la misma, aunque –en realidad *porque*– apela a intereses materiales muy específicos.

II

Cuarta Tesis. El éxito relativo del Partido Demócrata en las elecciones de medio mandato de 2022 es un reflejo de su particular base social. Dado el carácter de las bases de masas tanto del Partido Republicano como del Partido Demócrata no es sorprendente que el segundo parezca ahora superar al primero en las elecciones de medio de mandato. Sin duda, seguirá haciéndolo, porque la base demócrata, al ser más culta, tiene más probabilidades de participar en la política electoral. Aunque el Partido Republicano es el que más se beneficia actualmente de las inequidades de la Constitución, los Republicanos tienen ahora la desventaja de estar firmemente ligados a la fracción del electorado con menos probabilidades de acudir a las urnas en las elecciones de medio de mandato[22]. En los términos de nuestro análisis, el propio éxito de los Demócratas en este ciclo electoral se basa en la naturaleza fragmentada de la clase obrera estadounidense, lo cual probablemente, fortalecerá, haciendo que sea aún más improbable que esta actúe como una fuerza social coherente. Para decirlo de la forma más directa posible: *el Partido Demócrata no consigue atraer a sus bases apelando a una política de la clase obrera, sino apelando a los trabajadores en términos explícitamente no de clase.*

12

Quinta Tesis. La izquierda estadounidense se halla atrapada por tres ilusiones sobre la política nacional. Para entender la política estadounidense es de suma importancia comprender la estrategia electoral del Partido Demócrata. En este sentido, tres ilusiones habituales han plagado el análisis de la izquierda. La primera es la noción de que el camino obvio hacia el éxito electoral es apelar a la clase obrera estadounidense en «términos de clase». Los Demócratas rara vez lo han hecho, incluso, de hecho especialmente, no lo hicieron en su periodo de apogeo durante el *New Deal*. Esta ilusión se basa implícitamente en una idea errónea previa: que el Partido Demócrata ha sido un fracaso electoral en los últimos años. De hecho, la cuestión no es por qué los Demócratas no han ganado más escaños, sino por qué lo han hecho tan bien en los últimos tres ciclos electorales verificados desde 2018. Los resultados

---

[22] Por el contrario, como ha observado Matt Karp, para los Demócratas «la migración a un electorado de más alto nivel significa que es más probable que ese electorado vote en elecciones no pautadas convencionalmente [*off-year elections*]». Véase la entrevista con Seth Ackerman, «Democrats May Have Won More Suburban Votes in the Midterms. That Doesn't Bode Well», *Jacobin*, 11 de noviembre de 2022.

de las elecciones de medio de mandato de 2022, que de nuevo parecen haber desafiado gran parte del pensamiento convencional, fueron exitosos según estándares históricos comparables. Siguieron a unas elecciones de 2020 en las que el aspirante demócrata derrotó a un presidente en funciones, que contaba con una base supermovilizada y que ganó más votos que ningún otro candidato en la historia, aparte del que le derrotó en las mismas.

Así pues, es incorrecto presentar a los Demócratas como irracionalmente partidarios de una estrategia no de clase. El actual Partido Demócrata no tiene ningún interés en apelar a su base política en términos de clase. El éxito del Partido se basa en ganarse a una fracción de la clase obrera *en términos explícitamente no de clase*. Dado el electorado real del Partido Demócrata –esa fracción de la clase obrera que depende de las credenciales académicas para aumentar el valor de su fuerza de trabajo–, sus estrategias electorales y sus candidatos no son irracionales; han sido sorprendentemente eficaces. Los operativos demócratas seguirán interviniendo lógicamente en las primarias republicanas para promover a los candidatos más extravagantes, como hicieron en 2022, porque son más fáciles de derrotar mediante reivindicaciones directas de representar la racionalidad contra la insensatez. Esa fue la lección obvia que todo operativo competente extrajo de las elecciones de mitad de mandato. En otras palabras, es probable que el éxito electoral del Partido Demócrata esté negativamente correlacionado con la política de clase, de modo que la reaparición de dicha política supondría una amenaza electoral.

La segunda ilusión habitual en el análisis de la izquierda es la idea de que el gobierno de Biden ha aplicado políticas domésticas tímidas, débiles o decepcionantes. Esto contradice toda la experiencia histórica desde principios de 2020. De hecho, ninguna gobierno desde Lyndon B. Johnson ha propuesto el tipo de iniciativas domésticas que ha propuesto Biden, lo cual habría quedado absolutamente claro si el gobierno hubiera disfrutado de una ventaja ligeramente superior en el Congreso. Como ya hemos comentado, el bidenismo ha estado plagado de contradicciones, pero no le falta ambición en el frente doméstico.

La tercera ilusión, corolario de las dos precedentes, une las previas para afirmar que la impopularidad de Biden y las bregas electorales del Partido Demócrata se derivan de la timidez de sus políticas. Pero dado que Biden, y los Demócratas en general, han tenido en realidad un éxito electoral notable, y dado que también han llevado a cabo algunas políticas sorprendentemente ambiciosas, esta posición solo puede describirse como una ilusión agravada. Los problemas políticos a los que se ha enfrentado Biden derivan, de hecho, de las limitaciones del capitalismo político como sistema de acumulación. La nueva estructura política a la que ha dado lugar impide la construcción de coaliciones hegemónicas de crecimiento y el fenómeno asociado a estas, que es la obtención de victorias electorales apabullantes. En su lugar produce una feroz e intensamente divisiva política de redistribución de suma cero, organizada en gran medida en torno a conflictos de intereses materiales presentes *en el seno* de la clase obrera.

13

Sexta Tesis. El compromiso de clase de suma positiva es imposible en el periodo actual. La base del Estado del bienestar, tanto en Estados Unidos como en Europa, siempre ha sido una alta rentabilidad y altas tasas de inversión registradas en el sector industrial manufacturero, las cuales, sin embargo, siguen siendo débiles (incluso los sectores supuestamente más dinámicos de la nueva economía están sumidos en una penosa situación de crisis). El capitalismo político sigue firmemente en su lugar, lo que significa que la redistribución del capital al trabajo será extremadamente difícil, si no imposible, debido a la dependencia de los beneficios de la redistribución políticamente organizada hacia quien ya dispone de mayor renta y riqueza. Es quizá este hecho, por encima de todo, el que explica el repentino retorno de la inflación. La inflación es lo que se

obtiene cuando se persiguen políticas de gasto público financiadas mediante el déficit vía endeudamiento en ausencia de
un capitalismo dinámico.

14

*Séptima Tesis. La ideología natural del bidenismo es el pro-
gresismo, no la socialdemocracia.* Hay una especificidad del
bidenismo que aún no hemos destacado lo suficiente: su
perfil ideológico distintivo. En dirección y tono, las políticas
de su gobierno representan los intereses de la fracción educada de la clase obrera estadounidense dentro del contexto del
capitalismo político, porque esta es la base obvia del Partido
Demócrata. En este aspecto, el bidenismo se parece mucho
al «progresismo» de finales del siglo XIX. El ideal social de
su gobierno es una economía de mercado no distorsionada
por monopolios y gestionada por una elite abierta, meritocrá-
ticamente reclutada y diversa. La herramienta utilizada para
poner en práctica esta visión es el Estado regulador, incluida
una proliferante burocracia adornada por los rasgos de la
diversidad, la equidad y la inclusión, que tiene el beneficio
colateral de proporcionar puestos de trabajo bien remunerados para los miembros de la propia clase obrera educada. Las
consignas de este proyecto son «equidad» y «justicia»: términos que no describen en absoluto un ideal social, sino un
estado de cosas entre individuos.

Todo esto está realmente muy lejos de la noción de control
democrático del excedente social. Necesitamos un lenguaje
para describir el nuevo proyecto bidenista, siendo «neoprogresismo» quizá el mejor término para hacerlo. En contenido
e intención sigue estando tan lejos del socialismo como lo
están sus socios socialdemócratas y neoliberales. Se trata, sin
embargo, de una formación histórica específica, que debe
teorizarse y estudiarse en sus propios términos.

15

Una nota final. Ofrecemos estas tesis con un espíritu experimental y provisorio. Aunque toscas e inacabadas, esperamos que indiquen al menos algunas de las cuestiones esenciales que debemos abordar frontalmente, si deseamos comprender la actual fase política, que se antoja sumamente extraña. Los viejos tópicos y modelos de pensamiento, desgastados por el tiempo, serán inadecuados para navegar por los escenarios inéditos que se avecinan.

Matthew Karp

CLASE Y PARTIDO EN LA POLÍTICA ESTADOUNIDENSE

Para situar las elecciones de mitad de mandato de 2022 en el contexto de los últimos cien años de la política estadounidense, fijémonos en dos comunidades de Minnesota. Al norte, la ciudad de Hibbing se sitúa, y no es una coincidencia, en el límite de lo que, durante buena parte del siglo XX, fue la mina de hierro más grande del planeta. Indispensable para la victoria aliada en la Segunda Guerra Mundial, la explotación de la zona minera de Iron Range de Minnesota también dio lugar a una serie de predisposiciones político-económicas a la vez características y paradigmáticas[1]. Gracias a la combinación de la pura generosidad del mineral y del miedo a la militancia obrera –las huelgas de 1907 y 1916 casi doblegaron a la industria siderúrgica– un gobierno local progresista consiguió gravar los beneficios mineros para financiar un abanico impresionante de obras públicas[2]. En el momento de su construcción en 1922, el Instituto Hibbing, una obra

---

[1] En 1945 solo la mina Hull-Rust producía más toneladas de mineral de hierro (19 millones) que toda la Unión Soviética (15 millones) o que Gran Bretaña (14 millones). En el momento álgido de la Segunda Guerra Mundial, en 1943, la producción de hierro de Minnesota equivalía más o menos a la de Europa Occidental.

[2] Paul Lubotina, «Reform: The Struggle for Control of Hibbing», *Upper Country: A Journal of the Lake Superior Region*, vol. 2, 2014.

maestra del estilo neotudor, conocido como «el castillo en el bosque», fue quizá el instituto de secundaria más caro de Estados Unidos. Aquí, en su auditorio dotado de un aforo de mil ochocientas butacas, bajo las adornadas molduras del techo y los candelabros de cristal belga, fue donde las autoridades de la escuela cortaron el micrófono a un joven Robert Zimmerman a mitad de su interpretación de «Rock and Roll Is Here to Stay» en 1959.

La escandalosa riqueza de la zona minera de Iron Range nunca fue expropiada a sus expropiadores, pero a lo largo de un siglo, después de ulteriores concesiones arrancadas por la lucha de los sindicatos mineros, se les extrajo una buena parte a los extractivistas. Hoy Hibbing se halla, sin embargo, absolutamente alejado del cénit de su edad de hierro. Las minas son tan productivas como siempre, pero ahora emplean a menos del 6 por 100 de la mano de obra de la ciudad. A medida que la salud, la venta al detalle y otras empresas del sector servicios superan a las industrias de la «clase obrera histórica», la economía de Hibbing ha terminado por parecerse a la de otras muchas ciudades obreras en apuros situadas a lo largo del Medio Oeste[3]. Sus ingresos medianos por hogar están por debajo de los 50.000 dólares anuales, muy por debajo de la norma estatal; el precio medio de sus viviendas es de 111.300 dólares y menos del 25 por 100 de su población adulta tiene estudios universitarios.

Poco más de 300 kilómetros al sur, la zona residencial de North Oaks, en St. Paul, Minnesota, pasó su tranquilo siglo XX en el extremo opuesto del conducto que vehicula el valor del capitalismo estadounidense, situado no en aquel del que procede el dinero, sino en el que se refugia. El área se desarrolló primero como una hacienda señorial y una granja bovina recreativa propiedad del magnate del ferrocarril James J. Hill, el «constructor de imperios» y el hombre en el que

---

[3] Aaron Brown, «Iron Range Labour's Maturity, and Decline», *Minnesota Reformer*, 31 de agosto de 2021.

el padre de Jay Gatsby esperaba que se convirtiera su hijo[4]. En la década de 1950, los herederos de Hill convirtieron la propiedad familiar en una especie de experimento residencial libertario. Hoy en día, la ciudad de North Oaks no tiene ninguna propiedad pública; toda la tierra, incluyendo las calles y las aceras, pertenecen bien a los residentes individuales o a una asociación privada de propietarios.

Aunque abrió sus puertas, literalmente, en la década de 1980, la ciudad continúa aplicando sus normas contra la intrusión. (En 2008 North Oaks solicitó con éxito que se retiraran las imágenes de sus calles de Google Maps y sigue siendo invisible en Street View). North Oaks se anuncia como una «comunidad exclusiva, privada», naturalmente dotada de su propio club de golf, su lago con playas y un área de conservación natural, mientras lucha por no parecer un producto del crecimiento de Minneapolis-St. Paul (las Ciudades Gemelas), sino un recinto recoleto apartado de él. No obstante, esta zona residencial ha prosperado mucho dentro de la «economía de las sedes centrales empresariales» de la región, que alberga a más empresas del Fortune 500 que cualquier otra zona metropolitana de su tamaño. Desde la década de 1970, esta predominancia ha contribuido a que las Ciudades Gemelas atraigan y retengan un porcentaje desproporcionado de profesionales y directivos retribuidos con altos sueldos acompañados de sus familias[5]. Unas cinco mil familias de este tipo viven hoy en North Oaks: el ingreso medio por hogar supera los 220.000 dólares anuales; el precio medio de la vivienda supera los 696.000 dólares y casi el 75 por 100 de los residentes adultos tienen un grado universitario.

Situadas a años luz en cuanto a su geografía social, su economía y su historia, Hibbing y North Oaks recientemente han

---

[4] Como dice Henry Gatz a Nick Carraway, hablando de su hijo, nacido en Minnesota: «Si hubiera vivido, habría sido un gran hombre. Un hombre como James J. Hill. Hubiera ayudado a construir el país».

[5] Derek Thompson, «The Miracle of Minneapolis», *The Atlantic*, marzo de 2015; J. Myles Shaver, *Headquarters Economy: Managers, Mobility, and Migration*, Oxford, 2018.

visto como se cruzaban sus caminos en la política. Durante décadas, la zona minera de Iron Range, con su fuerte presencia sindical, era una de las regiones más confiablemente en manos del Partido Demócrata del país, ofreciendo un apoyo leal, aunque solitario, incluso a víctimas de derrotas aplastantes, como George McGovern y Walter Mondale. La ciudad de Hibbing ha entregado mayorías de dos a uno a generaciones de candidatos demócratas tan distintos como Lyndon B. Johnson, Paul Wellstone y Amy Klobuchar. En la política nacional, el diluvio llegó en 2016, cuando Hibbing eligió por un estrecho margen a Trump por encima de Clinton; Biden tampoco consiguió ganar allí en 2020. Pero, hasta el año pasado, el Minnesota Democratic-Farmer-Labor Party (DFL) aún conservaba diez de los once escaños de la zona minera de Iron Range en la Cámara legislativa del estado[6]. Ha sido únicamente en 2022 cuando Hibbing, que ha elegido a dos nuevos legisladores republicanos, ha dejado atrás su estatus de transición como un distrito ambivalente «Obama-Trump» y ha sido absorbido por la enorme y oscura mancha republicana que ahora fluye sin obstáculos desde el Lago Superior hasta las Cascades.

North Oaks también ha emprendido «su propio viaje». Cuando se fundó a mediados de siglo, la antigua hacienda de la familia Hill se convirtió en una ciudadela del republicanismo de club de campo. El por lo demás desafortunado Barry Goldwater barrió en North Oaks, obteniendo un margen de tres a uno en 1964; durante el medio siglo siguiente, los candidatos republicanos, tanto nacionales como oriundos de Minnesota, podían contar allí con alrededor del 60 por 100 de los votos. Una vez más, 2016 señaló el punto de inflexión parcial: los votantes se retrajeron ante Trump, mientras siguieron siendo firmes republicanos a escala del estado. North Oaks no se volvió genuinamente demócrata hasta 2022, cuando desalojó con su voto a sus legisladores

---

[6] El peculiar nombre del Minnesota Democratic-Farmer-Labor Party es un tenue eco de la historia populista de Minnesota: se formó después de la fusión del Partido Demócrata y del Partido Agrícola-Obrero en 1944. Funcionalmente, el partido apenas se diferencia de cualquier otra organización demócrata estatal.

republicanos y ayudó a impulsar una ola demócrata en el área de influencia de las Ciudades Gemelas. Aunque el Minnesota Democratic-Farmer-Labor Party perdió cinco escaños en Iron Range, conservó la Cámara de Representantes de Minnesota y recuperó el Senado del estado, gracias en buena parte a estas arrolladoras victorias en las áreas residenciales.

Estos son ejemplos extremos, lo admito, pero las trayectorias opuestas de Hibbing y North Oaks ilustran la tendencia dominante en la política estadounidense del siglo XXI: el movimiento de los votantes más pobres y con menor nivel educativo hacia el Partido Republicano y la migración paralela de los votantes más ricos y con educación superior hacia el Partido Demócrata. Los politólogos llaman a este fenómeno «desalineación de clase»; los autores de izquierda, con un oído siempre atento a una denominación poco atractiva, han adoptado el término como etiqueta para hablar del tráfico en dos direcciones de los votantes de pocos recursos hacia la derecha y de los votantes adinerados hacia la izquierda. Las raíces de la desalineación se hunden mucho más allá de este siglo y su emergencia, que varía en velocidad e intensidad, se ha rastreado en buena parte del mundo capitalista avanzado[7]. Pero ha sido en Estados Unidos –en lugares como Hibbing y North Oaks– donde este proceso ha sido más claro, especialmente en la última década. ¿Por qué está ocurriendo esto? ¿Cómo ha remodelado este comportamiento las dos coaliciones dominantes de la política estadounidense tanto en términos ideológicos como institucionales? ¿Y cuáles son sus implicaciones para el futuro de la lucha política de izquierda en Estados Unidos?

En las trincheras

En sus «Siete tesis sobre la política estadounidense», publicadas en la NLR 138, Dylan Riley y Robert Brenner analizan

---

[7] El análisis internacional más completo sobre la desalineación lo ha presentado Thomas Piketty y su escuela de investigación, examinado críticamente por Göran Therborn, «Desigualdad y paisajes político-mundiales», NLR 129, julio-agosto de 2021.

las elecciones de medio mandato de 2022 a la luz de estas cuestiones; lo hacen especulativamente, pero aún así con más ambición conceptual y rigor formal de lo que suele hacerse en análisis electorales de este tipo[8]. La desalineación, como señalan justamente, es un «marco inadecuado» para entender la coyuntura: ofrece, en el mejor de los casos, una manera blanda y esquemática para relatar retrospectivamente una tendencia importante, pero no es una interpretación positiva. En lugar de ello, basándose en el mapa elaborado anteriormente por Riley de las «líneas de fractura» estadounidenses (NLR 126), emprenden una exploración geológica de las fuerzas político-económicas que podrían explicar este doble movimiento de los votantes: los cimientos materialistas de esta época nuestra de recolocación electoral[9]. Es una tarea necesaria y aun reconociendo que su análisis se basa en un potente metamarco y que contiene una caracterización original de la agenda política de Biden, además de aportar muchos juicios perspicaces y descorazonadores sobre la viabilidad de la política socialdemócrata en un periodo de crecimiento débil, su valoración de las nuevas coaliciones en sí mismas consideradas, de su carácter y de la lógica que las mueve, sigue siendo, no obstante, poco convincente.

El concepto clave de Riley y Brenner es el de «capitalismo político», un término que cuenta con muchos ancestros y referentes en la izquierda, pero que, en sus manos, es principalmente una manera de conceptualizar el enorme gasto público de la era de la COVID-19. Dejando de lado nimias objeciones históricas –por supuesto, como insistiría Braudel, el capitalismo ha operado mediante el Estado al menos desde el siglo XV– Riley y Brenner identifican algo que claramente es real en este momento. Además de los 3,4 billones de dólares que se gastó Trump para luchar contra la pandemia, las principales iniciativas de Biden, incluyendo la *American Rescue Plan Act* (2021), la *Infrastructure Investment and Jobs*

---

[8] Dylan Riley y Robert Brenner, «Siete tesis sobre la política estadounidense», NLR 138, enero-febrero de 2023.
[9] Dylan Riley, «Líneas de fractura», NLR 126, enero-febrero de 2021.

Act (2021), la *Inflation Reduction Act* (2022) y el rescate de la deuda estudiantil, han sumado en torno a 5 billones de dólares, dependiendo de la calculadora utilizada para su cómputo. Todo ello ha venido acompañado de importantes aumentos del presupuesto militar durante ambas presidencias.

Como Brenner ha señalado previamente, este volumen de gasto inesperado e increíble ha constituido el porcentaje más elevado del PIB estadounidense en concepto de cualquier otro incremento del presupuesto registrado desde la Segunda Guerra Mundial[10]. Si su lógica intervencionista o su impresionante escala realmente «hacen estallar los diques del orden neoliberal» como ha escrito un entusiasta Adam Tooze, es algo que habría que debatir. Pero, sin duda, señala un alejamiento de la era de la austeridad —«la muerte práctica del Estado entendido como un ama de llaves tacaña»— y se trata de una formación digna de un análisis en sus propios términos[11]. Riley y Brenner apuntan a que los flujos de gasto de la era de la COVID-19 son el artefacto de una crisis más amplia del propio capitalismo, caracterizada por el crecimiento estancado y en la que no se ve por ninguna parte un posible aumento de la rentabilidad. Si ya no puede obtenerse excedentes desviando las corrientes demasiado indolentes de la producción, esta debe sacarse a golpes de la roca misma por la fuerte mano del Estado. Bajo el capitalismo político, por lo tanto, las coaliciones electorales estadounidense libran una competición de suma cero por los recursos en la que «el poder político puro, y no la inversión productiva, es el factor determinante clave de la tasa de beneficio».

Esta teorización suscita muchas cuestiones económicas, principalmente sobre la naturaleza, alcance y duración de la emergencia de crecimiento del capitalismo[12]. Los socialistas

---

[10] Robert Brenner, «Saqueo pantagruélico», NLR 123, julio-agosto de 2020.
[11] Adam Tooze, «Has Covid Ended the Neoliberal Era?», *The Guardian*, 2 de septiembre de 2021; John Terese, «Is This the Green New Deal?» *Damage*, 14 de septiembre de 2021.
[12] Tim Barker, «Seven Theses on Brenner and Riley's "Political Capitalism"», *Origins of Our Time*, 24 de diciembre de 2022.

han estado apostando a la crisis durante ya casi doscientos años; si exceptuamos uno o dos aciertos, la banca nunca ha dejado de aceptar nuestros pagarés. Hay razones para dudar de que la actual «policrisis», por muchas veces que se cite en Davos, represente algo sustancialmente distinto[13]. A pesar de ello, si lo utilizamos como una metalógica de la política estadounidense contemporánea, el concepto de Riley y Brenner ofrece una considerable potencia explicativa.

Las guerra de maniobras electoral del siglo XX, con sus olas y oscilaciones espectaculares, se ha asentado en nuestro tiempo en una guerra de posiciones atrincheradas[14]. La posibilidad de una reedición de la política de clase, por ahora viciada y confundida por los desplazamientos electorales registrados desde 2016, recibió un buen golpe en la segunda campaña de Bernie Sanders. En medio de este paisaje desgarrado es sin duda difícil imaginar las fuerzas que podrían producir un «compromiso de clase». Con los Republicanos y los Demócratas asentados en sus búnkeres regionales, elocuentes en su denuncia mutua pero siempre inveteradamente frustrados en la acción, no parece que haya un camino legislativo hacia reformas importantes de ningún tipo. Lo que queda, entonces, es bien el «neoprogresismo» de Biden o bien el neonacionalismo de Trump, dos aromas de «keynesianismo sin crecimiento» capaces de producir abultados presupuestos y órdenes ejecutivas que levanten a las bases, pero nada que se parezca a un cambio estructural.

Resulta realmente fácil para la prensa progresista liberal describir este combate ferviente y, sin embargo, extrañamente inmóvil, como una guerra cultural, impulsada no por lo económico, sino por «valores» abstractos y expresivos. Pero como insisten Riley y Brenner, las líneas de fractura partidistas tienen una base material que va más allá de un desacuerdo sobre la correcta definición de los tramos impositivos marginales.

---

[13] «Davos Worries about a «Polycrisis», *The New York Times*, 17 de enero de 2023.
[14] Mike Davis también se refirió a ello después de las elecciones de 2020: «Guerra de trincheras», NLR 126, enero-febrero de 2021.

Cada vez más el Estados Unidos «rojo/republicano» y el Estados Unidos «azul/demócrata», la colorida progenie de la desalineación de clase, ocupa mundos alternativos, no simplemente en lo referido a sus opiniones «culturales» sobre el sexo, la raza o las armas de fuego, sino en lo referente a los medios de comunicación que consumen, los lugares en los que viven, las familias que forman, los trabajos que tienen y las instituciones de las que dependen. Riley y Brenner tienen razón cuando piden más atención a la sustancia de estas divisiones, que no pueden desdeñarse o entenderse mediante la categoría simple de la «identidad». Y, aún así, su propio análisis de esta divergencia se extravía, derrapando *de facto* hacia un concepto vacío que empieza a parecerse a la imagen halagadora que el Estados Unidos demócrata tiene de sí mismo.

Alineaciones deshechas

¿Por qué entonces los estadounidenses de clase obrera se inclinan hacia la derecha mientras que la clase gerencial y profesional se mueve hacia el centro-izquierda? Formalmente, Riley y Brenner rechazan esta caracterización, prefiriendo una definición de clase más rigurosa, no como un índice general de estatus social o de poder, sino estrictamente como una relación con los medios de producción. De acuerdo con su esquema, entre el 70 y el 80 por 100 de los estadounidenses actuales son «clase obrera», incluyendo cualquier cardiólogo, abogado o vicepresidente de una empresa, siempre que sean asalariados que no informen de ingresos procedentes de su patrimonio o del trabajo autónomo.

Es una intervención impresionante, aunque cuestionable, en las aguas turbias del análisis de clase estadounidense, cuyos marcadores demográficos, baratos pero al alcance de la mano, como la educación y el nivel de ingresos, sustituyen una realidad mucho más compleja. Pero en este caso parece que se trata en buena medida de un rodeo semántico, porque Riley y Brenner conceden rápidamente dos cosas: la primera, que la educación superior (estrechamente ligada a los salarios) divide claramente a esta clase más amplia y, la segunda, que el desplazamiento político definitorio de nuestra época es el movimiento de «la fracción menos educada de la clase obrera» hacia los Republicanos, mientras que la «fracción en posesión de titulación académica» se «moviliza hacia la coalición demócrata». Puede que esto, por su terminología, no sea la desalineación de «clase», pero es esencialmente congruente con el cuadro que han trazado otros que han usado la locución: los desposeídos de Hibbing tienden a la derecha; los poseedores de North Oaks tienden a la izquierda. O, tomando prestada la formulación popular de un personaje del elogiado ciclo de obras de Richard Nelson publicado en 2017 sobre una familia del valle de Hudson en Nueva York: «Pero, ¿desde cuándo se han vuelto Demócratas todos los ricos?»[15].

La respuesta de Riley y Brenner a esta pregunta es simple, demasiado simple de hecho. La conquista republicana de la zona minera Iron Range, junto con otras regiones con menor nivel educativo, es «la consecuencia de la exitosa apuesta del Partido Republicano de apelar en términos nativistas y racistas a los intereses de una fracción concreta de la clase obrera». Mientras tanto, los Demócratas han ganado en North Oaks y en otras zonas residenciales ricas agrupándose en torno a «los términos gemelos del conocimiento experto y de la diversidad». Esto se acerca bastante al tipo de opiniones que se pueden escuchar en los canales televisivos de la MSNBC –Estados Unidos se halla escindido entre palurdos intolerantes y humanitarios responsables– aunque en la fórmula de Riley y Brenner la línea divisoria no es la mera actitud, sino un cálculo económico «racional»[16] Los Republicanos partidarios del modelo MAKE AMERICA GREAT AGAIN han convencido a los trabajadores con menor nivel educativo de que les sale a

---

[15] Richard Nelson, *The Gabriels: Election Year in the Life of One Family*, The Public Theater, 2017. Sobre los datos estadísticos recientes que sustentan este punto preciso, véase Sam Zacher, «Polarization of the Rich: The New Democratic Allegiance of Affluent Americans and the Politics of Redistribution», *Perspectives on Politics*, febrero de 2023, pp. 1-19.
[16] Una cuestión apuntada y desarrollada en Dominic King, «A Death Sentence for the American Left», *Damage*, 25 de enero de 2023.

cuenta, materialmente, apoyar a un partido que dejará fuera a los migrantes y aplastará a los no blancos; los Demócratas han convencido a los «trabajadores con educación superior» de que pueden aumentar el valor de la fuerza de trabajo en posesión de titulaciones universitarias. En el mundo de suma cero del capitalismo político, un voto en cualquiera de estas direcciones no es únicamente la expresión de un sentimiento, sino una declaración de intereses.

Los problemas de esta interpretación, sin embargo, son los mismos que acechan al argumento progresista liberal, que explica los desalineamientos posteriores a 2016 mediante la «reacción blanca» de la clase obrera. Sobre todo, ¿por qué ahora? Consideremos este (típico) análisis de la campaña presidencial republicana de 2008, liderada por John McCain y Sarah Palin contra Obama y Biden:

A medida que progresaba la carrera electoral, la campaña McCain/Palin cada vez se apoyó más en clivajes culturales polarizadoras que distinguían «nuestro bando» del «suyo». Mientras que al principio de la campaña Obama era criticado por su inexperiencia y su ingenuidad, en los meses previos a su elección se había convertido en el enemigo de la nación y en el otro extranjero. En una serie de mítines muy publicitados celebrados durante los últimos meses de la contienda electoral, la campaña McCain/Palin intentó explotar del pozo de la angustia blanca nacional y racial y canalizar su agua hacia el activismo[17].

En medio de una campaña caracterizada por una intensa especulación en torno al origen foráneo de Obama, que incluyó fotos del candidato demócrata vestido «con atuendo musulmán» y ataques contra su relación con el pastor negro Jeremiah Wright, el discurso de clausura de McCain –en la convención del Partido Republicano en St. Paul, Minnesota– presumió del «más ambicioso proyecto nacional de las últimas décadas». Prometió detener el flujo de empleos hacia el extranjero, duplicar la exención fiscal por natalidad, reducir

[17] Enid Logan, *At This Defining Moment: Barack Obama's Presidential Candidacy and the New Politics of Race*, Nueva York, 2011, pp. 107-120.

en 700 millardos la cooperación internacional y explotar los recursos naturales para obtener la independencia del petróleo extranjero («*drill, baby, drill*» [perfora, amor, perfora]). «Necesitamos la energía estadounidense», decía Palin, «obtenida y entregada por el ingenio estadounidense y producida por trabajadores estadounidenses». Pero, a pesar de estas apelaciones a las fracciones blanca, nativa y nacionalista de la clase obrera, tanto en términos materiales como emocionales, «Barack Hussein Obama» ganó en Hibbing –cuya población es en más del 90 por 100 blanca y nacida allí– por 30 puntos. Perdió, sin embargo, en North Oaks, cuyos residentes aún no estaban lo suficientemente implicados en el conocimiento experto y la diversidad como para apoyar al primer editor negro de la *Harvard Law Review*.

¿Qué ha cambiado entre 2008 y 2016? Sin duda, la rimbombante promesa de Trump de «construir el muro» dio a su campaña un mordiente mayor al de las anteriores campañas republicanas. Pero la apelación a un nacionalismo excluyente no era en absoluto una novedad en la derecha estadounidense, que había jurado detener «la inmigración ilegal» durante décadas –Bob Dole dedicó a los migrantes «delincuentes» su última alocución en 1996– sin lograr por ello un realineamiento de los trabajadores con menor nivel educativo. Tampoco está claro, si dejamos de lado los habituales comentarios rabiosos, que desde 2016 el racismo político republicano haya realmente superado el estándar de 2008, por no mencionar la época anterior de Willie Horton y las «reinas de los subsidios». La debilidad del argumento de la «raza» es puesta en evidencia por el importante apoyo republicano obtenido entre los votantes no blancos de menor nivel educativo durante la época MAGA: ¿representa realmente el aumento de los votos registrado entre los varones latinos, asiáticos y negros a personas que luchan por aumentar su poder obrero «conteniendo» a otros obreros no blancos?[18]. El argumento nativista, aunque más plausible, se topa con

---

[18] Ruy Teixeira, «The Democrats' Nonwhite Working Class Problem», *The Liberal Patriot*, 22 de diciembre de 2022.

las mismas objeciones. ¿Los trabajadores inmigrantes vietna-
mitas en California, los obreros inmigrantes hondureños en
Florida y los obreros inmigrantes mexicanos en la frontera de
Texas, todos ellos colectivos que apoyaron a Trump en 2020 y
que no se retractaron en 2022, están realmente «organizados
como nativos»?[19].

Una explicación más completa de estos desplazamientos requiere una cronología alternativa de la clase y de los
parámetros electorales en Estados Unidos. Una «política de
clase» eficaz, como señalan Riley y Brenner, ha sido algo
excepcionalmente raro. No obstante, las luchas obreras de la
década de 1930, traducidas en las reformas regulatorias y de
las políticas de bienestar auspiciadas por el *New Deal*, lograron una alineación histórica entre el Partido Demócrata y los
votantes de clase obrera, se definan estos últimos como se
definan. Ello fue un hecho sin precedentes en la historia política de Estados Unidos, porque a lo largo del largo siglo XIX,
los principales partidos habían incidido brutalmente en las
divisiones regionales, religiosas y étnicas presentes en el seno
de la clase obrera. Tampoco la transición desde la «política
de clase» genuina de la década de 1930 hasta el progresismo
liberal de los grupos de intereses de la posguerra puso fin al
alineamiento del *New Deal*. Ello no quiere decir que los logros
del Estado del bienestar de posguerra –incluyendo, franca-
mente, los logros en materia de legislación sobre los derechos
civiles– puedan atribuirse a la «política de clases», tal y como
la definen Riley y Brenner[20]. Pero, en Estados Unidos, como
en prácticamente en todas las demás sociedades capitalistas
de posguerra, esta puede haber sido la condición necesaria

---

[19] Weiyi Cai y Ford Fessenden, «Immigrant Neighborhoods Shifted
Red as the Country Chose Blue», *The New York Times*, 20 de diciembre
de 2020.
[20] Riley y Brenner se refieren a la legislación sobre los derechos civiles en la década de 1960 como una conquista de la «política de clase
obrera», pero para los progresistas en el Norte de la posguerra, como
ha defendido Jennifer Delton, contribuyó a proporcionar una base
moral alternativa para una política precisamente no basada en la lucha
de clases, Jennifer Delton, *Making Minnesota Liberal: Civil Rights and
the Transformation of the Democratic Party*, Minneapolis (MN), 2002.

para asegurar una reforma duradera. (Bajo las condiciones del «alineamiento de clase», el *shock* de la Segunda Guerra Mundial produjo la *Servicemen's Readjustment Act* (1944), que concedió ayudas sociales e incentivos financieros a los soldados estadounidenses tras la guerra, y el sistema hospitalario de veteranos; al no contar con estas condiciones, el *shock* de la COVID-19 produjo transferencias de recursos monetarios, que se dispersaron como la arena entre los dedos sin construir estructuras ni crear grupos de afinidad electoral).

En todo caso, las bases socioeconómicas de los patrones de votación de ambos partidos, ya se midan por los ingresos, por la educación o por la ocupación profesional, siguieron en buena medida intactas: los mineros de Hibbing eran Demócratas, los ejecutivos de North Oaks eran Republicanos[21]. Este orden electoral empezó a temblar por primera vez en la década de 1970, como respuesta a la conocida serie de transformaciones que minaron a los partidos de centro izquierda, obreros en un sentido general, a lo largo del mundo capitalista. El estancamiento, la desindustrialización y la consecuente retirada del sindicalismo organizado empezaron a costarle votos a los Demócratas entre los trabajadores pobres, parados y de nuevo atomizados como «sacos de patatas» por la economía global. Durante el último cuarto del siglo XX, los Demócratas en general saludaron este hecho con una cierta complacencia, equilibrada ocasionalmente por el entusiasmo ante la perspectiva de cambiar los votos de una «clase obrera histórica» errática y en declive por los votos de profesionales apasionados (que eran objetivos fáciles para la recogida de donativos). Bajo el liderazgo de Carter y Clinton, el Partido Demócrata en cualquier caso estaba experimentando la transición desde

---

[21] En cuanto a la literatura académica sobre el «voto de clase», véase Robert R. Alford, «The Role of Social Class in American Voting Behavior», *Western Political Quarterly*, vol. 16, núm. 1, marzo de 1963, pp. 180-194, que contribuyó a introducir el concepto. Análisis posteriores incluyen los de Michael Hout, Clem Brooks y Jeff Manza, «The Democratic Class Struggle in the United States, 1948-1992», *American Sociological Review*, vol. 60, núm. 6, diciembre de 1995, pp. 805-828; Geoffrey Evans, «The Continued Significance of Class Voting», *Annual Review of Political Science*, vol. 3, 2000, pp. 401-417.

una defensa flácida del consenso de posguerra a un régimen agresivo de desregulación, financiarización y déficit presupuestario: «keynesianismo del precio de los activos» para Wall Street y reformas del Estado del bienestar para Skid Row[22].

Y aún así, y este es un punto clave, en términos ideológicos la dirección del Partido Demócrata se había desplazado mucho antes y más decisivamente de que lo hicieran sus votantes. Las victorias presidenciales de la década de 1980 nos hacen olvidar que los «Demócratas de Reagan» todavía eran Demócratas. Hasta los últimos años del siglo pasado, al menos, el Partido Demócrata siguió siendo el partido más votado en las elecciones para los altos cargos municipales y estatales (secretarios de Estado, fiscales generales estatales, oficinas estatales del fiscal general, fiscales de distrito y jueces de tribunales estatales), en el Sur y en el Medio Oeste, en realidad en casi todo el país con la excepción de los ancestrales bastiones Republicanos del noreste rural y del oeste montañoso. Incluso después de la ola republicana de 1994, Newt Gingrich y sus acólitos se hicieron con un porcentaje mayor de la delegación de Connecticut que de la delegación de Texas. La antigua Confederación se escurrió rápidamente después de aquello, pero los Demócratas seguían siendo competitivos entre los votantes blancos con menores ingresos y menor nivel educativo en todos los demás lugares. Los hogares de la Unión entregaron a los Demócratas una ventaja de entre 20 y 30 puntos en cada elección legislativa celebrada entre 1982 y 2010. Contra McCain y Palin, Obama no solamente logró la victoria en Hibbing; ganó entre los obreros blancos sin educación universitaria en Minnesota, Iowa, Michigan Wisconsin e Illinois.

El nuevo mapa

¿Por qué es importante esta cronología? El desplazamiento agudo y verdaderamente catastrófico de los patrones de voto

---

[22] Perry Anderson, «Homeland: La política interna de Estados Unidos», NLR 81, julio-agosto de 2013, p. 13; Robert Brenner, «Estructura vs. coyuntura», NLR 43, marzo-abril de 2007.

en el seno de la clase obrera de bajos ingresos estadounidense ha ocurrido únicamente durante la última década. Y ha
ocurrido en paralelo al movimiento de los trabajadores con
educación superior y buenos salarios en la dirección opuesta.
Articulados con la clase ocupacional como sutura, la línea
del tiempo es la misma: «obreros manuales especializados»
y «profesionales, administrativos, gestores y funcionarios de
alto nivel» solamente han intercambiado sus lealtades políticas después de 2012[23]. Riley y Brenner argumentan que
estos dos desplazamientos se explican por el interés material, pero en su análisis ambos siguen estando curiosamente
despegados el uno del otro, con los Demócratas centrados en
la educación, mientras que los Republicanos (por su parte)
movilizados en torno a la raza y la nación. Pero, ¿no sería
más plausible que este gran doble movimiento, concentrado
en una franja de tiempo tan estrecha, representara respuestas
divergentes a una misma coyuntura?

Retrospectivamente, la elección presidencial de 2016 no
solamente presentó a los votantes un sorprendente contraste
de estilos o ideologías, sino la demostración visceral de la
manera en la que cuarenta años de neoliberalismo habían
cambiado el sistema de partidos. Los Demócratas defendían
el «libre comercio» y las intervenciones militares estadounidenses en el extranjero; los Republicanos estaban en contra
de ambas cosas. Retóricamente, la diferencia más acusada
de Trump respecto a los anteriores candidatos republicanos no era su agitación antiinmigración, sino su negativa
a atacar los «derechos» del Estado del bienestar, como la
Seguridad Social[24]. Por encima de todo, Trump se presentaba
como un intruso en la política que «drenaría el pantano» de
Washington: una premisa que dependía, en último término,

---

[23] Ted Fertik, «(Occupational) Class and Party Identification», *Medium*,
30 de octubre de 2018.
[24] Había buenas razones para que los votantes identificaran a Trump
como menos «conservador» que Romney, McCain o Bush: «Trump
Seen as Less Conservative than Prior GOP Candidates», *Gallup*, 4 de
octubre de 2016.

de la percepción de que los Demócratas se habían convertido en el partido de la elite dominante.

Esto resultó plausible para los votantes y ha seguido siendo un tema central en la política MAGA más allá de Trump, porque contiene una buena parte de verdad. En el escenario presidencial, el reposicionamiento formal de los partidos se había disimulado durante mucho tiempo por la persistencia de la aristocracia de Bush en la derecha y por los gestos de Obama hacia el populismo durante sus respectivas campañas electorales en la izquierda. Pero 2016 y todo lo que ha ocurrido después ha revelado al Partido Demócrata no solamente como un partido fundamentalmente tecnócrata, «conspicuo en el abrazo de la ciencia como un valor ideológico», sino también como un partido que puede reclamar un nuevo tipo de predominancia en la cúspide de las jerarquías sociales, culturales y económicas de Estados Unidos. Esto se extiende mucho más allá de las tradicionales bases de poder en el gobierno, la magistratura, la filantropía, los medios de comunicación, el mundo del entretenimiento y las universidades, aunque, en el último cuarto de siglo, estas áreas hayan crecido todas significativamente tanto en peso social como en adhesión progresista. Las contribuciones a las diversas campañas electorales efectuadas por cada uno de estos sectores ofrecen un atisbo tosco pero sugerente del nuevo mapa: los Demócratas ahora mandan en las comunicaciones (incluyendo prácticamente su monopolio en Silicon Valley), las finanzas (incluyendo un asimétrico apoyo por parte de los fondos de cobertura, de los grupos de inversión y del capital riesgo) y la industria de la salud (incluyendo un marcado cambio del Partido Republicano al Partido Demócrata registrado en el seno de la industria farmacéutica)[25].

Galvanizados por el miedo, el escándalo y una perpetua sensación de acoso, los progresistas liberales estadounidenses en la época de Trump apenas se han dado cuenta de estos fundamentales accesos al poder. Pero además de su

---

[25] Los datos de las contribuciones sectoriales están disponibles en la web de Open Secrets.

acostumbrada preponderancia en la industria cultural, los Demócratas ahora se imponen en los tres sectores más conspicuamente dinámicos de la economía estadounidenses del siglo XXI[26]. Y en mucha mayor medida que las zonas económicas en las que los Republicanos aún conservan la preponderancia –energía, sector inmobiliario, venta al detalle, agroindustria– estos sectores demócratas requieren y están correctamente asociados con una educación avanzada, credenciales de elite y liderazgo profesional y de gestión[27]. Para explicar el abandono por parte de la clase obrera con menor nivel educativo del Partido Demócrata esta emergente estructura de poder, dramatizada en 2016 e imposible de obviar desde entonces, debe ocupar el centro del escenario.

Cuanto más se obsesionan los comentaristas progresistas liberales con los ataques, feos pero esporádicos y de siempre conocidos, de los Republicanos contra la inmigración o la clase trabajadora no blanca, más invisibilizan este desplazamiento tectónico más profundo. Los propios votantes no están tan ciegos. Como han señalado los comentaristas locales, el giro a la derecha de la zona minera de Iron Range se ha expresado mediante la ira dirigida contra las Ciudades Gemelas, es decir, contra la próspera área metropolitana de Minneapolis-St. Paul, dotada de credenciales educativas y en crecimiento constante, que gestiona la economía de Minnesota. En el análisis de Riley y Brenner, a los obreros de Hibbing les impulsaba una resistencia «racional» ante una perspectiva (en buena parte teórica) de competencia económica con una persona inmigrante salvadoreña o somalí. Pero parece más plausible que hayan sido movilizados por

---

[26] D. Riley, «Líneas de fractura», cit., pp. 39-44. Perry Anderson describió correctamente y sin contemplaciones este escenario en «Homeland: la política interna de Estados Unidos», cit., pp. 32-37 y, sin embargo, lo hizo con lo que ahora parece una subestimación del potencial demócrata para controlar la red del poder estadounidense.

[27] Una de las razones por las que los Republicanos se han vuelto tan fanáticos ante los resultados electorales es que la política electoral, a diferencia de la cultura, de la ideología o de los puestos de mando de la economía, es uno de los pocos ámbitos en los que conservan una ventaja potencial sobre los Demócratas.

una resistencia «racional» hacia las elites educadas de North Oaks, cuyo poder sobre las industrias e instituciones que conforman sus vidas –desde las páginas de Facebook hasta los centros hospitalarios– no es en absoluto abstracto[28].

Desde la perspectiva estratégica republicana, por supuesto, estas movilizaciones van de la mano, puesto que las elites de los estados demócratas han surgido como defensoras programáticas de la diversidad racial y como portavoces (aunque sustancialmente ambivalentes) de la defensa de los derechos de los migrantes. No obstante, las prioridades políticas están claras. El supuesto heredero de Trump en la derecha, el afectado y manipulador gobernador de Florida, Ron DeSantis, no ha prosperado convirtiendo en chivos expiatorios a los trabajadores no blancos y mucho menos amenazándoles con la expulsión: en 2022 es posible que haya obtenido más votos latinos no cubanos que cualquier otro candidato republicano en la historia de Florida. En lugar de ello ha buscado, con evidente cálculo, colocar a las auténticas bases del poder demócrata (universidades, burocracias, «elites de Silicon Valley», Walt Disney Company) en el punto de mira. Incluso la más escandalosa zambullida de DeSantis en la xenofobia –su transporte de trabajadores migrantes a la isla de Martha's Vineyard– llamó más la atención por su aguda burla a las elites progresistas, que por la hostilidad cruda hacia los propios migrantes.

En último término, este argumento no es tanto quizá un cuestionamiento de la tesis de Riley-Brenner como un intento de afinarla. Desde 2016 ambos partidos se han ajustado a las líneas de fractura político-económicas emergentes en Estados Unidos, acelerando lo que podía ser una realineación atrasada de las coaliciones de voto. En una era de estancamiento y bloqueo, ambos partidos están ahora satisfechos con fortificarse en torno a su fracción de la clase asalariada genérica, en buena parte basándose en mensajes emocionales y materiales dirigidos contra los partidarios del otro bando: para los

---

[28] Aaron Brown, «Iron Range, Seething at Twin Cities, Continues Right Turn», 11 de noviembre de 2022. Una conversación con Alexander Brentler me ayudó a profundizar en este punto.

Demócratas, la chusma inestable y racista de MAGA; para los Republicanos, la engreída elite con credenciales educativas y su clientela adoptada. Las oportunidades para un compromiso político constructivo, no digamos ya para una repolarización en torno a una política de clase, siguen siendo escasas.

Pero si la «socialdemocracia de la lucha de clases»[29] de Bernie Sanders está ahora en ruinas, prácticamente cualquier otra alternativa que se ofrece parece peor, no solamente incapaz de romper el nuevo orden partidista, sino, en realidad, susceptible de contribuir a su perpetuación. Los ataques desde la izquierda a una supuesta nostalgia por la «clase obrera histórica» o las celebraciones de una clase obrera «nueva» o «real», es decir, de esa parte que ya vota en contra de los Republicanos, no ofrecen mucho más que una articulación a la moda de las políticas realmente existentes del Comité Nacional Demócrata. Los raíles paralelos del pensamiento progresista liberal y de izquierda sobre este tema no son un accidente, puesto que la izquierda electoralmente organizada hoy toma aliento exclusivamente en los distritos en los que dominan los Demócratas. Cualquier camino para el avance de la izquierda estadounidense precisará de una estimación desapasionada de las fuerzas que han colocado a tantas de sus figuras políticas, activistas e intelectuales en oposición a los mineros y a los comerciantes de Hibbing, Minnesota, y en una alianza *de facto* con los actuales residentes de la casa señorial de James J. Hill.

---

[29] Bhaskar Sunkara, «The Exercise of Power», *Jacobin*, 25 de febrero de 2019.

Tim Barker

ALGUNAS CUESTIONES SOBRE EL CAPITALISMO POLÍTICO

En «Siete tesis sobre la política estadounidense», Dylan Riley y Robert Brenner sitúan los resultados de mitad de mandato de 2022 en el contexto de una coyuntura capitalista más amplia en la que la «larga recesión» diagnosticada por Brenner en su libro *The Economics of Global Turbulence* (1998) ha dado lugar a lo que ellos describen como «capitalismo político». En este nuevo régimen de acumulación, «el poder político puro, y no la inversión productiva, es el determinante clave de la tasa de rentabilidad». Durante la mayor parte del siglo xx, argumentan Riley y Brenner, los Republicanos y los Demócratas representaban diferentes coaliciones de capitalistas, que apelaban a los votantes con promesas de crecimiento y prosperidad futuros. En las condiciones actuales de estancamiento secular de suma cero, los partidos se han convertido en «coaliciones *fiscales* y han dejado de ser coaliciones productivistas», que prometen créditos tributarios y

subvenciones públicas, o bien aranceles y ayudas a las pequeñas empresas[1].

En el último número de la NLR, Matt Karp abordó el diagnóstico efectuado por Riley y Brenner sobre la emergencia
de una nueva política estadounidense «no basada en la clase,
sino sólidamente material», contraponiendo una explicación
«de clase» alternativa al voto de los trabajadores blancos al
Partido Republicano[2]. En este texto quiero concentrarme en
las hipótesis político-económicas subyacentes a las «Siete
tesis sobre la política estadounidense»: la afirmación de que
estamos asistiendo al surgimiento de un nuevo «capitalismo
político» caracterizado por una redistribución políticamente
dirigida de la renta y la riqueza hacia los estratos más privilegiados y el análisis brenneriano de la larga recesión que lo
sustenta. Creo que los argumentos esgrimidos hasta ahora
en favor de este nuevo régimen son poco convincentes, pero
aprecio el estímulo a la reflexión que ofrece el artículo y su
«espíritu experimental y provisional». Las reflexiones pre-
sentadas a continuación, que plantean dudas y preguntas en
lugar de proponer un modelo alternativo, se ofrecen con el
mismo espíritu inquisitivo.

Precedentes

Lo primero que hay que decir sobre la hipótesis de un nuevo
«capitalismo político» es que hay algo de lo que hablar al
respecto. Para algunos, la respuesta inmediata será que los
beneficios capitalistas siempre han dependido del poder

---

[1] Dylan Riley y Robert Brenner, «Seven Theses on American Politics»,
NLR 138, noviembre-diciembre de 2022, pp. 6-7; ed. cast.: «Siete tesis
sobre la política estadounidense», NLR 138, enero-febrero de 2023, pp.
8-10. Borradores previos de este texto aparecieron en el *substack Origins
of Our Times*, 22-24 de diciembre de 2022.
[2] Matthew Karp, «Party and Class in American Politics: Reply to Riley
and Brenner's "Seven Theses"», NLR 139, enero-febrero de 2023; ed.
cast.: «Partido y clase en la política estadounidense: Réplica a «Siete
tesis sobre la política estadounidense», de Riley y Brenner», NLR 139,
marzo-abril de 2023.

político, lo cual es cierto, como también lo es que la naturaleza de la dependencia de la economía capitalista de la política ha cambiado con el tiempo. La tendencia objetiva hacia la socialización de la producción en el capitalismo tiene su contrapartida en las nuevas funciones del Estado, como atestiguan la coordinación de la inversión y la gestión de las crisis. Ejemplos recientes de ello serían la cancelación de la deuda por orden del poder ejecutivo y el extraordinario papel desempeñado por las transferencias públicas en el mantenimiento de los ingresos de los hogares durante la pandemia de la Covid-19. Riley y Brenner tienen razón al comenzar la discusión abordando esta cuestión.

Sin embargo, la afirmación de que la politización del capitalismo es algo nuevo requiere un examen de los precedentes históricos pertinentes (y el reconocimiento de que quienes señalan esta historia no están diciendo simplemente que la relación entre el capital y el Estado nunca haya cambiado). Entre otros casos, estos precedentes podrían incluir los ferrocarriles del siglo XIX, que inspiraron a Gabriel Kolko para aplicar el término «capitalismo político» a la regulación de la *Progressive Era*[3]. Por muy capitalistas que fueran y lo sean hoy, el «poder político puro» desempeñó un papel innegable en el imperialismo, el Estado desarrollista tardío y el complejo militar-industrial. También sería útil tener en cuenta los debates marxistas de la década de 1970 sobre el capitalismo organizado y desorganizado; por ejemplo, en las conclusiones de *Class, Crisis and the State* (1978) Erik Olin Wright señala «la progresiva politización del propio proceso de acumulación» como una de las contradicciones esenciales del capitalismo avanzado[4].

---

[3] Gabriel Kolko, *The Triumph of Conservatism: A Reinterpretation of American History, 1900-1916*, Nueva York, 1963; Kolko definió el «capitalismo político» como «el control de las empresas sobre la política» con el objetivo de «proceder a la organización de la economía y de las esferas políticas y sociales más en general de modo que permita a aquellas funcionar en un entorno predecible y seguro, garantizándoles la obtención de beneficios razonables a largo plazo», p. 3.

[4] Erik Olin Wright, *Class, Crisis and the State*, Londres, 1978, p. 236; ed. cast.: *Clase, crisis y Estado*, Madrid, 1998.

En la prensa económica del periodo podemos encontrar opiniones similares. Un artículo de 1971 sobre «The Coming of the Managed Economy», por ejemplo, cita a un asesor de Nixon prediciendo que Estados Unidos se iba a convertir en «una economía absolutamente regulada» en la década de 1980: «En diez años, el gobierno controlará el 50 por 100 de nuestra producción industrial»[5]. Como señalaba el asesor, había muchas razones para pensar así en aquella época: «Washington ya lleva la voz cantante en los sectores de la vivienda, las líneas aéreas, los ferrocarriles y la producción de aviones». Piénsese en la quiebra de Penn Central y la nacionalización parcial de los ferrocarriles, en el rescate de Lockheed, en las diversas intervenciones en las compañías aéreas, en la ayuda del gobierno a ITT, tanto en Estados Unidos como en Chile, y en el notable nivel de interpenetración entre el gobierno de Nixon y los intereses corporativos[6]. Por no mencionar el presupuesto de defensa, que había igualado aproximadamente o incluso excedido la inversión empresarial en activos fijos durante décadas.

De hecho, con la única excepción de la flexibilización cuantitativa, todos los elementos de la lista de las nuevas formas de extracción política presentada por Riley y Brenner –exenciones fiscales, privatización de activos públicos a precios de saldo, tipos de interés bajos, auges bursátiles con consecuencias irracionales, gasto público masivo dirigido directamente a la industria privada– existieron en distintos momentos de la «edad de oro» del capitalismo transcurrida entre 1945 y 1973. Teniendo en cuenta todo esto, es sorprendente que el único precedente histórico de la acumulación política que se menciona en las «Siete tesis sobre la política estadounidense» sea el feudalismo: «La enorme intensificación de los grupos de presión podría entenderse como una forma de "acumulación política", diferente, por supuesto, de su antepasado feudal,

---

[5] «The Coming of the Managed Economy», *Dun's Review*, vol. 98, núm. 6, diciembre de 1971, p. 27.
[6] Andrew Elrod, «The Burglaries Were Never the Story», *n+1* (digital), 13 de julio de 2022.

pero no por ello menos distintiva»[7]. Seguro que hay algo más reciente que el feudalismo con lo que puedan compararse los grupos de presión.

La afirmación del artículo sobre la aparición de una nueva forma de acumulación política es un eco incierto de otra más fuerte que Brenner dejó caer en el título de una conferencia pronunciada hace un par de años: «From Capitalism to Feudalism?»[8]. En el artículo «¿Funcionalismo capitalista? En respuesta a "Proporción y magnitud", de David Harvey», texto publicado en esta revista a finales de 2021, Riley también flirteó con la idea, declarando que «es algo diferente del capitalismo de lo que hay que dar cuenta», cuando nos enfrentamos a fenómenos como «[...] las burbujas de activos y las subidas del mercado bursátil políticamente generadas»[9]. Sin embargo, al final del artículo Riley opta por la idea más plausible de «una nueva forma de capitalismo basada en mecanismos políticos y asociada a una nueva forma de Estado y a un nuevo modelo de estratificación social».

Para ambos autores, la idea era que la forma de obtener ahora beneficios por los capitalistas se había separado, en un grado significativo pero no especificado, de las formas a través de las cuales estos generaban clásicamente el plusvalor. En opinión de Brenner, que escribía en 2020 sobre el programa (en última instancia no consumado) de la Reserva Federal de conceder préstamos directos a las empresas no financieras:

---

[7] D. Riley y R. Brenner, «Seven Theses on American Politics», cit., p. 7; ed. cast.: «Siete tesis sobre la política estadounidense», cit., p. 9.

[8] Robert Brenner, «From Capiltalism to Feudalism? Predation, Decline and the Transformation of US Politics», Universidad de Massachusetts-Amherst, 27 de abril de 2021; disponible en YouTube. O, de nuevo, que nos hallemos en medio de «una transición del capitalismo (de vuelta) al feudalismo» se afirma en el anuncio de la aparición de Brenner en *Jacobin* Radio: «Mike Davis and Robert Brenner», 24 de marzo de 2020. Los debates más amplios en juego aquí se discuten en Evgeny Morozov, «Crítica de la razón tecnofeudal», NLR 133/134, mayo-agosto de 2022.

[9] Dylan Riley, «Capitalist Functionalism: A Reply to Harvey's "Rate and Mass"», NLR 132, noviembre-diciembre de 2022, pp. 96-97; ed. cast.: «¿Funcionalismo capitalista? En respuesta a "Proporción y magnitud", de David Harvey», NLR 132, enero-febrero de 2023, pp. 110-112.

> En el fondo de sus mentes latía, a este respecto, que sostener el egoísmo económico ya no significaba necesariamente mejorar la capacidad de los máximos responsables empresariales para que aumentasen ventajosamente la inversión o el empleo, o para que maximizasen los beneficios con el mínimo de acumulación de capital mediante la creciente explotación de sus trabajadores o, simplemente, para que reprodujesen y mantuviesen sus propias empresas. [...] la obtención de beneficios se ha desvinculado de la producción útil, especialmente en una economía débil [...][10].

Las «Siete tesis sobre la política estadounidense» de Riley y Brenner parecen ocupar una especie de posición de compromiso respecto al capitalismo y el poscapitalismo, pero a pesar de la segunda palabra contenida en esta locución, diferencian claramente el «capitalismo político» del «capitalismo» en varios puntos. La frase «una nueva forma de capitalismo», que aparecía en el artículo anterior de Riley, no aparece. Y el capitalismo, el feudalismo y el capitalismo político se definen en términos aparentemente discontinuos:

> Por ejemplo, en el capitalismo los propietarios de los medios de producción extraen normalmente el esfuerzo laboral de los trabajadores durante el proceso de producción tras la compra de su fuerza de trabajo –la capacidad de trabajar– en el correspondiente mercado.
>
> En cambio, en el feudalismo los señores feudales no suelen extraer el esfuerzo laboral en el proceso de producción propiamente dicho, sino después mediante la aplicación o la amenaza del uso de la fuerza.
>
> En el capitalismo político, el poder político puro, y no la inversión productiva, es el determinante clave de la tasa de rentabilidad[11].

---

[10] Robert Brenner, «Escalating Plunder», NLR 123, mayo-junio de 2020, p. 20; ed. cast.: «Saqueo pantagruélico», NLR 123, julio-agosto de 2020, pp. 23-25.

[11] D. Riley y R. Brenner, «Seven Theses on American Politics», cit., pp. 8, 6; ed. cast.: «Siete tesis sobre la política estadounidense», cit., pp. 10-11, 8-9. La distancia implícita respecto al capitalismo se acentúa si recordamos la línea dura de Riley mostrada en «Capitalist Functionalism: A Reply to Harvey's "Rate and Mass"»: si una «forma de extracción está constituida políticamente», en esa medida es «de algo diferente del capitalismo de lo que hay que dar cuenta», p. 96;

Parece apropiado desplegar cierto grado de ambigüedad sobre la naturaleza de los fenómenos emergentes, teniendo en cuenta lo poco que sabemos sobre el futuro y lo equivocados que hemos estado la mayoría de nosotros en nuestras predicciones efectuadas hasta ahora en el pasado. Pero es interesante observar que Brenner ha tendido a ser realmente crítico, incluso desdeñoso, con los teóricos que planteaban la historia del capitalismo en términos de una sucesión evolutiva de diferentes «estructuras sociales de acumulación» en el seno del capitalismo[12]. La posición tradicional de Brenner era que «los sistemas sociales de propiedad, una vez establecidos, tienden a establecer límites estrictos e imponen ciertas pautas generales al curso de la evolución económica»[13]. Cabe especular que la necesidad sentida de pasar de un cambio evidente en el capitalismo a la afirmación sobre el fin del capitalismo refleja este escepticismo persistente sobre la idea de cambios de época verificados *en el seno de* la historia del capitalismo.

Diferenciación

¿Qué decir de los fenómenos políticos específicos sobre los que se fundamentan su diagnóstico? El artículo ofrece una asombrosa lista de políticas que se consideran «estafas

---

ed. cast.: «¿Funcionalismo capitalista? En respuesta a "Proporción y magnitud", de David Harvey», cit., pp. 110-111.

[12] Robert Brenner y Mark Glick, «The Regulation Approach: Theory and History», NLR I/88, julio-agosto de 1991.

[13] Robert Brenner, «The Agrarian Roots of European Capitalism», *Past & Present*, núm. 97, noviembre de 1982, p. 16. Para un ejemplo contemporáneo de este planteamiento, procedente de un lector atento de Brenner, véase este artículo reciente de Phil Neel, «The Knife at Your Throat», *Brooklyn Rail*, octubre de 2022, quien escribe que a pesar de los procesos que parecen «generar constantemente nuevas "variedades de capitalismo" (ya sea divididas por décadas o ramificadas en las fronteras nacionales), en realidad poco cambia. Solo hay y ha habido una única sociedad capitalista. La expansión y el desarrollo a largo plazo de esta sociedad cambian las condiciones en las que debe sobrevivir, pero sin cambiar sus leyes básicas de movimiento. Los nuevos modelos institucionales, los nuevos centros geográficos, la aparición de nuevas tecnologías son, en definitiva, reiteraciones adaptativas de esas mismas leyes».

políticamente constituidas» entre las que se cuentan «una serie creciente de exenciones fiscales, la privatización de activos públicos a precios de saldo, la flexibilización cuantitativa y los tipos de interés ultrabajos para promover la especulación bursátil y, sobre todo, el gasto público masivo dirigido directamente a la industria privada y dotado de efectos de puro goteo para el conjunto de la población: la *Medicare Prescription Drug, Improvement, and Modernization Act* (2003) de Bush Jr; la *Affordable Care Act* (2010) de Obama; la *Coronavirus Aid, Relief, and Economic Security Act (2020) de* Trump; y el paquete legislativo constituido por la *American Rescue Plan Act* (2021), y la *Infrastructure Investment and Jobs Act* (2021), la CHIPS *and Science Act* (2022) y la *Inflation Reduction Act* (2022), leyes todas ellas promulgadas por Biden»: este conjunto de disposiciones legales son consideradas por Riley y Brenner como «instrumentos de extracción de excedente»[14]. Pero, ¿es realmente tan unilateral el carácter de clase de estas intervenciones? No hace falta ser un apologista del estado actual de las cosas para preguntarse si todo esto puede englobarse bajo la rúbrica de «redistribución políticamente organizada hacia quien ya dispone de mayor renta y riqueza», o para interrogarse si el gobierno gasta dinero para legitimarse a sí mismo, para comprar votos de los grupos no ricos o para invertir en la versión más barata posible de reproducción social. En «Siete tesis sobre la política estadounidense» apenas se mencionan –y desde luego no se integran en la teoría que postula que la totalidad de las medidas de política fiscal y monetaria son de alguna manera automáticamente regresivas– las transferencias masivas efectuadas a los hogares durante la pandemia de la Covid-19, como tampoco se encuentra en el texto ninguna discusión de lo que sucedió en los mercados de trabajo entre 2018 y 2022, ni del crecimiento salarial registrado durante este periodo, así como no se presenta dato alguno sobre el comportamiento de la riqueza y la desigualdad de ingresos durante estos años. Sin estos datos, el cuadro presentado es como mínimo parcial.

---

[14] D. Riley y R. Brenner, «Seven Theses on American Politics», cit., p. 6; ed. cast.: «Siete tesis sobre la política estadounidense», cit., pp. 8-9.

No estoy en desacuerdo con la afirmación de que el sesgo general de las políticas públicas sea regresivo, aunque, por supuesto, por la misma razón negaría que haya algo de particularmente nuevo en este hecho. Sigue siendo cierto que el Estado estadounidense es el Estado de una formación social capitalista, así como el superintendente (cada vez más incierto) del capitalismo global[15]. Por muy complicadas que sean las mediaciones, sus políticas siguen funcionando, en su conjunto y en ocasiones de forma muy crudamente instrumental, para preservar y, cuando es posible, fortalecer las relaciones básicas que subyacen a nuestro «orden social criminalmente opresivo, insostenible e injusto»[16]. Pero incluso el debate sobre las intervenciones obviamente regresivas contenido en el artículo de Riley y Brenner amalgama políticas muy diferentes, lo cual dificulta la evaluación de las pruebas que sustentan la afirmación central sobre la existencia de una nueva forma de acumulación. Una exención fiscal para los ultrarricos incluida en el impuesto sobre la renta, por ejemplo, es diferente de algo como la CHIPS and Science Act, que esencialmente soborna a las empresas para que realicen un tipo específico de inversión fija que de otro modo no harían.

Podemos hacernos una idea de estas distinciones comparando «Siete tesis sobre la política estadounidense» de Riley y Brenner con «Saqueo pantagruélico» de Brenner. En 2020 Brenner criticaba la posibilidad de que la Reserva Federal concediera préstamos directos sin condiciones a empresas no financieras. En cambio, parecía ver con mejores ojos la política industrial:

> Las medidas decididas por el sistema político-económico estadounidense no pretendían en modo alguno incentivar a las grandes empresas del país para que promovieran un mayor

---

[15] Leo Panitch, «The Impoverishment of State Theory», *Socialism & Democracy*, vol. 13, núm. 2, 1999.

[16] La descripción la ofrece un investigador de la FED: Jeremy Rudd, «Why Do We Think That Inflation Expectations Matter for Inflation? (And Should We?)», Finance and Economics Discussion Series, Federal Reserve Board, 23 de septiembre de 2021.

empleo y realizaran nuevas inversiones destinadas a reactivar la economía –esto es, un programa de estímulos–, ni mucho menos inducirlas a tomar medidas con el objetivo de revitalizar la economía mediante la implementación de una nueva oleada de intervenciones estatales destinada a obtener una productividad y una competitividad incrementadas, esto es, un programa de reestructuración. Ninguna de estas posibilidades fue siquiera contemplada, a pesar de la pésima condición de la economía y del desastre que aflige a grandes franjas de la población[17].

A finales de 2022 los programas de este tipo no solo se habían contemplado, sino que se habían convertido en ley y, como Riley y Brenner señalan en su favor: «De hecho, ninguna gobierno desde Lyndon B. Johnson ha propuesto el tipo de iniciativas domésticas que ha propuesto Biden, lo cual habría quedado absolutamente claro si el gobierno hubiera disfrutado de una ventaja ligeramente superior en el Congreso»[18]. Y, sin embargo, ahora, en lugar de ser interpretada como una bienvenida o al menos reveladora desviación del saqueo politizado de los préstamos directos propuestos por la Reserva Federal, la *CHIPS and Science Act* se convierte en otro «fraude políticamente constituido», condenada por ser la misma «intervención estatista», cuya ausencia se citaba anteriormente como prueba de la inexorable decadencia tanto de la inversión pública como de la energía de la clase política.

La razón del marxismo

La noción de «redistribución políticamente organizada hacia quien ya dispone de mayor renta y riqueza» no constituye en absoluto un nuevo descubrimiento salido del laboratorio del materialismo histórico. Ha sido un cliché en manos de autores progresistas como Paul Krugman

---

[17] R. Brenner, «Escalating Plunder», cit., p. 21; ed. cast.: «Saqueo pantagruélico», cit., pp. 24-26.
[18] D. Riley y R. Brenner, «Seven Theses on American Politics», cit., p. 25; ed. cast.: «Siete tesis sobre la política estadounidense», cit., pp. 28-30.

durante muchos años[19]. Por supuesto, que los progresistas digan algo no significa que sea falso; está claro que se ha producido una enorme redistribución política de este tipo. Pero es interesante que lo que se comparta en este caso no sea sólo la crítica (indiscutiblemente correcta) de la redistribución hacia arriba de la renta y la riqueza, sino la idea de que ello representa de algún modo una desviación del capitalismo o, al menos, de la forma en que el capitalismo «debería» comportarse. En particular, «Saqueo pantagruélico» citaba con frecuencia artículos que lamentaban la situación de las pequeñas empresas y se quejaban de que los rescates eran «una burla de las supuestas virtudes del capitalismo de libre mercado», mientras que una de las primeras citas de «Siete tesis sobre la política estadounidense» procede de Luigi Zingales, profesor de iniciativa empresarial y finanzas de la Universidad de Chicago y crítico de derecha del «capitalismo de compinches» en nombre de un mejor capitalismo[20].

Hay innumerables libros que han ofrecido versiones de izquierda suave de este argumento, entre ellos *Saving Capitalism* de Robert Reich, en cuya opinión «la amenaza al capitalismo [proviene de] la creciente concentración de poder político en una elite corporativa y financiera, que ha sido capaz de influir en las reglas por las que se rige la economía»[21]. Me parece que el papel de los intelectuales marxistas debería ser señalar que estas patologías del sistema actual surgen de las relaciones sociales capitalistas y que pueden encontrarse precedentes de muchas de ellas a lo largo de la historia del capitalismo (incluyendo incluso algo como la

---

[19] Véase, entre otros, el «Robin Hood inverso» de Paul Krugman, «Dooh Nibor», *The New York Times*, 1 de agosto de 2012. «Todo gira en torno a la redistribución», reiteró en Twitter, 9 de agosto de 2016.
[20] Respectivamente, David Dayen, «How the Fed Bailed Out the Investor Class Without Spending a Cent», *American Prospect*, 27 de mayo de 2020; Luigi Zingales, *A Capitalism for the People: Recapturing the Lost Genius of American Prosperity*, Nueva York, 2012.
[21] Robert Reich, *Saving Capitalism: For the Many, Not the Few*, Nueva York, 2015, p. xiii.

«inflación del precio de los activos»)[22]. En cambio, Riley y Brenner parecen sugerir que las patologías pueden achacarse a la desaparición del capitalismo en su forma clásica, pintado ahora en retrospectiva como un sistema en el que la lógica del mercado conducía a la inversión productiva, a un crecimiento más o menos compartido y a una política funcional.

En su respuesta a Harvey, Riley se preguntaba: «¿No constituye el núcleo fundamental del marxismo averiguar cómo, y con qué consecuencias, se extrae el plusvalor de los productores directos?»[23]. «Siete tesis sobre la política estadounidense» afirma que el «capitalismo político» representa no solo una nueva forma de distribuir el excedente, sino en realidad un nuevo conjunto de «mecanismos de extracción del excedente»[24]. Una cosa es argumentar que la acumulación se ha vuelto cada vez más dependiente de procesos políticos de diversos tipos. Es una afirmación mucho más contundente postular que cosas como las exenciones fiscales, los bajos tipos de interés, la flexibilización cuantitativa, la *Affordable Care Act* o la CHIPS *and Science Act* constituyen ahora «instrumentos de extracción de plusvalor» y todavía lo es más sugerir que se trata en el momento presente de instrumentos definitorios de la extracción de plusvalor en nuestra formación social. ¿De qué manera estas leyes y estas políticas representan «la forma económica específica en la que el excedente de trabajo no remunerado es extraído de los productores directos»? Una posible lectura, que goza de cierto apoyo en este texto y en otros de los mismos autores, es que el Estado está «saqueando» el «dinero de los contribuyentes» para dárselo

---

[22] En palabras de Hyman Minsky: «En 1929 los precios hipertrofiados de las acciones ordinarias se habían incorporado a la estructura de activos del sistema financiero de modo que cualquier descenso grave de sus precios traía aparejada la amenaza de colapso financiero», véase Hyman Minsky *et al.*, «Financial Crisis, Financial Systems and the Performance of the Economy», *Hyman P. Minsky Archive*, junio de 1960, p. 376.

[23] D. Riley, «Capitalist Functionalism: A Reply to Harvey's "Rate and Mass"», cit., p. 96; ed. cast.: «¿Funcionalismo capitalista? En respuesta a «Proporción y magnitud», de David Harvey», cit., pp. 110-111.

[24] D. Riley y R. Brenner, «Seven Theses on American Politics», cit., p. 6; ed. cast.: «Siete tesis sobre la política estadounidense», cit., pp. 8-9.

a los capitalistas favorecidos. Dejando a un lado la confusión analítica sobre si el gobierno de Estados Unidos se financia realmente a través de los impuestos, por no hablar de las connotaciones libertaristas de tal punto de vista, es obvio que los contribuyentes no son productores directos, al menos no en tanto que contribuyentes.

Incluso contemplado desde una posición eminentemente crítica, una normativa como la CHIPS *and Science Act* es conceptualizada mediante categorías tradicionales, incluso banales. Los políticos sobornan a los capitalistas en busca de beneficios para que construyan fábricas privadas de semiconductores que, de otro modo, no construirían a fin de reducir la dependencia estadounidense de los productores de Asia oriental. Si se produce un excedente de trabajo no remunerado, seguramente lo hacen los trabajadores de la fábrica de semiconductores, que están dominados por los directores de la planta y explotados por sus propietarios, por no mencionar a los trabajadores extranjeros, cuya mano de obra proporciona algunos de los insumos cruciales; «Siete tesis sobre la política estadounidense» apenas considera el hecho de que el gran sector manufacturero que Estados Unidos todavía posee se halla profundamente entrelazado con un modo de producción global.

¿Dinero fácil?

Una línea de investigación más fructífera, sugerida en la respuesta de Riley a Harvey, sería centrarse más específicamente en las rentas, que se constituyen políticamente, pero que a menudo son exigidas por actores privados y que, a diferencia de la *Affordable Care Act* o de la CHIPS *and Science Act*, pueden describirse de forma plausible como una forma de extracción[25]. En la actualidad, un importante porcentaje de los

---

[25] En D. Riley, «Capitalist Functionalism: A Reply to Harvey's "Rate and Mass"», cit., el ejemplo citado de «algo diferente del capitalismo» es el peaje de un puente, p. 96; ed. cast.: «¿Funcionalismo capitalista? En respuesta a "Proporción y magnitud", de David Harvey», cit., pp. 110-111.

beneficios se obtiene a través de la propiedad intelectual, las tarifas cargadas por los servicios financieros o los precios fijados en cierta medida por las empresas que disponen de poder de mercado. Todavía habría que abordar la cuestión de si todo ello es nuevo o no capitalista, lo cual evitaría la versión más inverosímil del caso y podría servir de fundamento para un debate más amplio, que podría ofrecer el zócalo para abordar una teoría de la inflación, que no haga recaer la culpa de la misma en gran medida sobre «el gasto financiado mediante el déficit», como desafortunadamente hacen Riley y Brenner[26].

Su discusión de la política monetaria ejemplifica muchos de los problemas que he intentado abordar hasta este momento. «Siete tesis sobre la política estadounidense» presume que los «tipos de interés ultrabajos» son un «mecanismo de extracción de excedente», que beneficia a los ricos a través de la inflación del precio de los activos. Incluso dejando incontestada (por el momento) la idea de que exista una relación directa entre una política monetaria laxa y los precios de los activos financieros, esta concepción del banco central tiene graves deficiencias analíticas y políticas. En primer lugar, implica que una política monetaria laxa es antinatural y que otro nivel de tipos de interés sería más natural o que tendría consecuencias distributivas neutras o mejores para la clase obrera. Esto es más explícito en «Saqueo pantagruélico» de Brenner, que lamentaba que la intervención de la Reserva Federal produjera una serie de resultados «en un momento en el que la economía real habría producido el resultado opuesto», como si existiera una economía «real» que funcionara independientemente de las condiciones financieras,

---

[26] «La inflación es lo que se obtiene cuando se persiguen políticas de gasto público financiadas mediante el déficit vía endeudamiento en ausencia de un capitalismo dinámico», D. Riley y R. Brenner, «Seven Theses on American Politics», cit., p. 26; ed. cast.: «Siete tesis sobre la política estadounidense», cit., pp. 30-31; en otro lugar (p. 19; ed. cast.: pp. 22-23), los cambios registrados en la demanda durante el periodo de la pandemia, las disrupciones de la cadenas de suministros y los incrementos de los precios de los alimentos y los combustibles provocados por la guerra de Ucrania son de algún modo responsabilizados de la misma.

condiciones siempre intensamente influenciadas por la política del gobierno[27]. Pero la premisa sigue intacta en el nuevo artículo: de lo contrario, ¿cómo explicar de otro modo la idea de la existencia de tipos bajos de interés como parte de un nuevo régimen en el que la «acumulación política» ha sustituido a los resultados impulsados por el mercado de décadas anteriores? (Podría argumentarse de modo plausible que igualmente hay que exorcizar una ontología similar presente en la idea de la inflación del precio de los activos, que sugiere que existe un precio natural en el que los valores de los activos deberían tender a permanecer).

En realidad, toda política monetaria tiene consecuencias distributivas y resulta igualmente sencillo –en mi opinión más sencillo– señalar que una política monetaria restrictiva constituye un regalo político. Basta con pensar en quién recibe la mayor parte de los frutos del aumento de los tipos de interés, tanto de la deuda pública como de la privada. La imagen perturbadoramente extendida de que la Reserva Federal opera como un conducto permanente de liquidez abundante deseada por Wall Street no solo ignora décadas de teoría marxista del Estado, sino también resulta incongruente con el actual ajuste monetario de la Reserva Federal. Si el dinero obtenido a través de la apreciación del precio de los títulos financieros cuenta como «saqueo» canalizado a los ricos por la Reserva Federal, ¿qué tiene esta teoría que decir sobre la «destrucción» de enormes cantidades de riqueza bursátil verificada tras el endurecimiento de la política monetaria decidida tras la pandemia?

El punto aquí no es que el «dinero fácil» –locución que probablemente debería abandonarse en los debates analíticos serios– sea una panacea o no ofrezca beneficios a los ricos. Claramente no es así y lo es a la vez. La cuestión es que necesitamos una forma de hablar sobre la política monetaria que sea capaz de dar cuenta del hecho de que puede funcionar en ambos sentidos a pesar del continuo dominio de las elites

---

[27] R. Brenner, «Escalating Plunder», cit., p. 19; ed. cast.: «Saqueo pantagruélico», cit., pp. 22-24.

financieras sobre las políticas implementadas en general. No quiero defender el dinero fácil en sí mismo, esto es, la aplicación de una política monetaria laxa, ya que es evidente que no es suficiente ni siquiera para el capitalismo de pleno empleo y, mucho menos, para la democracia socialista, pero vale la pena subrayar que cada aumento del 1 por 100 en la tasa de desempleo representa más de 1,6 millones de trabajadores despedidos. Ya hemos aprendido que es políticamente miope y éticamente cuestionable proponer el desempleo masivo como solución al cambio climático. Cualquier debate sobre las consecuencias distributivas de los bajos tipos de interés que se centre exclusivamente en las burbujas del precio de los activos sin tener en cuenta los efectos sobre los trabajadores, no tiene más que añadir a la política socialista que un artículo de periodismo climático, que propusiera dejar que los mineros del carbón se fueran directamente al infierno.

Reflexiones sobre la tasa de beneficio

La idea de «capitalismo político» de Riley y Brenner se sustenta en el análisis enormemente influyente de Brenner sobre la rentabilidad del capitalismo posterior a 1945. Es difícil pensar en un intelectual en activo, que haya tenido más impacto en el modo en que los izquierdistas (y especialmente los marxistas) piensan sobre la economía política, y Brenner, tanto por su trabajo sobre los orígenes del capitalismo, como por sus análisis de sus contradicciones contemporáneas, debe contarse sin duda entre los historiadores vivos más importantes. Resulta absolutamente crucial, pues, plantear algunas cuestiones básicas sobre sus conclusiones y sobre su planteamiento.

En primer lugar, ¿por qué importan los beneficios? En opinión de Brenner, importan porque importa la inversión: «La tasa de beneficio es la clave de la salud de la economía, porque es la clave del crecimiento de la inversión»[28]. La inversión importa por dos razones: porque la demanda de inversión es

---

[28] Robert Brenner, «The Boom, the Bubble and the Future: Interview with Robert Brenner», *Challenge*, vol. 45, núm. 4, julio-agosto de 2002, pp. 11-12

el elemento más importante de la demanda agregada, que a su vez determina el empleo y la producción globales; y porque la inversión conduce a un aumento de la productividad y, por lo tanto, al incremento de la producción potencial. Dicho con sus propias palabras:

> Dejando de lado al gobierno, considero que el crecimiento de la demanda en el sector privado es básicamente el resultado del crecimiento de la inversión, la cual depende de la tasa de beneficio. El crecimiento de la inversión genera a su vez el crecimiento del empleo y, a través del crecimiento del empleo y del crecimiento de la productividad, el crecimiento de los salarios reales. Así pues, el crecimiento de la inversión propicia el crecimiento de la demanda tanto de bienes de capital –plantas y equipo– como de bienes de consumo[29].

¿En qué sentido son los beneficios claves para la inversión? Brenner cita dos mecanismos: en primer lugar, los beneficios no distribuidos constituyen una fuente importante de financiación de la inversión: «Unas tasas de beneficio más elevadas hacen que haya más excedentes disponibles»; en segundo lugar, las señales de beneficio proporcionan el motivo para nuevas inversiones: «Las empresas no tienen más remedio que considerar la tasa de beneficio realizada como el mejor indicador disponible del clima de inversión, de la tasa de beneficio esperada».

No hay casi nada aquí que Kalecki o Keynes pudieran objetar, aunque podrían señalar que la inversión puede ser financiada externamente, no solo por los beneficios no distribuidos, pero las expectativas de obtener estos siguen siendo importantes a este respecto, porque los acreedores generalmente esperan que se les pague algún día. La única diferencia significativa que puedo discernir es la identificación que hace Brenner de los beneficios con «la tasa de beneficio». Esta identificación está lejos de ser universal, por razones que son evidentes si se piensa en las dos razones por las que se afirma que los beneficios son importantes. La primera es que los beneficios constituyen una importante fuente de financiación

---

[29] *Ibid.*, p. 12.

de la inversión. No es en absoluto obvio por qué la tasa de beneficio (para Brenner, la relación entre los beneficios y el *stock* de capital del conjunto de la economía) es la medida más importante en este caso. Lo que importa es la relación existente entre la masa de beneficios y el coste de las inversiones deseadas. Incluso dejando de lado la cuestión del crédito, no está claro cómo la relación existente entre los beneficios y el *stock* de capital podría constituir la restricción financiera vinculante.

Tampoco está claro por qué la tasa de beneficio (tal y como la

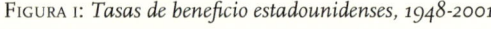

FIGURA I: *Tasas de beneficio estadounidenses, 1948-2001*

Fuente: Robert Brenner, *The Economics of Global Turbulence*, Londres, 2006, figura 15.8.

define Brenner) es la señal más relevante que guía las decisiones reales de inversión. Empíricamente, ¿hay alguna prueba de que una empresa tome una decisión de inversión basada en la relación existente entre los beneficios y el *stock* de capital del conjunto de la economía? Teóricamente, ¿por qué habría de ser el tamaño del *stock* de capital el denominador pertinente en vez de la relación existente entre la rentabilidad y el coste de la nueva inversión? En una economía con un gran *stock* de capital y, por lo tanto, una baja tasa de beneficio, ¿por qué los capitalistas no seguirían invirtiendo, si esperan obtener una rentabilidad lo suficientemente elevada en relación con el coste de su nueva inversión?

En aras del argumento, sin embargo, pongamos entre paréntesis las preguntas anteriores sobre la relevancia de la tasa de beneficio. Pongamos también entre paréntesis las objeciones efectuadas al modo en que Brenner define y mide la tasa de beneficio a partir de las cuentas de la renta nacional. Aceptando el concepto de Brenner, ¿cuál es la forma real de la tasa de beneficio? Para estar absolutamente seguros de que el concepto utilizado es el mismo, empecemos con un gráfico incluido en *The Economics of Global Turbulence* (2006) de Brenner:

> La línea discontinua representa la tasa de beneficio en su sentido más amplio, la calculada para el conjunto de la economía privada. Lo que salta a la vista es que en realidad no se aprecia ningún descenso drástico. Desde el pico de finales de la década de 1960 se constata ciertamente una tendencia a la baja hasta mediados de la década de 1980, pero a partir de entonces la tasa se recupera, volviendo a niveles que no estarían fuera del rango de la «edad de oro», incluso si la curva nunca recupera su pico máximo registrado históricamente. El pico de la edad de oro de los beneficios del sector industrial, que tampoco se recuperó en esta medida, es más espectacular, pero no está claro por qué los beneficios de este sector deberían ser especialmente importantes, dado que representa actualmente solo el 11 por 100 del valor añadido en la economía estadounidense[30]. Podríamos imaginar que el argumento postula que la tasa de beneficio del sector industrial de alguna manera tiene el poder de desviar la tasa de beneficio del conjunto de la economía, pero si ese fuera el caso, el resultado debería percibirse nítidamente en la tasa de beneficio de esta última. Si acaso, este gráfico muestra que los beneficios del sector industrial ejercen una ligera presión al alza sobre la tasa general.

En el gráfico 2, extraído del prólogo de 2009 a la edición española del libro de Brenner, se extiende un poco más la línea cronológica y se muestran las tasas de beneficio de tres países, Estados Unidos, Alemania y Japón[31].

---

[30] US Bureau of Economic Analysis, «Value Added by Industry: Manufacturing as a Percentage of GDP», FRED, Federal Reserve Bank of St. Louis, 30 de marzo de 2023.

[31] Robert Brenner, «Los orígenes de la crisis actual. Lo que es bueno para Goldman Sachs es bueno para Estados Unidos», en *La economía de la turbulencia global*, Madrid, 2008; «What is Good for Goldman

Doug Henwood y Anusar Farooqui han elaborado cifras más
recientes sobre los beneficios en relación con el *stock* de capital[32]. Soy un aficionado a este tipo de cosas, pero en la figura
3 he utilizado la Federal Reserve Economic Data (FRED) para
construir lo que creo que es una medida comparable que se
extiende casi hasta el presente.

FIGURA 2: *Tasas de beneficios del sector privado, Estados Unidos, Alemania
y Japón, 1949-2007*

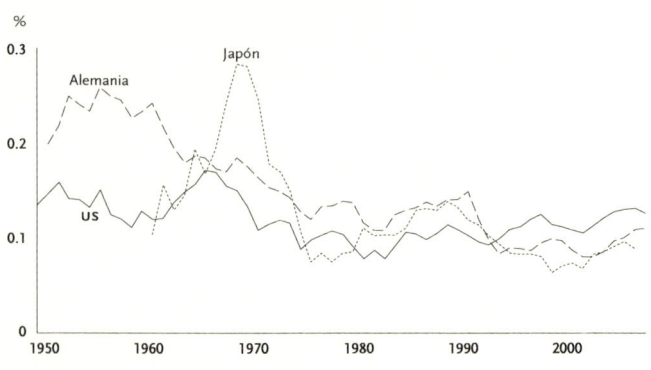

Fuente: Robert Brenner, «What is Good for Goldman Sachs is Good for America», cit.

En ninguno de estos gráficos es obvio que se esté produciendo un declive histórico, sino que, por el contrario, parece
que durante la década de 1960 (y en menor medida durante
la de 1950) las tasas de beneficio fueron excepcionalmente
altas y que desde entonces se ha producido un patrón cíclico
más bajo pero básicamente estable. Si, como hemos visto
anteriormente, los beneficios son importantes en parte como
fuente de financiación, no hay pruebas de que las empresas
se hayan quedado sin dinero para invertir (de nuevo, incluso
dejando de lado el fenómeno de sobras conocido de la financiación externa de la inversión). De hecho, Brenner lamenta

Sachs is Good for America», UCLA, 18 de abril de 2009. Documento
original disponible en inglés en escholarship.org
[32] Doug Henwood, «Profitability: High, and Maybe Past its Peak?», *LBO
News*, 26 de junio de 2012; Anusar Farooqui, «The Empirical Evidence
for the Brenner Hypothesis», *Policy Tensor*, 26 de septiembre de 2017.

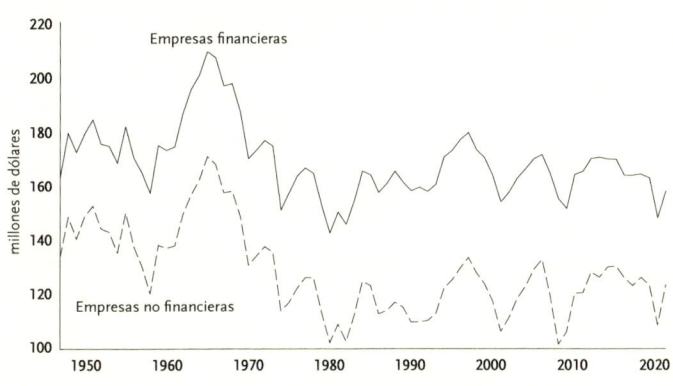

FIGURA 3: *Tasa corporativa de valor añadido al stock de activos fijos, 1947-2022*

Fuente: US Bureau of Economic Analysis.

en «Saqueo pantagruélico» la tendencia generalizada de las empresas a utilizar su dinero para abonar dividendos, comprar acciones propias y remunerar a sus ejecutivos; el hecho de que puedan hacer esto mediante una combinación de beneficios y endeudamiento significa que disponen de recursos monetarios susceptibles de ser utilizados para efectuar inversiones, lo cual sugiere que la tasa de beneficio no está actuando como una restricción financiera a la inversión.

Ramificaciones

Hay dos razones principales por las que merece la pena reflexionar detenidamente sobre todo esto. La primera es que en el seno de ciertas corrientes de la izquierda se ha vuelto a utilizar la autoridad del argumento de Brenner sobre los beneficios como fundamento para efectuar afirmaciones extraordinariamente fuertes sobre el futuro del capitalismo y la viabilidad de diversos proyectos políticos. Naturalmente, el propio Brenner no es responsable del uso que otros hagan de su obra, pero en sus propios escritos, el supuesto colapso de la rentabilidad también se cita como prueba apodíctica de la imposibilidad de diversas políticas reformistas –como sucede en «Siete tesis

sobre la política estadounidense»– así como de la transformación del propio capitalismo. Para que estos argumentos se
sostengan, necesitamos una explicación de por qué la tasa de
beneficio es el indicador pertinente (tanto para la disponibilidad de financiación de la inversión como para el incentivo
a invertir), de por qué los beneficios divididos por el *stock* de
capital es la forma correcta de pensar en la tasa de beneficio, y
de por qué la tendencia indicada incluso por la propia métrica
de Brenner da pie a conclusiones tan espectaculares.

La segunda razón es que con independencia de lo que
suceda con los beneficios, Brenner tiene razón (aunque
no sea en absoluto el único en señalarlo) al afirmar que la
inversión fija en Estados Unidos ha sido débil durante décadas. La cuestión es si hay que considerar la debilidad de la
inversión como el resultado previsible de la caída de la tasa
de beneficio o como el desconcertante fracaso de la inversión
a la hora de comportarse como «debería» dado el nivel de
beneficios. Como ejemplo de esto último, consideremos esta
figura incluida en el trabajo de Thomas Philippon, *The Great
Reversal* (2019), que muestra la caída de la tasa de inversión
neta respecto al excedente neto de explotación, que es otra
manera de medir los beneficios[33].

Se ha escrito profusamente desde esta perspectiva:
véanse, por ejemplo, los trabajos de J. W. Mason y Engelbert
Stockhammer[34]. La explicación más común es que la revolución de los accionistas verificada desde la década de 1980 ha
significado que los accionistas activistas tienen tanto el deseo
como la capacidad de imponer un modelo de baja inversión y alto pago de recursos monetarios a los gestores de las
empresas. Está claro que este hecho es sumamente relevante
–recordemos que incluso Brenner se queja de la preferen-

---

[33] Thomas Philippon, *The Great Reversal: How America Gave Up on Free
Markets*, Cambridge (MA), 2019.
[34] J. W. Mason, «Disgorge the Cash: The Disconnect Between
Corporate Borrowing and Investment», The Roosevelt Institute, 2015;
y Engelbert Stockhammer, «Shareholder Value Orientation and the
Investment-Profit Puzzle», *Journal of Post-Keynesian Economics*, vol.
28, núm. 2, 2005.

cia de los accionistas por la compra de acciones propias–, pero tampoco creo que ello lo explique todo. En resumen: es posible que las tesis de Riley-Brenner sobre el «capitalismo político» apunten hacia una evolución real, pero los autores aún tienen muchas preguntas que contestar.

FIGURA 4: Relación entre la inversión neta y el excedente neto de explotación, 1962-2015

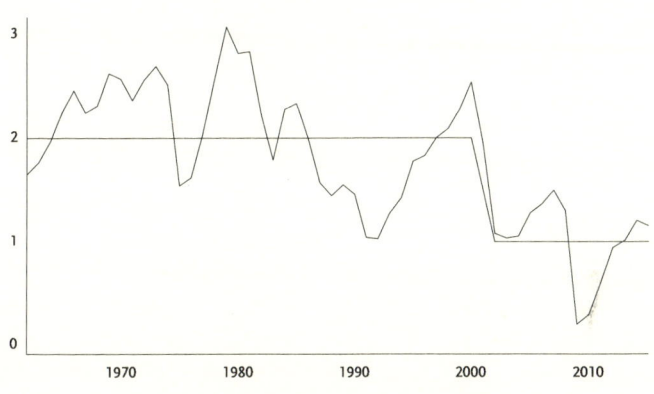

Fuente: T. Philippon, *The Great Reversal*, cit., figura 4.1.

Aaron Benanav

¿UN EXCESO DE CAPACIDAD DEVORADOR?

LA APROBACIÓN EN agosto del año pasado de la *Inflation Reduction Act* y de la CHIPS *and Science Act* sugiere que el Estado estadounidense se está inclinando en la dirección no solo del estímulo público, sino de la política industrial y de la transición ecológica. Ninguna de estas leyes está cerca de cumplir los sueños de la nueva izquierda socialdemócrata estadounidense; incluso el plan original Build Back Better de Biden fue criticado por ser realmente inadecuado para la escala de gasto necesaria a fin de evitar el desastroso cambio climático en curso, mientras que gran parte de estos nuevos programas gubernamentales consisten en dádivas a las grandes corporaciones[1]. Sin embargo, es innegable que la política económica de Biden representa un inesperado giro hacia la izquierda, giro que habría sido más profundo si Joe Manchin y Kyrsten Sinema no hubieran puesto trabas en el Senado.

En este contexto, una parte de la izquierda estadounidense está cambiando de ubicación. Mientras antes ofrecía una crítica externa y estridente de la política estatal –el gobierno lo está haciendo mal–, la revista *Jacobin* ahora también publica puntualmente críticas endógenas: el Estado lo está haciendo bien,

---

[1] Doug Henwood, «The CHIPS Act Is a Massive Giveaway to Tech Companies», *Jacobin*, 13 de agosto de 2022.

<95>

pero no está haciendo lo suficiente[2]. Por supuesto, algunos temen, con razón, que este cambio de política se anuncie como parte de una nueva Guerra Fría con China. Al mismo tiempo, lo que un organismo del gobierno ofrece a manos llenas, otro sector del mismo aparato lo quita con igual determinación. Después de un guiño inicial de apoyo a las nuevas políticas económicas de Biden, la Reserva Federal ha dado marcha atrás rápidamente, subiendo los tipos de interés en respuesta a los supuestos peligros de una aceleración de la inflación impulsada por los salarios, que no se ve por ninguna parte. Para el presidente de la Reserva Federal, Jerome Powell, un mínimo de éxito en la reducción de las diferencias salariales, en un grado no visto desde 1995-2000, es ir demasiado lejos[3].

En un número reciente de la NLR, Dylan Riley y Robert Brenner intentan mantener unidas las piezas de esta formación contradictoria para esbozar una teoría del «capitalismo político», que en su opinión ha surgido en las actuales condiciones de ralentización continua de las tasas de crecimiento económico e incluso de estancamiento económico tendencial[4]. En su opinión, las batallas políticas de Estados Unidos son cada vez más guerras entre ladrones, que luchan por lo que son esencialmente rentas extraídas en vez de disputar la dirección del futuro desarrollo económico. Sus tesis han sido criticadas, en estas mismas páginas, por Matt Karp, que propone un análisis político alternativo, y por Tim Barker, que cuestiona sus argumentos económicos[5].

---

[2] Véase, por ejemplo, Branko Marcetic, «The Biden-Manchin Climate Bill Isn't Very Good, but It's All We've Got», *Jacobin*, 29 de julio de 2022; Matt Bruenig, «Joe Biden Has Barely Expanded the Welfare State», *Jacobin*, 2 de agosto de 2022; Luke Savage, «Joe Biden Still Has No Plan to Turn His Rhetoric into Reality», *Jacobin*, 8 de febrero de 2023.
[3] Véase David Autor *et al.*, «The Unexpected Compression: Competition at Work in the Low Wage Labour Market», NBER Working Paper, núm. 31010, marzo de 2023.
[4] Véase Dylan Riley y Robert Brenner, «Siete tesis sobre la política estadounidense», NLR 138, enero-febrero de 2023. Véase también Robert Brenner, «Saqueo pantagruélico», NLR 123, septiembre-agosto de 2022.
[5] Matthew Karp, «Partido y clase en la política estadounidense», NLR 139, marzo-abril de 2023; Tim Barker, «Algunas cuestiones sobre el capitalismo político», NLR 140/141, mayo-agosto de 2023.

¿Hay algo más en la política económica de Biden de lo que afirman Brenner y Riley, tal vez incluso un giro hacia una nueva era de desarrollo económico y de crecimiento verde dirigido por el Estado? En un artículo reciente publicado en *Jacobin*, J. W. Mason aprovecha la ocasión del reciente artículo de Riley en *Sidecar* sobre el colapso del Silicon Valley Bank para bosquejar una crítica del análisis de Brenner sobre la larga recesión del capitalismo de posguerra, que también sustenta las tesis de Riley-Brenner[6]. Mason, un keynesiano de izquierda que enseña economía en el John Jay College de Nueva York, afirma que la *Inflation Reduction Act* aprobada por Biden merece una acogida cautelosa por parte de la izquierda, ya que dirige el gasto hacia la empresa productiva en lugar de encauzarlo hacia las cuentas de los poseedores de activos financieros. No existe constricción externa alguna dotada de una mínima consistencia presente en la oferta o en la demanda, que abogue por la tecnología de la descarbonización o por las energías renovables, sostiene Mason. El Estado puede aprovechar el afán de lucro para «satisfacer las necesidades humanas» a través de una política industrial verde. La *Inflation Reduction Act* debe considerarse como un paso en esta dirección, si bien la inversión pública en la empresa privada debe «gestionarse» para evitar la competencia destructiva y el desempleo masivo. La lógica subyacente es que el gasto público, efectuado a una escala lo suficientemente masiva, y con una orientación en pro del crecimiento verde, debería constituir un estímulo suficiente para que la economía logre despegar y generar una expansión económica duradera.

El análisis de Brenner sobre el final del largo periodo de expansión económica, análisis que también ofrece una explicación de por qué es muy poco probable que se produzca otra expansión de este tipo, presenta un serio obstáculo intelectual para la propuesta de Mason. En el núcleo del análisis

---

[6] Dylan Riley, «Drowning in Deposits»/«Anegados en liquidez», *Sidecar/El Salto*, 4/13 de abril de 2023; J. W. Mason, «Yes, Socialists Should Support Industrial Policy and a Green New Deal», *Jacobin*, 6 de abril de 2023.

de Brenner se halla la noción de *exceso de capacidad* crónico: demasiados productores intentan vender en los mismos mercados, lo cual implica precios más bajos, menores tasas de beneficio, reducción de la inversión y descenso de las tasas de crecimiento económico. Mason, utilizando la síntesis de la situación efectuada por Riley como una buena aproximación al análisis de Brenner, argumenta que el primero, «siguiendo a Brenner, habla como si hubiera una cantidad fija de demanda por la que los productores deben competir». Así pues, Mason habla del «paradigma de Brenner de una competencia de suma cero por cuotas de un mercado consolidado» y argumenta que tal explicación tiene un poder explicativo extremadamente limitado o incluso nulo.

Se trata de una total malinterpretación. La teoría de Brenner no es, como cree Mason, una teoría estática en la que exista una «cantidad fija de demanda», cuya captura los productores se disputan en un juego de suma cero. La teoría del exceso de capacidad de Brenner es dinámica y en consecuencia analiza las condiciones de una situación cada vez más intensa de estancamiento económico de carácter sistémico en la cual el estímulo de la demanda propicia el crecimiento de la productividad y de la renta, pero con una eficacia declinante con el paso del tiempo[7]. En esta línea de razonamiento Brenner explora el fracaso de los sucesivos intentos de implementar políticas de estímulo keynesiano de la demanda para reactivar *el motor económico endógeno de alto crecimiento* que funcionó entre 1947 y 1973, comenzando con la era del estímulo público directo característico de las década de 1970 y 1980 y terminando con la era del estímulo indirecto implementado mediante el incentivo del precio de los

---

[7] Véase Robert Brenner, *The Economics of Global Turbulence* [1998], Londres y Nueva York, 2006; Robert Brenner, *The Boom and the Bubble*, Londres y Nueva York, 2003; Robert Brenner, «What Is Good for Goldman Sachs Is Good for America», UCLA, 18 de abril de 2009; disponible en escholarship.org [ed. cast.: *La economía de la turbulencia global*, Madrid, 2008; «Los orígenes de la crisis actual. Lo que es bueno para Goldman Sachs es bueno para Estados Unidos», *ibid.*, y *La expansión económica y la burbuja bursátil*, Madrid, 2003]; Robert Brenner, «Introducing *Catalyst*», *Catalyst*, vol. 1, núm. 1, verano de 2017.

activos puesto a prueba desde principios de la década de 1990 hasta finales de la de 2010. Pero en ningún momento sostiene Brenner que el estímulo de la demanda sea totalmente ineficaz. Por el contrario, buena parte de su trabajo se ocupa de la eficacia parcial de este tipo de estímulo. La pregunta pertinente es: ¿qué impide que el estímulo keynesiano, en sus formas pública y privada, vuelva a poner en marcha el motor del crecimiento de la inversión privada? ¿Por qué dicho estímulo tiende a ser tan inflacionista, ya sea de los precios de los activos o del precio de los bienes, que nos retrotrae a la década de 1970? ¿Qué quiere decir Brenner cuando atribuye esta tendencia al estancamiento específicamente al «exceso de capacidad», al que más tarde añadió el «exceso de acumulación?».

Nótese que Brenner sí dice que este exceso de capacidad da lugar a un «juego de suma cero cada vez más intenso», pero su significado es muy distinto al del hombre de paja aducido por Mason[8]. Brenner señala que en la economía mundial actual, a diferencia de lo que ocurría durante el periodo de expansión de posguerra, algunas economías pueden expandirse rápidamente, pero solo a expensas de otras, lo cual se debe al hecho de que al crecer la economía mundial más lentamente, un determinado país solo puede lograr una expansión impulsada por las exportaciones, si arrebata cuota de mercado a los demás. Por ejemplo, si los ingresos mundiales crecieran al 2 por 100 anual, un país podría lograr un rápido crecimiento impulsado por las exportaciones del 4 por 100 o incluso del 8 por 100 anual tan solo arrebatando cuotas de mercado a otros países, que crecerían a un ritmo inferior al 2 por 100 anual[9]. La expansión de Estados Unidos durante la década de 1990 se efectuó a expensas de Japón y Alemania, que en 1995 se hallaban en una situación enormemente complicada. La expansión de China desde 2000 desindustrializó México y Brasil. De nuevo, resulta pertinente preguntar: ¿qué

---

[8] R. Brenner, *The Boom and the Bubble*, cit., p. 27. Véase también R. Brenner, «What Is Good for Goldman Sachs Is Good for America», cit., p. 13.

[9] Para simplificar, este ejemplo supone que todas las economías tienen aproximadamente el mismo tamaño.

bloquea la reasunción de un crecimiento rápido dotado de una base sólida y por qué el estímulo público no resulta suficiente para desencadenarlo?

En lo que sigue, ofrezco una interpretación diferente del razonamiento de Brenner sobre el exceso de capacidad industrial sustentada en el análisis de la evolución de la demanda al hilo del desarrollo capitalista registrado durante el largo siglo XX y especialmente del cambio experimentado en la composición de la misma, que ha pasado de su componente agrícola al industrial y luego al característico del sector servicios. En primer lugar, sin embargo, puede ser útil para abordar el debate sobre la política económica de Biden y la estrategia de la izquierda situar los argumentos de Brenner sobre las causas de la larga recesión en el contexto de los debates más generales sobre el estancamiento económico. Examinaré las diversas teorías que han abordado este problema, así como sus posibles consecuencias políticas. A continuación, trazaré la evolución de la tesis de Brenner desde la publicación en 1998 de «The Economics of Global Turbulence» en la NLR, antes de pasar a sugerir cómo ese análisis podría incorporar una concepción más dinámica de los cambios registrados en la demanda[10].

Estancamiento de grupo

Desde que aparecieron las tesis de Brenner sobre la larga recesión, cada vez más comentaristas, desde una gama diversa de perspectivas, han llegado a compartir sus preocupaciones sobre el estancamiento económico. Algunos, como Larry Summers, atribuyen esta tendencia al estancamiento, de un modo keynesiano clásico de corte hidráulico, a la «sobresaturación global del ahorro» a tenor de la cual las deficiencias de la demanda generan el declive de las tasas de inversión[11].

---

[10] Robert Brenner, «The Economics of Global Turbulence (Special Issue)», NLR I/229, mayo-junio de 1998.
[11] Lawrence Summers, «Demand Side Secular Stagnation», American EconomicReview, vol. 105, núm. 5, mayo de 2015; Łukasz Rachel y

Matthew Klein y Michael Pettis presentan una versión sofisticada de este argumento en *Trade Wars Are Class Wars*, que
explica lo que los autores denominan la «sobresaturación
global» de bienes aduciendo las deficiencias de la demanda
existentes en Alemania y China. Cambiar la política estatal
en estos dos países, afirman, debería resolver el problema, si
bien hacerlo sería difícil políticamente hablando[12].

Otros analistas se muestran de acuerdo con Brenner en
lo que concierne a la existencia de factores estructurales más
decisivos, que bloquean la vuelta a la senda de altas tasas
de crecimiento sostenido. Robert Gordon atribuye el problema al agotamiento tecnológico y de desarrollo[13]. Sostiene
que ya hemos recogido todos los frutos a nuestro alcance de
los árboles del conocimiento científico y de la construcción
urbana, lo que dificulta el crecimiento de la productividad.
Dietrich Vollrath se concentra en los cambios estructurales
experimentados en la producción y el empleo característicos del sector servicios, lo cual, junto con el descenso de las
tasas de crecimiento de la población, ha provocado tasas más
bajas de crecimiento económico a lo largo del tiempo[14]. El
desaparecido James Crotty, un gigante de la economía hete-
rodoxa docente de la Universidad de Massachusetts-Amherst,
también adoptó una perspectiva estructural sobre las causas
de la ralentización del crecimiento económico. Mason cita a
Crotty como uno de los primeros críticos de las opiniones de
Brenner sobre las causas de la larga recesión: Crotty argumentó que Brenner, «en respuesta a lo que consideraba la

Lawrence Summers, «On Falling Neutral Real Rates, Fiscal Policy, and
the Risk of Secular Stagnation», *Brookings Papers on Economic Activity*,
marzo de 2019.

[12] Matthew Klein y Michael Pettis, *Trade Wars Are Class Wars: How
Rising Inequality Distorts the Global Economy and Threatens International
Peace*, New Haven (CT), 2020 [*Las guerras comerciales son guerras de
clases*, Madrid, 2023]; véase mi reseña del libro, «Asimetrías mundiales», NLR 125, noviembre-diciembre de 2020.

[13] Robert Gordon, *The Rise and Fall of American Growth: The US Standard
of Living since the Civil War*, Princeton (NJ), 2017.

[14] Dietrich Vollrath, *Fully Grown: Why a Stagnant Economy Is a Sign of
Success*, Chicago (IL), 2020.

atribución de un papel excesivo al conflicto capital-trabajo en los análisis del final del periodo de expansión de posguerra, produjo una historia igualmente unilateral centrada exclusivamente en la competencia intercapitalista». Mason señala que esta crítica apunta «al corazón del asunto»[15].

Sin embargo, tras su debate con Brenner –en el que Crotty insistió en la importancia del conflicto entre capital y trabajo para explicar el final de la «edad de oro» capitalista– hizo más hincapié en el papel del exceso de capacidad. En 2002 escribió un artículo titulado «Why There Is Chronic Excess Capacity». En 2019, en su último libro, *Keynes against Capitalism*, Crotty volvió a hacer hincapié en la importancia del exceso de capacidad en su análisis de la trayectoria intelectual de Keynes[16]. Contrariamente a la creencia popular, Keynes no sostenía que las tendencias al estancamiento del capitalismo pudieran resolverse estimulando la demanda y aumentando las tasas de inversión privada. Como explica Crotty, Keynes creía que solo una economía en la que la mayor parte de la inversión se realizara a través de entidades públicas, así como a través de empresas oligopólicas reguladas por el Estado y orientadas públicamente sobre sus inversiones, podría generar un pleno empleo sostenido.

¿Cuándo perdió Keynes la fe en la capacidad de la inversión privada para dirigir la economía, incluso con la ayuda del estímulo público? En uno de los primeros capítulos de *Keynes against Capitalism*, Crotty muestra que fue en la década de 1920, durante la «Gran depresión» del Reino Unido (su década de 1920 fue peor que su década de 1930), cuando Keynes se dio cuenta de que la expansión de las industrias exportadoras británicas, sobre todo la construcción naval, se enfrentaba a limitaciones reales en una economía mundial que contaba con muchos más constructores navales.

---

[15] J. W. Mason, «Yes, Socialists Should Support Industrial Policy and a Green New Deal», cit.

[16] James Crotty, «Why There Is Chronic Excess Capacity», *Challenge*, vol. 45, núm. 6, noviembre-diciembre de 2002; James Crotty, *Keynes against Capitalism: His Economic Case for Liberal Socialism*, New York, 2019.

El problema era estructural[17]. Dado el exceso de capacidad, ningún estímulo induciría a las empresas de los sectores exportadores clave a invertir en instalaciones y equipo. Por el contrario, se precisaba de una inversión pública sostenida a fin de crear las condiciones necesarias para una *salida* más ordenada de esos sectores. Keynes defendía aquí una versión temprana del ajuste estructural (si bien la versión keynesiana de la década de 1970, no la neoliberal de la de 1980). A partir de ese momento, sostiene Crotty, comienza la revolución keynesiana: Keynes decidió que únicamente una estrategia de inversión púbica podría generar un pleno empleo sostenido, porque existían bloqueos estructurales a la expansión de la inversión privada.

A medida que avanza *Keynes against capitalism*, Crotty –por boca de Keynes– desarrolla una explicación más sofisticada de las causas estructurales del estancamiento. Entre ellas se incluyen no solo unos mercados mundiales cada vez más competitivos, sino también el auge de empresas oligopólicas y de sindicatos fuertes, el éxito anterior de la realización de inversión fija, la pujanza de mercados bursátiles capitalistas «insanos» similares a un casino, el agotamiento de los potenciales tecnológicos y el descenso de las tasas de crecimiento demográfico. Como deberíamos constatar, el análisis de Brenner tampoco es en absoluto monocausal, dado que incluye el desarrollo desigual, la fuerza diferencial de los sindicatos, la manipulación de los valores monetarios, las burbujas del precio de los activos y la falta de apetito político por la destrucción creativa.

Envites políticos en juego

En cuanto a los envites políticos del debate, hay dos líneas divisorias centrales. Por un lado, quienes siguen considerando el estancamiento a través de la óptica keynesiana clásica sostienen que todo lo que se necesita para generar un

---

[17] *Ibid.*, pp. 48-62.

crecimiento económico rápido y sostenido es un estímulo público continuado. Mason está en este primer bando: «Si la debilidad de la demanda es responsable del lento crecimiento de la producción, se deduce que aumentar el flujo de gasto es necesario y suficiente para aumentar la producción y el empleo», argumenta[18]. Obsérvese que este planteamiento no es incompatible con ser pro socialista. Todo lo que hay que hacer es argumentar, como hace Mason, que la inversión privada estimulada por el Estado puede abrir el camino, pero que la inversión pública es a veces preferible, debido, por ejemplo, a la mayor capacidad del sector público para coordinar las inversiones. Por otro lado, quienes piensan que algo estructural bloquea la senda a una expansión sostenida dirigida por la inversión privada adoptan diversas posiciones respecto de las implicaciones políticas derivadas de tal afirmación. Algunos, como Gordon y Vollrath, piensan que solo tenemos que ajustar nuestras expectativas a la baja. Otros, como Brenner, pero también Crotty y el propio Keynes, creen que tenemos que pasar de una economía dirigida por la inversión privada a otra dirigida por la inversión pública. Nadie discute que la inversión pública, que no se basaría en la obtención de beneficios, generaría crecimiento, al menos hasta el momento en que se encontrara con limitaciones reales de recursos. Lo que tiene una mayor importancia es que una economía de inversión pública podría concentrarse en la satisfacción de las necesidades humanas en lugar de restablecer las condiciones para la rentabilidad privada. Esto significa reducir las emisiones de carbono y ampliar el acceso a los bienes y servicios esenciales para todos y todas.

Los defensores de la inversión pública se dividen a su vez en virtud de líneas políticas. Teóricos como Keynes y Crotty creen que la inversión pública debería estar protegida del control democrático; en cambio, están a favor de la supervisión democrática de la misma. Crotty cita con aprobación los

---

[18] J. W. Mason, «Macroeconomic Lessons from the Past Decade», en Brian MacLean *et al.* (eds.), *Aggregate Demand and Employment: International Perspectives*, Cheltenham, 2020, p. 15.

planes de Keynes de crear un Consejo Nacional de Inversiones (CNI), que se encargaría de gestionar las propias inversiones del Estado, así como de proporcionar orientación a las empresas oligopólicas intensamente reguladas por el mismo[19]. Este Consejo debería estar gestionado, de acuerdo con Keynes, por economistas profesionales. Sus objetivos deberían ser fijados por un órgano representativo, como el Parlamento británico, pero este organismo político no debería tener más voz sobre las decisiones de inversión reales tomadas por el CNI. Lo único que puede hacer el Parlamento es sustituir al presidente del Consejo. (Para un ejemplo reciente de este tipo de planteamiento, que se basa en la propia propuesta de Keynes, véase el plan de 2022 de Saule Omarova para una Autoridad Nacional de Inversiones en Estados Unidos[20]).

Los defensores tecnocráticos de la inversión pública creen que la gestión de la economía es a todos los efectos una cuestión técnica una vez que se han establecido los objetivos de dicha inversión. Pretenden que las mentes más inteligentes trabajen en estas cuestiones en un mundo en el que todos los demás han sido, esencialmente, desmovilizados. Las reivindicaciones de las masas se filtran a través de los líderes sindicales y los representantes de los partidos políticos, antes de llegar al Parlamento. Incluso entonces, el Parlamento solo cumple una función de supervisión, lo cual permite que los economistas encargados de esta administración hagan su trabajo, que el propio Keynes comparó con el de un dentista[21].

---

[19] J. Crotty, *Keynes against Capitalism*, cit., pp. 75, 78 y ss., 95-115. Véase también la reseña de Corey Robin sobre el libro de Crotty en la que señala: «Crotty afirma que Keynes creía que el poder final sobre las decisiones acerca de la inversión y los fines a los que esta debería destinarse deberían residir en la ciudadanía y utiliza las frases "socialismo liberal" y "socialismo democrático" indistintamente. Sin embargo, Crotty ofrece pocas pruebas de que Keynes reflexionara sobre el desacuerdo democrático y la toma democrática de decisiones», Corey Robin, «The Trouble with Money», *The New York Review of Books*, 22 de diciembre de 2022.

[20] Saule Omarova, «The National Investment Authority: A Blueprint», Berggruen Institute, 23 de marzo de 2022.

[21] John Maynard Keynes, *Essays in Persuasion*, Nueva York, 1963, p. 373; ed. cast.: *Ensayos de persuasion*, Madrid, 2009.

Otros defensores de la inversión pública están a favor del control democrático, no solo de la «supervisión». Ningún proyecto de inversión a gran escala es puramente técnico. Siempre hay una variedad de opciones diferentes entre las que elegir en las que no solo intervienen cuestiones técnicas, sino también criterios políticos, sociales, éticos, medioambientales y de otro tipo. Por ello necesitamos consejos de inversión plurales, que sean a su vez organismos democráticos. Deben ser los trabajadores y trabajadoras, y no las elites tecnocráticas, quienes decidan sobre las propuestas de inversión, aunque solo puedan hacerlo con el asesoramiento de expertos. Los consejos de inversión, probablemente organizados sectorialmente, deberían contar con miembros procedentes de muchos grupos diferentes, incluidos los trabajadores del sector en cuestión y los usuarios de los productos procedentes del mismo, así como de una variedad de asociaciones políticas, cívicas y técnicas[22].

¿Por qué los socialistas deberían preferir el control democrático sobre la inversión en lugar de optar por la mera supervisión? Una razón, mencionada anteriormente, tiene que ver con el escepticismo sobre la pretensión de los economistas gestores de emitir juicios neutrales y técnicos sobre inversiones que son intrínsecamente políticas. Otra razón es que los tecnócratas no son capaces de dirigir las complejas infraestructuras tecnoeconómicas y sociales interconectadas en las que nos sustentamos[23]. Desde mediados de la década de 1960, las sociedades gestionadas tecnocráticamente han pasado de la crisis al estancamiento y de nuevo a la crisis. En cada una de estas ocasiones, los tecnócratas han dicho que «aprenderían las lecciones del pasado y lo harían mejor la próxima vez». Para aprender realmente las lecciones del

---

[22] Véase Pat Devine, *Democracy and Economic Planning: The Political Economy of a Self-Governing Society*, Nueva York, 1989; Aaron Benanav, «Socialist Investment, Dynamic Planning and the Politics of Human Need», *Rethinking Marxism*, vol. 34, núm. 2, 2022.
[23] Sobre este tema véase Amir Hernández, «On Adam Tooze: A Contribution to the Critique of Political Economy», *Brooklyn Rail*, febrero de 2023.

pasado tendríamos que movilizar tanto el conocimiento tácito como los juicios políticos de los trabajadores y trabajadoras, los consumidores y otros grupos implicados en cada sector económico, haciéndoles participar de forma centralizada en la toma de decisiones sobre el curso futuro de la inversión.

Transiciones graduales

Mason nos recuerda que tenemos que «prestar atención simultáneamente a la dirección del proceso en el largo plazo, así como a las contingencias del presente». Pero aclarar cuáles son los objetivos nos ayuda a comprender y evaluar las sendas que se nos ofrecen. La descarbonización, por ejemplo, es un fin en sí misma. Deberíamos prestar nuestro apoyo crítico a toda política que se centre en las necesidades humanas –especialmente la necesidad de vivir en un planeta habitable–, estemos o no totalmente de acuerdo con las propuestas concretas que presenten esos grupos. El propio Brenner aboga explícitamente por el apoyo crítico de las políticas de «sostén estatal focalizado y por la supervisión de la inversión, diseñadas inmediatamente para lograr un resultado específico»[24]. La descarbonización es un ejemplo obvio de ello. Sin embargo, el término clave es apoyo *crítico*. Deberíamos ser escépticos ante las afirmaciones de los keynesianos verdes de que, una vez en el poder, lograrán aplicar políticas que conducirán a un futuro verde para todos. Sin una presión externa masiva es probable que se vean regateados por las empresas energéticas y otras facciones de la elite, o que lleguen a acuerdos con ellas, de forma que no solo se produzca más calentamiento, sino que también se fortalezcan las propias estructuras de poder que hacen tan difícil transformar la economía para satisfacer las necesidades humanas. Por eso debemos centrarnos en crear organizaciones democráticas de masas, que impulsen el cambio mediante la acción directa. El objetivo final importa en este caso: no se trata de ejercer

---

[24] Robert Brenner, «Behind the Economic Turbulence», entrevista con Suzi Weissman, *Against the Current*, núm. 200, mayo-junio de 2019. Agradezco a Tim Barker haberme señalado esta entrevista.

presión sobre los políticos para que implementen mejores políticas, sino por el contrario de trabajar para que se produzca un cambio más radical en las estructuras de toma de decisiones de la sociedad. Para Mason, en cambio, las movilizaciones populares, aunque importantes para la historia, son en gran medida instrumentales: aumentan las posibilidades de implementar mejores políticas. Su metáfora al respecto es «estar en la sala de mando» donde se toman las decisiones clave. «Obtener la aprobación de una normativa concreta no significa que se controle el Estado», señala, y «existe el peligro real de imaginar que nos encontramos «en la sala donde se toman las decisiones», cuando en realidad estamos muy lejos de ella»[25].

Pero, ¿cuáles son las condiciones para la construcción y el mantenimiento de estas «salas de mando»? ¿Y por qué las personas que se encuentran en ellas deciden con tanta frecuencia revolverse contra los movimientos de masas que las colocaron precisamente en las mismas? Brenner abordó esta cuestión en su ensayo de 1985, «The Paradox of Social Democracy?»[26]. En este argumentaba que, históricamente, los partidos socialdemócratas han sido llevados al poder por sucesivas oleadas de rebelión popular, pero, una vez ocupado este, han tendido a reprimir la movilización de las bases. Los líderes sindicales consiguen mejores convenios no solo haciendo huelgas, sino también prometiendo no hacerlas mientras estos se hallen en vigor. Del mismo modo, los socialdemócratas mantienen el poder no solo sacando a la gente a la calle, sino también preservando la paz entre elecciones. Si los líderes sindicales y partidistas supieran con certeza que nuevas movilizaciones traerían el socialismo, podrían apoyarlas, pero ningún dirigente competente arriesgaría todo lo que ha construido en una apuesta tan arriesgada. Por estas razones, independientemente de lo que crean personalmente, los dirigentes en el

---

[25] J. W. Mason, «Yes, Socialists Should Support Industrial Policy and a Green New Deal», cit.

[26] Robert Brenner, «The Paradox of Social Democracy: The American Case», en Mike Davis, Fred Pfeil y Michael Sprinker (eds.), *The Year Left: An American Socialist Yearbook*, Nueva York, 1985.

poder encuentran irresistible la lógica de la desmovilización. Sin embargo, al desmovilizar a las masas y desmantelar las organizaciones democráticas, también socavan sus propias bases de apoyo a largo plazo. Cuando sus planes para dirigir el barco del Estado inevitablemente encallan, descubren que la tripulación con la que contaban se ha evaporado dejando tras de sí solo esqueletos. Esa ausencia de apoyo popular les aleja políticamente de la transformación radical de la economía y les empuja a sellar compromisos con las elites.

Los socialdemócratas suelen decir que son los verdaderos realistas, dispuestos a afirmar lo obvio: que la reforma precede a la revolución. El registro histórico refuta esta afirmación. Periódicamente, las masas suben al escenario de la historia. Forman organizaciones de masas y empujan para que se produzca el cambio al hilo de una senda de expectativas crecientes. La amenaza de la revolución activa entonces las fuerzas de la reforma, que son aupadas al poder por estas oleadas de movilización de masas. Una vez en el poder, esas fuerzas introducen reformas, muchas de las cuales mejoran la calidad de vida de la gente, pero lo hacen de modo que estas movilizaciones de masas se encaminen a una rápida conclusión. Las verdaderas reformas surgen de la amenaza de la revolución, pero también defienden a la sociedad contra ella. Por supuesto, hoy no vivimos en un periodo revolucionario y tampoco está claro si volveremos a ver el tipo de impulso organizado hacia el cambio social característico de épocas anteriores. Sin embargo, nuestra época ha sido testigo de movilizaciones masivas. El modo en que nos orientamos hacia las potencialidades inherentes a estos acontecimientos y tendencias tiene consecuencias no solo para nuestras tácticas actuales, sino también para la forma en que contemplamos las futuras transiciones. Por ejemplo, Mason opina sobre la próxima expansión económica, que a su juicio ya se cierne en el horizonte, lo siguiente: «En la medida en que una enorme ola de gasto público y privado conduzca a un periodo sostenido de expansión económica, creará profundos desafíos para un sistema acostumbrado a gestionar los conflictos distributivos a través del desempleo». «Pero, ¿qué sucede —continua

Mason–, cuando la clase obrera se hace más fuerte?». Mason deja la cuestión en el aire. Si su respuesta se parece en algo a la de sus predecesores de la izquierda keynesiana, como el propio Keynes y William Beveridge, entonces es probable que piense que una vez que se alcance el pleno empleo sostenido, la paz laboral tendrá que mediarse a través de negociaciones entre empresarios y sindicatos[27].

Tras la derrota de las movilizaciones más importantes de la clase obrera registrada a finales de la década de 1940, los líderes sindicales fueron convocados para cogestionar la emergente expansión económica de posguerra mediante la atemperación de las demandas de los trabajadores. En respuesta al creciente poder estructural de la clase obrera, los líderes sindicales desempeñaron un papel moderador: se aseguraron de que los salarios no aumentarían más rápido que el ritmo de crecimiento de la productividad. También se dejaron de lado las demandas de un mayor control en el puesto de trabajo. La consecuencia fue la osificación de las relaciones de poder en la sociedad de posguerra y la desmovilización de los trabajadores y trabajadoras. En el conjunto de los países de la OCDE, la tasa de sindicalización se estancó ligeramente por debajo del 40 por 100 durante la década de 1960 y descendió rápidamente hasta llegar al 16 por 100 en 2020[28]. En la época de crisis característica de finales de la década de 1960 y principios de la de 1970, un gran número de personas volvieron a movilizarse y se encontraron de nuevo con la oposición tanto de los líderes sindicales como de los políticos socialdemócratas. Las rebeliones de esa época condujeron a algunos cambios duraderos en las políticas del Estado del bienestar, pero la crisis de la década de 1970 desembocó inesperadamente en una «larga recesión» durante la cual se verificó la derrota histórica de los sindicatos, de los partidos socialdemócratas y del socialismo de Estado. Pasemos ahora a la historia y la teoría de esta recesión, tal como las explica Brenner.

---

[27] Véase William Beveridge, *Full Employment in a Free Society*, Londres, 1944, pp. 198 y ss.
[28] OCDE, *Trade Union Data Set*.

La larga recesión

El análisis primordial de Brenner de la larga recesión indica en líneas generales lo siguiente. En 1949 Estados Unidos encontró una salida a los acuciantes problemas del incipiente régimen monetario internacional de posguerra, obligando a Europa y a Japón a devaluar sus monedas y a concentrarse en la exportación de bienes al mercado mundial (en lugar de satisfacer la demanda interna, como había aconsejado Keynes), lo cual propició veinticinco años de rápido crecimiento económico *global* bajo el liderazgo de las potencias industriales, sobre todo de Estados Unidos, Alemania y Japón. Un elevado número de países, incluidos muchos países poscoloniales que habían alcanzado recientemente la independencia, crecieron rápida y simultáneamente[29].

Durante las décadas de 1950 y 1960 los productores alemanes y japoneses se expandieron, conquistando cuotas crecientes de los mercados mundiales, pero sin introducirse todavía en el mercado nacional estadounidense. Las empresas estadounidenses no estaban demasiado preocupadas por esta tendencia, porque los mercados exteriores representaban una pequeña parte de sus ventas. Entonces, a partir de 1965, los productores alemanes y japoneses, que entretanto habían aumentado sus niveles de productividad y se habían beneficiado tanto de salarios más bajos como de divisas infravaloradas, invadieron el mercado estadounidense. Las empresas estadounidenses perdieron rápidamente cuota de mercado, los beneficios cayeron y estas reaccionaron reduciendo el ritmo de inversión en nuevas instalaciones y equipo. Los esfuerzos efectuados para restablecer la competitividad estadounidense adoptaron dos formas. En primer lugar, las empresas estadounidenses lucharon por contener el crecimiento salarial y limitar la presión tributaria. En segundo, el Estado estadounidense abandonó el marco de Bretton Woods, permitiendo que el dólar flotara a la baja.

---

[29] Para un resumen véase R. Brenner, *The Economics of Global Turbulence*, cit., pp. 94-96.

Paulatinamente estas estrategias rindieron sus resultados. La competitividad de las empresas estadounidenses mejoró a medida que la productividad aumentaba más rápidamente que los salarios y el dólar perdía valor respecto al yen y al marco alemán. Pero la otra cara del éxito de las empresas estadounidenses fue la erosión de las posiciones competitivas de las empresas alemanas y japonesas. También ellas empezaron a sufrir tasas de rentabilidad más bajas y, en consecuencia, redujeron el ritmo al que invertían en nuevas instalaciones y equipo. Los años milagrosos de la expansión económica llegaron a su fin y comenzó la larga recesión. Las políticas de estímulo keynesiano ayudaron a evitar que la desaceleración se convirtiera en depresión. Los paquetes de estímulo ocuparon el lugar de la demanda que había desaparecido debido tanto al declive de las tasas de inversión y de las crecientes tasas de desempleo, como al estancamiento de los salarios, pero tales medidas no lograron desencadenar de nuevo tasas de crecimiento a un ritmo rápido.

En opinión de Brenner, los esfuerzos de los poderes públicos para inducir la inversión privada fracasaron durante la década de 1970, porque las empresas se enfrentaban a limitaciones reales para seguir expandiéndose[30]. Los directivos empresariales sabían que sus perspectivas de crecimiento a largo plazo eran débiles, debido a la creciente competencia internacional y a la disminución de las cuotas de mercado (su situación no era muy diferente a la de las empresas de construcción naval en el Reino Unido durante la década de 1920). Así que respondieron al estímulo público invirtiendo, pero menos que antes, y subiendo los precios, lo que provocó una inflación impulsada por los beneficios. Esto no quiere decir que el estímulo de la demanda de la década de 1970 fuera totalmente ineficaz, pero el hecho es que no consiguió devolver a la economía su ritmo de crecimiento anterior. Tras el breve pero consecuente interludio de la recesión provocada por el brutal incremento de los tipos de interés decretado por la Reserva Federal de Volcker, el Estado estadounidense

---

[30] *Ibid.*, pp. 164-186.

volvió a estimular la demanda en un esfuerzo por restaurar las tasas de crecimiento prevalecientes anteriormente. El gobierno implementó estímulos públicos directos, incluido el gasto militar, y más tarde recurrió al keynesianismo del precio de los activos[31]. El aumento del valor de los activos, como las acciones y las viviendas, animó a los propietarios de estos a ahorrar menos y gastar más, o bien a utilizarlos como garantía para financiar su consumo mediante el endeudamiento, lo cual tuvo un efecto estimulante sobre la demanda. A medida que las empresas producían más y la productividad aumentaba, aunque a un ritmo más lento, los ingresos crecían y también lo hacía la demanda, pero a la postre el ritmo de expansión se ralentizó.

Para el análisis de Brenner resulta crucial, aunque a menudo este punto es malinterpretado, su indicación de que durante las décadas de 1980 y 1990 la economía estadounidense experimentó una recuperación real[32]. El gobierno estadounidense había zigzagueado entre el estímulo keynesiano y el choque monetarista. Con el paso del tiempo, tomó forma un sector industrial estadounidense mucho más flexible, adaptativo y productivo. Estados Unidos logró este objetivo mediante la represión salarial y, por consiguiente, la contención del crecimiento del consumo doméstico. Sin embargo, al mismo tiempo, el gobierno estadounidense también devaluó drásticamente el dólar, reduciendo las importaciones y aumentando las exportaciones, lo que se tradujo brevemente en la reversión del enorme déficit comercial y básicamente en que esa devaluación fuera soportada por los competidores extranjeros, en particular por Alemania y Japón. Estados Unidos empezó a alcanzar altas tasas de crecimiento económico durante los años denominados de recuperación neoliberal, pero para estos competidores el periodo 1985-1995 fue una época de estancamiento y burbujas financieras.

---

[31] Véase, por ejemplo, R. Brenner, «What Is Good for Goldman Sachs Is Good for America», cit., pp. 21-24.

[32] R. Brenner, *The Economics of Global Turbulence*, cit., pp. 187-190 y R. Brenner, *The Boom and the Bubble*, cit., pp. 48-93.

Una vez más, cuando Brenner habla de esta era como un periodo caracterizado por un juego de suma cero cada vez más intenso debido a la continua ralentización de las tasas medias de crecimiento económico, con ello pretende indicar que algunos países como Estados Unidos solo pudieron alcanzar una recuperación a expensas de otros países como Alemania y Japón. Cuando estos últimos se vieron amenazados por una crisis real a principios de la década de 1990, tras la reunificación alemana y la deflación de la burbuja japonesa, Estados Unidos dio marcha atrás para salvar a la economía mundial del desastre mediante el diseño de la revalorización del dólar frente al yen y al marco alemán, lo cual provocó un declive de la competitividad mundial de las empresas estadounidenses, recientemente ganada, y el resurgimiento de la competitividad de las empresas japonesas y alemanas (esta misma decisión se aplicó de inmediato durante la crisis financiera de Asia Oriental de 1997-1998, ya que la mayoría de los países de la región, a excepción de China, habían vinculado sus monedas al dólar).

En opinión de Brenner, la decisión del gobierno estadounidense de revaluar el dólar en 1995, conocida como el «Acuerdo del Plaza inverso», nos teletransportó al mundo que ahora habitamos[33]. La recuperación estadounidense se vio truncada y las tasas de crecimiento se ralentizaron considerablemente. El país sufrió entonces dos burbujas sucesivas, primero en el sector tecnológico y luego en el inmobiliario, que indujeron sendas recuperaciones de la demanda doméstica y de hecho también de la demanda global en la medida en que las importaciones por parte de Estados Unidos llegaron a representar un porcentaje fundamental de la PIB mundial. Sin embargo, lo que produjeron ulteriormente ambas burbujas fue la intensificación de las tendencias al estancamiento, que habían afectado a los países ricos y al conjunto de la economía mundial desde la década de 1970, con la excepción (parcial) de la economía estadounidense entre 1985 y 1995 y de China[34].

---

[33] Véase R. Brenner, *The Boom and the Bubble*, cit., pp. 128-133.
[34] R. Brenner, «What's Good for Goldman Sachs Is Good for America», cit., pp. 62-69; Aaron Benanav, «Crisis and Recovery», *Phenomenal World*, 3 de abril de 2020.

A los partidarios de este análisis les gusta la riqueza de su detalle histórico. En realidad, Brenner también acertó básicamente respecto al comportamiento de la economía global durante los veinticinco años que siguieron a la publicación de *The Economics of the Global Turbulence*. Mientras, la mayoría de los analistas predijo que una nueva época de expansión era inminente e innumerables expertos afirmaron que las expansiones derivadas de la burbuja tecnológica de la década de 1990 y la burbuja inmobiliaria de la siguiente eran sostenibles. Brenner se mantuvo firme y sostuvo una y otra vez que en ningún caso se habían resuelto los puntos muertos sistémicos que él había diagnosticado. Hasta el estallido de la pandemia y durante el curso de la misma, ese análisis parecía ser correcto. Si la recuperación a la que estamos asistiendo será duradera o transitoria, es una cuestión abierta[35]. En realidad, si nos atenemos a la concepción a largo plazo elaborada por Brenner es perfectamente plausible que se produzcan periodos temporales de recuperación, especialmente si son sostenidos por el estímulo de la demanda implementado por el Estado. Entretanto, innumerables analistas han llegado a adoptar conclusiones similares, aunque fundamenten sus análisis de las tendencias al estancamiento en mecanismos diferentes.

La teoría del exceso de capacidad

Cuando Brenner publicó inicialmente en 1998 «The Economics of Global Turbulence (Special Issue)» en la NLR, fundamentó su análisis del estancamiento en su teoría del exceso de capacidad industrial. La idea era sencilla. Los economistas neoclásicos suponen que la oferta se ajusta sin fricciones a los cambios registrados en la demanda, lo cual implica que las empresas que presentan una estructura de costes elevados ceden su puesto voluntariamente a las

---

[35] Para una visión eufórica sobre la misma véase el reciente informe de *The Economist*, «America's Economic Out-Performance is a Marvel to Behold», *The Economist*, 13 de abril de 2023.

empresas cuya estructura de costes es más competitiva, ya que las primeras preferirían utilizar sus recursos de forma más rentable en otros sectores en vez de permanecer en su actual sector y perder dinero. En realidad, las empresas con estructura de costes elevados tienen a menudo razones para seguir activas en su posición de mercado e incluso para duplicar sus inversiones, dado que poseen muchos activos, materiales, como maquinaria especializada, e inmateriales, como conocimientos técnicos, que perderían gran parte de su valor si se reorientaran hacia otros mercados. Si las empresas con una estructura de costes elevados deciden quedarse y luchar y las empresa con estructura de costes reducidos no se retiran, el sector en cuestión experimentará un periodo de sobreproducción y exceso de capacidad, que puede medirse en términos de tasas de beneficios temporalmente deprimidas[36].

Entretanto, aunque un sector sufra objetivamente del retraso de la salida de una parte de sus productores, puede continuar experimentando la entrada de otros adicionales. Beneficiándose de las ventajas del atraso, las empresas con una estructuras de costes más bajos, especialmente las que empiezan en los mercados protegidos de los países de renta baja y media, pueden considerar que vale la pena expandirse en los mercados mundiales, aunque las empresas con estructuras de costes altos y bajos ya estén compitiendo en ese determinado sector. Evidentemente Brenner está pensando en que cuando empresas como General Motors y Ford luchaban contra Toyota, empresas como Hyundai y BYD entraron en liza. Brenner argumentó que el patrón de «demasiadas entradas, demasiadas pocas salidas» en un determinado sector se ha producido en innumerables mercados de muchos productos industriales, porque el sector industrial es el sector que produce bienes comercializables internacionalmente.

Brenner argumentó a continuación que esta pauta de comportamiento específica de los respectivos sectores productivos tuvo efectos fundamentales a escala del conjunto de

---

[36] Véase R. Brenner, *The Economics of Global Turbulence*, cit., pp. 27-40.

la economía. La caída de la tasa de beneficio en el sector industrial supuso la caída de la tasa general de beneficio, lo cual provocó la reducción de las tasas de inversión, de crecimiento de la productividad, de crecimiento salarial y de crecimiento económico. Para Brenner esta teoría del exceso de capacidad –el patrón de «demasiadas entradas, demasiadas pocas salidas»– explica por qué el estímulo keynesiano no resolvió los problemas más profundos de la economía. El estímulo ayudó a atrincherar a las empresas cuya estructura de costes era elevada en lugar de, como habrían preferido los keynesianos, animarlas a ceder cuota de mercado a competidores más eficientes. Gran parte del debate que siguió a la publicación del largo artículo de Brenner versó sobre si su argumento del exceso de capacidad era suficiente para explicar la recesión. La mayoría de los críticos de Brenner sostuvieron que no existía ningún mecanismo que pudiera trasladar eficazmente el exceso de capacidad registrado en el sector industrial a la economía en su conjunto[37]. Todo el mundo, a excepción de Brenner, parecía estar de acuerdo en que el exceso de capacidad tenía que ser un síntoma, pero no una causa.

Con el paso del tiempo, surgieron otros tres problemas con el análisis contenido en *The Economics of Global Turbulence* a los que Brenner y sus colaboradores intentaron responder. En primer lugar, las empresas de mayor tamaño no simplemente soportaron la recesión. Las multinacionales se dieron cuenta de que podían beneficiarse del exceso de capacidad en lugar de sufrirlo. Se replegaron hasta la cima de las cadenas de valor, manteniendo el control sobre las marcas, la venta al por menor, los productos de alta tecnología y el montaje final de los bienes de alto valor añadido como los automóviles, mientras cedían otros aspectos de la producción a proveedores dependientes[38].

---

[37] Véase, por ejemplo, Anwar Shaikh, «Explaining the Global Economic Crisis», *Historical Materialism*, vol. 5, núm. 1, 1999, así como otras reseñas en ese mismo volumen; Gérard Duménil, Mark Glick y Dominique Lévy, «Brenner on Competition», *Capital & Class*, vol. 25, núm. 2, verano de 2001.
[38] Véase, por ejemplo, William Milberg y Deborah Winkler, *Outsourcing Economics: Global Value Chains in Capitalist Development*, Cambridge, 2013.

De ese modo, las empresas multinacionales podían seguir innovando en las áreas primordiales de su especialización y en logística, mientras se aprovechaban de la intensa competencia reinante entre los suministradores con el fin de apropiarse de una mayor cuota de los beneficios producidos a lo largo de las distintas cadenas de valor. En realidad, seguía verificándose una «sobresaturación mundial» de bienes, por utilizar la expresión de Pettis y Klein, pero las empresas de mayor tamaño parecían haber encontrado la forma de tornar esa sobresaturación en su propio beneficio. Sin embargo, esta estrategia no dio lugar a nuevas inversiones de envergadura en instalaciones y equipo en los países donde estas multinacionales tenían sus respectivas sedes sociales. Por el contrario, estas empresas continuaron concentrándose en dotarse de modelos de gestión más flexibles y adaptables.

Esto conduce directamente al segundo problema. A medida que las empresas retenían beneficios o los devolvían a los accionistas en lugar de invertirlos, las economías se financiarizaban. Se suponía que el sector financiero facilitaba la transición entre los sectores en declive y aquellos en ascenso, pero a partir de la década de 1980 el sector financiero parecía desempeñar un papel diferente. De un modo u otro, los beneficios que no se habían reinvertido acabaron bajo la gestión de las empresas financieras. Ante la disminución de la rentabilidad, estas asumieron mayores riesgos para obtener mayores beneficios. Este fenómeno se convirtió en el principal tema de interés de Brenner en sus escritos posteriores[39].

Inicialmente, Brenner asumió que la financiarización era un preludio de la depresión. Sin embargo, con el tiempo, el gobierno de Estados Unidos descubrió cómo evitar que los valores de los activos se desplomaran y, por lo tanto, que la depresión se afianzara. A partir de 1987, una serie de rescates transformaron lo que deberían haber sido enormes pérdidas financieras en ganancias financieras. La economía siguió creciendo cada vez más lentamente, pero

---

[39] R. Brenner, «What's Good for Goldman Sachs Is Good for America», cit., así como, «Saqueo pantagruélico», cit.

paulatinamente parecía haberse afianzado un patrón en el que las subidas de los precios de determinados tipos de activos iban seguidas del correspondiente pánico financiero y, a continuación, de los consabidos rescates. En todos los casos, los inversores que habían obtenido grandes beneficios con apuestas arriesgadas y luego lo habían perdido todo, volvían a recuperarse gracias a la acción del Estado. Resultaba difícil describir este patrón como un problema de exceso de capacidad, ya que el problema era precisamente que los fondos liberados de sectores que se enfrentaban a una fuerte competencia no fluían hacia nuevas industrias en expansión sostenible. Durante la década de 2000, Brenner empezó a referirse a este problema como «sobreacumulación», así como «sobreproducción y sobrecapacidad», pero ello no hizo que revisara su análisis en ningún momento[40].

Cuestiones asiático-orientales

El tercer problema del análisis de Brenner fue el ascenso de China. Brenner no extendió su análisis al resto del mundo, pero no es difícil hacerlo[41]. Durante el periodo de posguerra, los países productores de productos primarios se enfrentaron a unas condiciones de exceso de capacidad mundial aún peores que las de los países industriales. Entre 1945 y 2020 los precios de la mayoría de los productos primarios, como el café, el yute, el caucho y la madera, cayeron en relación con los precios de los productos industriales (aunque puntuados por algunos picos notables de los precios). Durante la década de 1960, los países de renta baja y media, que habían dependido de las exportaciones de productos primarios para financiar su desarrollo, se enfrentaron a una dura disyuntiva: debían empezar a fomentar la exportación de productos manufacturados o se endeudarían gravemente. Muchos países devaluaron sus monedas y empezaron a crear mercados

---

[40] Véase, por ejemplo, R. Brenner, *The Boom and the Bubble*, cit., pp. 17, 159.
[41] Aaron Benanav, «A Global History of Unemployment: Surplus Populations in the World Economy», Disertación, UCLA, 2015.

para las exportaciones de productos manufacturados, a menudo integrándose en las incipientes cadenas de suministro de las multinacionales estadounidenses. Esta integración se produjo en un momento en el que las empresas estadounidenses se enfrentaban a la creciente penetración de las importaciones japonesas y buscaban fuentes de fuerza de trabajo barata para realizar las operaciones de producción y ensamblaje intensivas en mano de obra.

Cuando la expansión económica de posguerra dio paso a la recesión de la década de 1970, estos países más pobres experimentaron una situación difícil. Los sucesivos colapsos financieros provocaron la consabida crisis de la deuda en el Tercer Mundo. El ajuste estructural de las décadas de 1980 y 1990 acentuó la dependencia de los países pobres de la exportación de sus productos agrícolas y manufacturados al mercado mundial en un momento de desaceleración del crecimiento global y de escasez de demanda. Sin embargo, ya en la década de 1960, algunas superestrellas se diferenciaron del resto, siguiendo el modelo de Japón. Estos países, como Corea del Sur y Taiwán, crecieron rápidamente durante las décadas de 1980 y 1990, mientras otros de renta baja y media sufrieron décadas perdidas en términos de crecimiento económico y progreso social.

Brenner analizó el ascenso de Corea del Sur y Taiwán bajo el prisma de una «entrada excesiva de actores económicos», que se sumaba a la historia de «muy poca salidas», pero este análisis era más difícil de extender a China. La RPCh no era simplemente otra economía relativamente pequeña que podía movilizar una burocracia meritocrática y aprovechar su proximidad a Japón para crecer rápidamente en el contexto de una economía mundial de expansión más lenta. China representaba una fracción considerable de la economía mundial y experimentaba un auge económico duradero, que la estaba transformando de tal modo que estaba dejando de ser uno de los países más pobres del planeta para convertirse en un país de renta media, así como en la fábrica del mundo. Sin embargo, en ciertos aspectos fundamentales, el modelo de crecimiento de China se produjo claramente dentro de la larga recesión en lugar de trascender sus límites. El crecimiento de China impulsó las tasas de expansión del mercado mundial, especialmente durante la década de 2000, cuando la economía china creció mucho y se integró de un modo mucho más intenso en el mercado mundial. Sin embargo, entre 2000 y 2020 las tasas de crecimiento del mercado mundial se mantuvieron relativamente bajas. Los países de la OCDE siguieron representando gran parte de la economía mundial y acaparando una enorme cuota de las importaciones, pero las economías de estos países crecían a un ritmo cada vez más anémico a pesar del impulso a la demanda generado por la burbuja inmobiliaria estadounidense.

El rápido crecimiento de las empresas chinas dependía de la contención del crecimiento salarial –más de lo que era el caso en Corea del Sur y en Taiwán– para así captar mercados exteriores y, de ese modo, hacerse con una parte cada vez mayor de un pastel global, que crecía más lentamente (especialmente las porciones del mismo situadas en Estados Unidos). Las empresas chinas arrebataron cuotas de mercado a empresas de muchos otros países, no solo a las estadounidenses, como sucedió con sus homólogas brasileñas, mexicana y sudafricanas. El ascenso de China vino acompañado de la desindustrialización de grandes áreas de regiones de renta baja y media. En 2013, apenas doce años después de su adhesión a la OMC, la propia China comenzó a desindustrializarse y su tasa de crecimiento empezó a ralentizarse. Para cumplir los objetivos de crecimiento a alta velocidad fijados por el gobierno chino, la economía ha recurrido a grandes desembolsos de inversión pública, sobre todo en el sector de la construcción. Este estímulo masivo ha fracasado previsiblemente a la hora de relanzar la actividad económica china y de devolver al país a una senda de crecimiento autosostenido y de alta intensidad arrastrado por la inversión privada, a pesar del hecho de que China no ha alcanzado todavía a los países occidentales.

Completar la teoría

Aunque el término exceso de capacidad se ha convertido en un código para referirse a «la vieja discusión existente entre los colaboradores de la *New Left Review*»[42], este se refiere en realidad al análisis histórico más amplio que he descrito precedentemente y no tanto a una u otra fundamentación teórica específica del mismo[43]. La clave para completar el marco teórico de Brenner es introducir en él una explicación de cómo evoluciona la estructura de la demanda, ya sea de un país o de la economía mundial, a lo largo del desarrollo económico. En este sentido, podemos seguir la teoría de William Baumol del mal de los costes, especialmente en la medida en que fue integrada en la teoría de la desindustrialización elaborada por Robert Rowthorn y otros autores[44]. La productividad del trabajo crece a un ritmo mucho más lento en el sector servicios que en el sector industrial (la excepción es la construcción, que forma parte de este último, pero experimenta un crecimiento de la productividad típico del primero). Esta observación se debe en cierto sentido obviamente a problemas de medición, pero esas cuantificaciones tendrían que ser incorrectas en una magnitud enorme para invalidar de algún modo el análisis.

Una consecuencia de las grandes diferencias existentes en las tasas de crecimiento de la productividad entre la industria y los servicios es que, a lo largo del tiempo, los precios de los bienes caen en relación con los precios de los servicios. En un entorno inflacionista general, esto significa que los precios de

---

[42] W. J. Mason, « Yes, Socialists Should Support Industrial Policy and a Green New Deal», cit.

[43] Intenté dar un primer paso en este sentido en *Automation and the Future of Work*, Londres y Nueva York, 2020; ed. cast.: *La automaización y el futuro del trabajo*, Madrid, Traficantes de Sueños, 2021.

[44] William Baumol, «Macroeconomics of Unbalanced Growth: The Anatomy of Urban Crisis», *American Economic Review*, vol. 57, núm. 3, junio de 1967; Robert Rowthorn y Ramana Ramaswamy, «Deindustrialization: Causes and Implications», IMF Working Paper 97/42, abril de 1997; Dani Rodrik, «Premature Deindustrialization», *Journal of Economic Growth*, vol. 21, núm. 1, 2016.

los servicios suben más deprisa que los de los bienes, ya que, al consumir más servicios, necesitamos contratar más mano de obra para realizarlos. Lo mismo no es habitualmente cierto en el sector industrial. Por ejemplo, si la productividad crece el 1 por 100 en el sector servicios, mientras que la producción crece el 3 por 100, el empleo debe crecer el 2 por 100 anual para compensar la diferencia. Por el contrario, si la productividad crece el 3 por 100 en el sector industrial y la producción el 3 por 100, no es necesario añadir mano de obra. El aumento de los costes laborales explica por qué los servicios se encarecen con el tiempo en comparación con los bienes. Aun suponiendo que no haya una preferencia particular por los servicios frente a los bienes, *la gente tenderá a gastar una cuota cada vez mayor de sus ingresos en servicios* mientras los bienes y los servicios sean relativamente no sustituibles. Este proceso es lento y vacilante, pero parece inevitable a largo plazo. En Francia, un país respecto al cual tenemos fácil acceso a sus datos de larga duración, la proporción de los servicios respecto al PIB pasó del 47 al 71 por 100 entre 1960 y 2020. En Estados Unidos, ese mismo porcentaje pasó de un ya elevado 72 por 100 en 1997 al 78 por 100 en 2020. Entretanto, en países de rápido desarrollo como China y Corea del Sur el porcentaje de los servicios respecto al PIB pasó respectivamente del 22 al 42 y del 54 y al 57 por 100 entre 1985 y 2020 (obsérvese que los países ricos con superávit comercial en algunos casos han detenido o incluso revertido ligeramente esta tendencia): el porcentaje de los servicios en el PIB alemán se ha mantenido estable en torno al 61 por 100 y el de Japón lo ha hecho en torno al 69 por 100 desde 1997; estos países han experimentado al mismo tiempo un ritmo mucho más lento de desindustrialización).

Esto es todo lo que necesitamos tener en mente para que la historia del exceso de capacidad postulada por Brenner tenga sentido. Durante el apogeo del periodo de expansión económica de posguerra, este cambio de la composición de la demanda de los bienes a los servicios –medida a partir del aumento del porcentaje de los servicios respecto al PIB y acompañada de la caída de la cuota de producción industrial– aún no se había producido, o se estaba produciendo de forma muy débil. La productividad crecía rápidamente en el sector industrial, lo que se tradujo en un aumento de los ingresos y de las compras de bienes manufacturados. En un ciclo virtuoso, el aumento de la oferta industrial creó su propia demanda. En países como Alemania y Japón, un factor adicional amplificó este ciclo: la cuota de la producción industrial respecto al PIB también aumentó. Una transformación estructural del empleo acompañó a la transformación estructural de la producción: los trabajadores pasaron del sector agrícola, así como de muchas actividades industriales y de servicios de baja productividad, al sector industrial. No solo aumentaba la productividad en este, sino que cada vez más trabajadores abandonaban las actividades de baja productividad para dedicarse a otras de alta productividad, lo cual impulsaba aún más las tasas de crecimiento de la productividad y, por lo tanto, las tasas de crecimiento económico y, por ende, la renta y la demanda.

Cuando se verificó el cambio en la composición de la demanda, primero en los países más ricos como Estados Unidos y el Reino Unido y después paulatinamente a escala mundial, este ciclo dinámico y virtuoso se materializó. El continuo alto crecimiento de la productividad en el sector industrial siguió aumentando los ingresos, pero una parte cada vez más importante de estos ingresos adicionales se gastaron en la adquisición de servicios en lugar de ser gastados en la compra de bienes. La oferta ya no creaba su propia demanda. Por el contrario, las inversiones que aumentaban simultáneamente tanto la productividad como la capacidad global en el sector industrial tendieron, cada vez más, a generar un exceso de capacidad[45]. Lo mismo sucedió en la

---

[45] Una vez que situamos el exceso de capacidad industrial registrado durante la década de 1970 en el cambio experimentado por la composición de la demanda, también podemos empezar a distinguirla de episodios anteriores de sobrecapacidad. El artículo de Mason publicado en *Jacobin* cita la descripción de Michelet de una crisis algodonera en la década de 1840, que solo fue superada cuando los precios cayeron y la demanda de los consumidores se recuperó: ¿quizá sucederá lo mismo durante la década de 2020? Pero cualquier comparación de este tipo entre la década de 1840 –una época de incipiente industriali-

agricultura, especialmente tras la Segunda Guerra Mundial. La mecanización de los aperos de labranza y la revolución de los fertilizantes sintéticos transformaron la agricultura, que pasó de ser un sector rezagado a convertirse en un sector puntero en lo referido al crecimiento de la productividad. Pero el crecimiento de la demanda en el sector agrícola fue aún más limitado que el registrado en el sector industrial, debido a la Ley de Engel, que postula que a medida que aumentan los ingresos, cada vez se gasta una parte menor de los mismos en productos agrícolas. Una vez más, la oferta no creó su propia demanda. Por el contrario, la agricultura experimentó un exceso de capacidad dinámico. Un exceso de producción cada vez más pernicioso condujo a la rápida caída de los precios, a bajas tasas de rentabilidad para la mayoría de los productores excepto los más productivos y a la salida continuada del sector[46]. En algunos países, esta salida de la agricultura fue ordenada, pero en muchos de ellos, así como a escala mundial, fue extremadamente desordenada, porque muchos pequeños agricultores se negaron a renunciar a sus medios de vida. Al mismo tiempo, aparecieron nuevas fuentes de aprovisionamiento, ya que los productores de todo el mundo respondieron a la caída de los precios de los cultivos de exportación tradicionales diversificándose. Un buen ejemplo es el cultivo del café. Los precios reales cayeron drásticamente entre 1953 y 2020, mucho más de lo que hubiera sido el caso de no haber sido por la vigencia del patrón «demasiadas pocas salidas, demasiadas entradas» en su producción.

En el sector industrial, este proceso fue más complicado. Para la mayoría de los países, la industrialización ha sido el camino más claro hacia el desarrollo[47]. Mientras tanto,

---

zación francesa– y el exceso de capacidad contemporáneo, tras el inicio del cambio de composición de la demanda más de un siglo después, es tan ahistórica que raya lo absurdo.

[46] Véase UN Food and Agriculture Organization, *State of Food and Agriculture*, FAO, 2000; Marcel Mazoyer y Laurence Roudart, *A History of World Agriculture: From the Neolithic Age to the Current Crisis*, Nueva York, 2006, pp. 375-440.

[47] Véase Adam Szirmai, «Industrialization as an Engine of Growth in Developing Countries, 1950-2005», *Structural Change and Economic*

a lo largo de los siglos XIX y XX, los Estados descubrieron la combinación de políticas que hacían posible una industrialización rápida y sostenida. La Unión Soviética inventó una forma especialmente importante de política industrial: los planes quinquenales[48]. Japón, Corea del Sur, Taiwán y China, además de muchos otros países, adaptaron el modelo soviético, que funcionaba mejor cuando se combinaba con el intercambio de mercado y el crecimiento impulsado por las exportaciones. Pero el éxito dependía de la creación y el mantenimiento de una burocracia meritocrática, algo que pocos Estados fuera de Asia oriental fueron capaces de conseguir[49]. En cualquier caso, resultó que había muchas razones para favorecer la industrialización como estrategia de desarrollo, independientemente de las condiciones del mercado mundial (especialmente a medida que empeoraban las perspectivas de los productores primarios).

Entretanto, a medida que el cambio de la composición de la demanda comenzaba a verificarse y el sector industrial mostraba los primeros signos de exceso de capacidad, se desencadenó en consecuencia una competencia cada vez más exacerbada. En una economía mundial que había llegado a depender del desarrollo impulsado por las exportaciones de productos manufacturados, las cuotas de importación de los grandes mercados domésticos de los países más ricos, sobre todo de Estados Unidos, seguían siendo los mayores premios. Pero ahora, debido al inicio del cambio de la composición de la demanda, los incrementos de los ingresos en esos mismos países generaban menores aumentos de la demanda de bienes. Por la misma razón, el estímulo público resultó menos eficaz para resolver el problema de los productores, ya

Dynamics, vol. 23, núm. 4, 2012. Véase también Adam Szirmai y Bart Verspagen, «Manufacturing and Economic Growth in Developing Countries, 1950-2005», *Structural Change and Economic Dynamics*, vol. 34, septiembre de 2015.

[48] Véase Robert Allen, *Farm to Factory: A Reinterpretation of the Soviet Industrial Revolution*, Princeton (NY), 2003.

[49] Véase Cristóbal Kay, «Why East Asia Overtook Latin America: Agrarian Reform, Industrialization and Development», *Third World Quarterly*, vol. 23, núm. 6, diciembre de 2002.

que los crecientes flujos de ingresos se gastaron en servicios. A medida que un país rico tras otro empezaba a experimentar el indicado cambio de la composición de la demanda, la demanda global de productos industriales crecía más lentamente. La competencia se intensificó tanto entre las potencias industriales, como entre los países en vías de industrialización, cuyas empresas tuvieron que hacerse con cuotas de mercados que, a todos los efectos, estaban «madurando». Para la mayoría de los países del Sur global, esto significó el fin efectivo del desarrollo.

Sin embargo, en una economía mundial abierta, nada al inicio del cambio de la composición de la demanda implicaba que la totalidad de las potencias industriales tuvieran que experimentar la desindustrialización al mismo ritmo. Algunos países, como Corea del Sur, Taiwán y más tarde China, podían convertirse en potencias industriales, si aumentaban sustancialmente las cuotas de mercado de sus empresas. Las batallas libradas a partir de la década de 1970, que conocieron el despliegue de las armas de la devaluación monetaria, la contención salarial, la política industrial y otras adicionales, desplazaron la ventaja relativa de un país a otro en el contexto de un proceso general y continuo de estancamiento cada vez peor: un juego de suma cero cada vez más intenso. Pero, ¿por qué el cambio de la composición de la demanda implicaba un estancamiento mundial cada vez pernicioso? ¿Por qué se ralentizaba el crecimiento?

Muchos analistas que estudiaron la economía a partir de la década de 1970 comprendieron el problema básico: las empresas de los países recientemente industrializados estaban asumiendo un papel más importante en la producción industrial, mientras que las empresas de los países industrializados más precozmente se negaban a ceder terreno. La principal solución, que la OCDE y otras organizaciones gubernamentales denominaron primero «ajuste positivo» y más tarde «ajuste estructural», implicaba una transición ordenada de los países ricos desde las actividades de alto crecimiento de los años de posguerra a las nuevas actividades similares que supuestamente estaban surgiendo[50]. La única duda era si el mejor contexto para esta transición demandaba una política monetaria flexible o restrictiva, más o menos apoyo del gasto público y una política industrial específica.

La premisa primordial de este debate se antojó, sin embargo, equivocada. El escenario que todos invocaban –incluido Daniel Bell en *The Coming of Post-Industrial Society*– era, no obstante, el de una transición de las industrias maduras a cualesquiera que fueran las nuevas industrias emergentes en proceso de crecimiento (todo el mundo estaba seguro de que estas últimas tenían algo que ver con los ordenadores). Lo que se produjo, en realidad, fue una transición, tanto en términos de producción como de empleo, del sector industrial en su conjunto, donde era más fácil incrementar los niveles de productividad, al sector servicios, donde era mucho más difícil hacerlo. De hecho, a medida que los trabajadores pasaban de la agricultura y la industria a los servicios, las tasas de crecimiento de la productividad se ralentizaban. No solo la productividad aumentaba a un ritmo más lento en el sector servicios, sino que cada vez más trabajadores abandonaban actividades de alto crecimiento de la productividad para dedicarse a actividades de bajo crecimiento de la misma, lo cual deprimía aún más las tasas de crecimiento de la productividad general y, por lo tanto, las tasas de crecimiento económico. Por eso, a medida que el sector industrial reducía su participación tanto en la producción total, como en el empleo total, los problemas provocados por el exceso de capacidad no se resolvían, sino que empeoraban.

Poner de relieve esta misma dinámica nos ayuda a responder a los interrogantes que Tim Barker plantea sobre el análisis de Brenner[51]. Barker señala que las tasas de beneficio

---

[50] Véase Samuel Beroud, «"Positive Adjustments": The Emergence of Supply-Side Economics in the OECD and G7, 1970-1984», en Matthieu Leimgruber y Matthias Schmelzer (eds.), *The OECD and the International Political Economy since 1948*, Nueva York, 2017, pp. 233-258.

[51] Véase, en este mismo número, Tim Barker, «Algunas cuestiones sobre el capitalismo político», NLR 140/141, mayo-agosto de 2023.

se estabilizaron en un nivel más bajo tanto en el sector industrial como en la economía en general en Estados Unidos,
Alemania y Japón a partir de la década de 1980. Esta estabilización parece incongruente con la explicación de Brenner
de un estancamiento continuo y, de hecho, cada vez peor
registrado en esas economías clave desde es década. Yo diría
que la aparente estabilidad de la tasa de beneficios después
de 1980 oculta dos tendencias. En primer lugar, los capitalistas están experimentando una competencia más intensa y el
crecimiento de la productividad no está siendo tan rápido, lo
cual provoca la caída de la productividad del capital (confusa-
mente, la caída del crecimiento de la productividad del trabajo
también provoca la caída de la productividad del capital). En
segundo lugar, la parte de los ingresos que corresponde al
capital está aumentando, ya que los capitalistas consiguen
mantener bajos los salarios respecto al crecimiento de la
productividad que se sigue logrando. Así podría suceder que
los capitalistas estén asistiendo a una intensa competencia y
menos oportunidades de aumentar la productividad, lo que
les está llevando a invertir menos. Pero, al mismo tiempo,
son capaces de compensar estos problemas en términos de
rentabilidad mediante la reducción de la participación del trabajo en los ingresos.

Existe una segunda razón por la que la tasa de beneficio
puede haberse convertido en un peor indicador de si invertir o no hacerlo. Muchos gobiernos gastan mucho más que
antes en relación con el PIB, sobre todo desde 1990. Si
seguimos a Kalecki y Levy[52], el gasto financiado mediante el
endeudamiento eleva las tasas de beneficio, pero no fomenta
necesariamente la inversión en la expansión de la producción, especialmente en el sector industrial, si las condiciones
estructurales no se alteran. Si tiene sentido construir otra
fábrica, debido al impulso a la demanda de los consumidores que induce el gasto público, tiene sentido, sin embargo,

---

[52] David Levy, Martin Farnham y Samira Rajan, «Where Do Profits
Come From? Answering the Critical Questions that Few Ever Ask»,
Levy Forecasting Center, 2008.

construirla en China en lugar de hacerlo en Estados Unidos, la Unión Europea o Japón (a menos que se exija o se incentive lo contrario, ya sea debido a los choques por el lado de la oferta inducidos por la pandemia o para aprovechar las desgravaciones fiscales de la *Inflation Reduction Act* de Biden). Al mismo tiempo, la economía de la burbuja fomenta el uso de los beneficios no distribuidos para adquirir activos, en lugar de invertir. Así que, como señala Barker, las empresas están utilizando sus beneficios para la compra de acciones propias y otras travesuras, una vez más porque los fundamentos de la situación –el cambio de la composición de la demanda, el estancamiento de los salarios, la intensa competencia internacional, las dificultades para aumentar la productividad– permanecen inalterados, incluso cuando la estimulación estatal está impidiendo que se produzcan nuevas caídas en la tasa de beneficio. En otras palabras, la aparente estabilidad de la tasa global de beneficio desde 1980 oculta otros procesos que explican el enigma, que pertinentemente señala Barker.

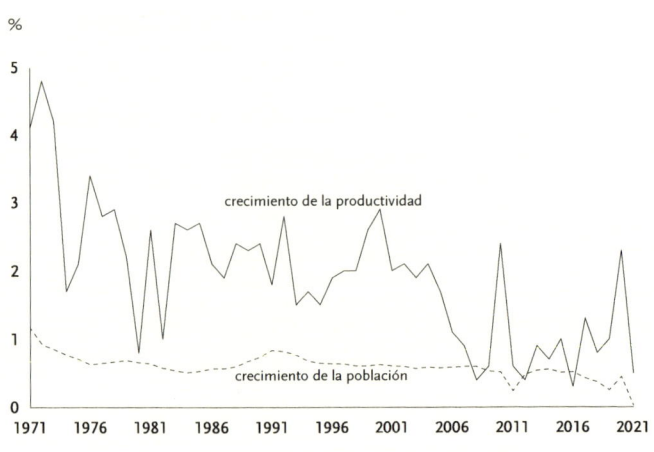

FIGURA I: *Tasas de crecimiento de la población y de la productividad en el G7, 1971-2021*

Fuentes: Compendium of Productivity Indicators; World Bank, World Development Indicators.

Otros elementos pueden injertarse en este análisis, que presentan semejanzas con los efectuados independientemente por Dieter Vollrath en su libro *Fully Grown: Why a Stagnant Economy Is a Sign of Success* (2020). Las tasas de crecimiento de la población han disminuido en todo el mundo, sobre todo en los países de la OCDE. Aunque durante un tiempo las tasas de actividad aumentaron como consecuencia de la incorporación de la mujer al mercado laboral, la tendencia general ha sido que los factores demográficos se conviertan en un lastre cada vez mayor para las tasas de crecimiento económico. Entretanto, dado que todos los países compiten por espacio en el contexto de una situación de sobresaturación mundial y dado que están experimentando cierto grado de convergencia tecnológica en los procesos de producción industrial, muchos están asistiendo al inicio de la desindustrialización mucho antes de lo que podría haberse predicho basándose en un modelo de desplazamiento de la composición de la demanda operativo en una economía única y cerrada. Tal vez esto explique lo que se ha denominado como la «desindustrialización prematura» en el Sur global[53]. Al mismo tiempo, esta teoría ayuda a explicar por qué las empresas, sobre todo en el sector servicios, se han centrado tanto en aumentar sus tasas de rentabilidad incrementando la explotación, a menudo a través de las nuevas tecnologías digitales y de vigilancia, en lugar de en aumentar los niveles de productividad, algo mucho más difícil de conseguir en la mayoría de los servicios.

Finalmente, esta teoría ayuda a explicar la transformada función del sector financiero y el incremento de la turbulencia financiera, que Brenner intentó capturar mediante su concepto de «exceso de capacidad» al que añadió el de «sobreacumulación». Se supone que el sector financiero facilita la transferencia de recursos de las industrias maduras a los sectores en proceso de crecimiento, pero en una economía

---

[53] Véase, por ejemplo, J. G. Palma, «Deindustrialization, Premature Deindustrialization and the Dutch Disease», en L. E. Blume y S. N. Durlauf (eds.), *The New Palgrave: A Dictionary of Economics*, 2ª ed., Nueva York, 2008, pp. 401-410.

marcada tanto por bajas tasas potenciales de crecimiento de la productividad, como por el bajo crecimiento del contingente de la fuerza de trabajo, es probable que se encuentren pocas oportunidades para aumentar la eficiencia. Cada vez hay más dinero que fluye hacia las grandes apuestas en torno a posibilidades remotas, o que simplemente se gasta en activos especulativos exagerados, como pets.com o bitcoins.

Consecuencias

Nada de este análisis implica que haya cantidades fijas de demanda por las que las empresas luchan en un juego de suma cero, al menos no todavía. El crecimiento de la productividad en el sector servicios oscila entre el 0,5 y 1 por 100 anual en las economías situadas en la frontera tecnológica. A medida que estas economías se basen todavía más en el sector servicios y a medida que las poblaciones empiecen a reducirse, las tasas de crecimiento autosostenibles impulsadas por la inversión privada en estos países pueden tender a cero, pero en estos momentos todavía no han caído a ese nivel. A medida que este patrón de comportamiento afecte a más países, el cambio de la composición de la demanda mundial también ralentizará las tasas de crecimiento de las economías en vías de desarrollo basadas en las exportaciones, que dependen de la contención salarial en sus propios países para impulsar la competitividad internacional y, por lo tanto, del crecimiento de la demanda en el exterior para lograr una rápida expansión económica. Para muchos países, las perspectivas de este tipo de desarrollo están disminuyendo.

Sin embargo, podrían operar muchas contratendencias en el cuadro que acabo de presentar. Algunos Estados, entre ellos Estados Unidos, son cada vez más agresivos a la hora de estimular sus economías. En la medida en que dejen de estimular la demanda de los consumidores mediante el incremento del precio de los activos y apuesten por el gasto público real e incluso por la inversión pública –o, más comúnmente, por la reducción del riesgo de la inversión privada por medios públicos–, sin duda se obtendrán tasas de crecimiento más elevadas. La prueba más evidente de ello es la situación actual de China. Al mismo tiempo, siempre es posible que las nuevas tecnologías, como la inteligencia artificial generativa, aumenten los niveles de productividad en algunas actividades del sector servicios, impulsando temporalmente las tasas de crecimiento. Otra posibilidad es que otros países del Norte, además de Estados Unidos, acaben abriendo sus puertas, aunque sea ligeramente, a una mayor afluencia de inmigrantes procedentes del Sur para aumentar la población, aunque esas regiones del mundo también se acercan rápidamente al declive demográfico. Mientras tanto, el crecimiento económico en el Sur global, que se prevé que se ralentice significativamente en los próximos años, podría volver a acelerarse, lo cual propiciaría otra eclosión de la demanda global.

Cualesquiera que sean los altibajos que experimente en su camino, el capitalismo parece estar agotándose, tal como predijeron Marx y Keynes, aunque en una escala temporal mucho más larga de lo que ninguno de los dos imaginó. El capitalismo proporciona un inmenso estímulo al crecimiento económico, pero este se agota mucho antes de alcanzar lo que podríamos llamar la «línea de meta» de la prosperidad humana compartida. Ello se debe a dos razones. En primer lugar, el capitalismo produce una gran cantidad de alimentos, vivienda, ropa, atención sanitaria, etcétera, pero no produce lo suficiente para todos, al tiempo que deja a muchas personas con acceso a estos bienes y servicios en una situación de inseguridad respecto a la continuidad a ese acceso. Mason nos recuerda que, al margen de actividades como los cuidados o la educación, «existen otras muchas otras áreas en las que todavía es posible aprovechar el afán de lucro para satisfacer las necesidades humanas». En segundo lugar, sin embargo, el desarrollo con ánimo de lucro deja fundamentalmente sin cubrir determinadas necesidades humanas, especialmente las que no pueden satisfacerse con dinero. Esto incluye –en sectores donde la actividad está fundamentalmente orientada al beneficio– la necesidad de bienestar en el trabajo, la necesidad de producción sostenible y la necesidad de conexión humana real. Las empresas capitalistas sacrifican estos componentes vitales de la felicidad humana en aras de la eficiencia.

Sin embargo, el agotamiento de los motores del crecimiento económico impulsados por la inversión privada de las sociedades capitalistas no dice nada sobre el estancamiento de las posibilidades humanas. De hecho, como ya he argumentado, una economía dirigida por la inversión pública, ya sea de tipo tecnocrático o democrático, podría superar fácilmente las barreras actuales impuestas al desarrollo, demostrando que los muros con los que nos hemos topado son de papel impreso. Los principales límites de una economía regida por la inversión pública, una vez acelerados sus motores, serían los límites derivados de la disponibilidad de recursos y especialmente de los tres más importantes: los recursos naturales, el trabajo humano y el conocimiento científico. Además, el ritmo más lento del crecimiento de la productividad en las economías basadas en la prestación de servicios y la necesidad de reducir las emisiones de dióxido de carbono impondrían límites, si bien dentro de los límites técnicos impuestos por estas últimas habrá que tomar todavía innumerables decisiones políticas. Dentro de este marco emergente, y orientándose hacia la satisfacción de las necesidades humanas como un fin en sí mismo –incluyendo no solo las necesidades materiales, sino también las sociales, psicológicas y ecológicas– una economía de inversión pública podría empezar a transformar nuestro proceso de aprovisionamiento social. Efectuar esto de un modo que realmente satisfaga las necesidades de las personas requeriría una democratización exhaustiva del proceso de inversión y de su función, no únicamente en lo que atañe a su legitimidad, sino en lo referido a la garantía de los resultados correctos.

La transición a una «economía humanizada», para adaptar la frase de Dylan Riley, no se producirá de la noche a la mañana. Requerirá enormes batallas libradas contra todas las fuerzas que se interponen en el camino, sobre todo los propietarios de los medios de producción y sus sirvientes en el gobierno. Pensar que el momento clave de la transición vendrá marcado por la entrada de «nuestra gente» en la sala de mando donde se toman las decisiones es tan fantasioso como creer que un buen día nos haremos simplemente con las palancas de la dirección de la economía. Ambas fantasías implican que todavía es posible, si es que alguna vez lo fue, dirigir una economía cada vez más compleja desde un puesto de mando unificado. La realidad de la transición, si alguna vez se produce, será mucho más caótica. Involucrará a un número realmente gigantesco de personas, que lucharán en las calles, en los lugares de trabajo y en los centro de decisión de los gobiernos para introducir reformas, pero también por una verdadera revolución de las formas asumidas por la provisión económica y social, así como por la rendición política de cuentas. En el camino, será esencial elaborar marcos más sólidos para la descarbonización en el contexto de economías todavía capitalistas. Pero la victoria en la lucha por lo que Daniel Aldana Cohen ha llamado «un último estímulo» no hará sino abrir todo un nuevo terreno de lucha en el que el combate por mantener a la gente organizada y movilizada, así como por democratizar la función de la inversión, determinará nuestro futuro[54]. No estoy diciendo que las perspectivas parezcan buenas, pero son todo lo que tenemos.

---

[54] Daniel Aldana Cohen, «The Last Stimulus», *Jacobin*, 15 de agosto de 2017.

Lola Seaton

REFLEXIONES SOBRE EL «CAPITALISMO POLÍTICO»

«Siete tesis sobre la política estadounidense», de Dylan Riley y Robert Brenner, artículo publicado tras las elecciones legislativas estadounidenses de medio mandato celebradas el invierno pasado, ha sobrevivido a su publicación puntual de forma sorprendente. El artículo desencadenó un debate reflexivo, amplio y en ocasiones técnicamente intrincado, que ha trascendido las páginas de la *New Left Review*, ha suscitado respuestas en *Jacobin* y *Brooklyn Rail*, ha propiciado Substacks y podcasts e implicado a varias generaciones de autores. Los interlocutores de Riley y Brenner publicados en esta revista hasta la fecha –Matthew Karp, Tim Barker y Aaron Benanav– forman parte de una cohorte de intelectuales radicales educados por el estallido y los efectos de la crisis de 2007-2012. La riqueza y el rigor de la discusión actual supera con creces lo que el análisis de la izquierda podía movilizar hace una década[1]. El objetivo inmediato de «Siete tesis sobre

---

[1] Dylan Riley y Robert Brenner, «Seven Theses on American Politics», *NLR* 138, noviembre-diciembre de 2022; Matthew Karp, «Party and Class in American Politics», *NLR* 139, enero-febrero de 2023; Tim

<137>

la política estadounidense» era doble: en primer lugar, explicar los resultados inesperadamente sólidos obtenidos por el Partido Demócrata en las elecciones de medio de mandato de noviembre de 2022 y, en segundo, evaluar la complexión ideológica y las consecuencias macroeconómicas de la *bidenomics*, la política económica de Biden, esto es, la aprobación de toda una panoplia de estímulos fiscales, así como del paquete de políticas neoindustriales y econacionalistas aprobadas por su gobierno con el apoyo consensuado del Partido Demócrata y del Partido Republicano: la *Infrastructure Investment and Jobs Act* (2021), la *CHIPS and Science Act* (2022) y la *Inflation Reduction Act* (2022). Las diversas tesis de Riley y Brenner –«en bruto», «inacabadas» y «propuestas con un espíritu experimental y provisional»– albergaban «la intención de provocar un debate más profundo». Antes de revisarlas en detalle merece la pena reflexionar sobre las razones que les han hecho cosechar tanto éxito.

A contrapelo de la tendencia presente en los análisis políticos estadounidenses a descuidar la «historia económica que estructura los cambios acontecidos en el sistema político»[2], «Siete tesis sobre la política estadounidense» intenta comprender los acontecimientos coyunturales –resultados electorales, políticas públicas– vinculándolos a la «profunda transformación estructural» acaecida en el seno del capitalismo estadounidense, a saber, la aparición de un «nuevo

---

Barker, «Some Questions about Political Capitalism», NLR 140/141, marzo-junio de 2023; Aaron Benanav, «A Dissipating Glut», NLR 140/141, marzo-junio de 2023 [ed. cast.: «Siete tesis sobre la política estadounidense», NLR 138, enero-febrero de 2023; Matthew Karp, «Partido y clase en la política estadounidense: Réplica a "Siete tesis sobre la política estadounidense", de Riley y Brenner», NLR 139; Tim Barker, «Algunas cuestiones sobre el capitalismo político: Réplica a "Siete tesis sobre la política estadounidense", de Dylan Riley y Robert Brenner», NLR 140-141, mayo-agosto de 2023; Aaron Benanav, «Un exceso de capacidad devorador», NLR 140-141, mayo-agosto de 2023]; véase también, entre otros, J. W. Mason, «Yes, Socialists Should Support Industrial Policy and a Green New Deal», *Jacobin*, 6 de abril de 2023 y Jamie Merchant, «The Economic Consequences of Neo-Keynesianism», *Brooklyn Rail*, julio/agosto de 2023.

[2] Perry Anderson, «Homeland», NLR 81, mayo-junio de 2013, p. 31.

régimen de acumulación, que podemos denominar provisoriamente capitalismo político [en el cual] el poder político puro, y no la inversión productiva, es el determinante clave de la tasa de rentabilidad». Al esbozar estos cambios estructurales a largo plazo en la dinámica de la acumulación, Riley y Brenner intentaban dilucidar las condiciones y los parámetros de la política. Es la enorme profundidad de su análisis lo que explica la intensidad y el calibre de la respuestas que ha suscitado, así como tal vez el carácter preponderantemente crítico de las respuestas. Una investigación sobre el sustrato material y las «estructuras» de la política estadounidense, inevitablemente algo esquemática y general, está destinada a eludir o distorsionar algunos de los aspectos más matizados de la coyuntura, especialmente una tan compleja y fluctuante como la existente a principios de la década de 2020.

Con independencia de las posibles fallas del planteamiento, las desconcertantes características del periodo presente exigen en opinión de la mayoría de quienes han leído «Siete tesis sobre la política estadounidense» el tipo de análisis desenfado y ambicioso desplegado en las mismas. El debate es un intento de abordar una sucesión de crisis sin precedentes registradas en el corazón del sistema capitalista, así como las reacciones políticas específicas que estas han provocado: la lenta y vacilante recuperación del sistema financiero, que estuvo a punto de colapsar en 2008; las políticas de austeridad y las ejecuciones hipotecarias, que afectaron a la clase trabajadora, mientras la flexibilización cuantitativa y los tipos de interés próximos a cero llevaron los precios de los activos a cotas vertiginosas; el auge de los nuevos gigantes tecnológicos, que han impuesto el monopolio privado sobre las comunicaciones digitales y la regulación algorítmica; la conmoción política acarreada por la victoria de Trump en el sistema bipartidista y el *establishment* liberal; el deterioro de las relaciones entre Estados Unidos y China, que comenzó en 2018 y se ha intensificado bajo el mandato de Biden; la avalancha de fenómenos meteorológicos extremos a medida que el mundo se calienta más rápido de lo previsto; el punto de inflexión de la pandemia, que hizo que el gobierno federal estadounidense ingresara dinero en efectivo en las cuentas bancarias de los trabajadores y de las empresas, mientras grandes sectores de la economía mundial se paralizaban; el aumento de los precios al consumidor, con picos registrados en los precios de los alimentos y los combustibles impulsados por una feroz guerra terrestre librada en Europa y las consecuencias desencadenadas sobre la cadena de suministros global por los efectos de la Covid-19, junto con la existencia de un mercado de trabajo tensado, que registraba un desempleo en Estados Unidos en junio todavía de todavía el 3,6 por 100 a pesar de las diez subidas sucesivas de los tipos de interés decretadas por la Fed desde marzo de 2022[3]. Subyacentes a este conjunto de conmociones, persisten los síntomas de un malestar más profundo y duradero derivado de la desaceleración secular de la economía mundial, que se ha visto agravado por la débil y desigual recuperación registrada durante la década de 2010: estancamiento de los salarios reales y empeoramiento de la precariedad, tasas de acumulación deprimidas aun cuando los beneficios se han reanimado y un sector financiero hipertrofiado y frágil cada vez más dependiente de los estímulos monetarios y de los rescates públicos. Independientemente de que el concepto de capitalismo político, la innovación conceptual fundamental de «Siete tesis sobre la política estadounidense», sea o no la forma adecuada de captar todas estas novedades, por no decir las patologías, de la época, pocos podrían cuestionar que hay que, como escribió Barker, «darle una vuelta a todo lo que está sucediendo».

El capitalismo político desempeñó un papel menos prominente, pero aún así estimulador, en los análisis anteriores de Riley y Brenner publicados en esta revista, incluyendo el artículo de este último «Saqueo pantagruélico», que contenía la auditoría de los rescates efectuados por la Fed autorizados por la *Coronavirus Aid, Relief, and Economic Security Act* aprobada por Trump en marzo de 2020, y «Líneas de fractura»,

---

[3] «Economic News Release: Employment Situation», Bureau of Labor Statistics, 7 de julio de 2023.

texto publicado por Riley tras la elección de Biden a finales de ese mismo año. Pero el concepto también se inspira y elabora ideas formuladas en escritos más antiguos. Un antecedente importante del presente debate es el editorial escrito por Brenner para acompañar el lanzamiento de *Catalyst* en 2017 en el que bosquejó los fundamentos del nuevo régimen de acumulación. Pero el análisis histórico clave, que prepara el terreno para la aparición del concepto y varios de cuyos aspectos han sido objeto de discusión en el transcurso del presente debate, es el influyente estudio de Brenner sobre la trayectoria seguida por el capitalismo mundial durante el periodo de posguerra, expuesto por primera vez en el número especial de la NLR 1/229 (mayo-junio de 1998) y publicado posteriormente como *The Economics of Global Turbulence* (2006)[4], varios aspectos del cual han sido reconsiderados en el curso del debate. Las «Siete tesis sobre la política estadounidense» no sólo han reavivado argumentos de más alcance y más antiguos sobre las vicisitudes del sistema capitalista, sino que los puntos más controvertidos y los parámetros del debate suscitado han ido cambiando a medida que este avanzaba, utilizándose el concepto de «capitalismo político» para explicar fenómenos locales muy dispares, desde las ayudas concedidas durante la pandemia hasta la quiebra del Silicon Valley Bank[5].

El debate, dado su carácter exhaustivo y proteico y dada la rápida evolución de la situación en el mundo real, ha parecido en ocasiones, como era de esperar, que corría el riesgo de convertirse en algo intrincado y difuso. Este artículo tratará,

---

[4] Robert Brenner, «Escalating Plunder», NLR 123, mayo-junio de 2020; Dylan Riley, «Faultlines: Political Logics of the US Party System», NLR 126, noviembre-diciembre de 2020 [ed. cast.: Robert Brenner, «Saqueo pantagruélico», NLR 123, septiembre-agosto de 2022; Dylan Riley, «Líneas de fractura: la lógica política del sistema político en Estados Unidos», NLR 126, enero-febrero de 2021; Robert Brenner, «Introducing Catalyst», *Catalyst*, vol. 1, núm. 1, primavera de 2017; Robert Brenner, «The Economics of Global Turbulence», NLR 1/229, mayo-junio de 1998; ed. cast.: *La economía de la turbulencia global*, Madrid, 2009.
[5] Esta última fue el objeto del artículo «Drowning in Deposits»/«Anegados en liquidez», de Riley, un provocativo apéndice a «Siete tesis sobre la política estadounidense», publicado en *Sidecar/ El Salto*, 4/13 de abril de 2023.

pues, en primer lugar, de acotar el debate y, en segundo, de expandirlo: intentará, por consiguiente, delimitar algunas de las cuestiones más importantes y fundamentales planteadas y reflexionar sobre lo que está en juego políticamente al postularlas. Al hilo de esta tarea, el objetivo será si no resolver al menos delimitar y definir las hipotéticas áreas de confusión y contradicción, de ambigüedad y paradoja, más inmediatas, que salpican el concepto de «capitalismo político» a la espera de que el recalibrado del debate en términos más estilizados y reflexivos facilite una discusión más intensa al tiempo que más refinada, perspicaz y productiva.

Las siete tesis

Dado que las elecciones de medio mandato castigan tradicionalmente al partido en el poder, ¿por qué la tan cacareada «ola republicana» no ha conseguido inundar el Congreso a pesar de los mediocres índices de aprobación cosechados por Biden en una situación de persistentes presiones inflacionistas?[6]. El análisis convencional apuntaba a factores inmediatos y contingentes: la revocación por el Tribunal Supremo del derecho constitucional al aborto en el verano de 2022 o el extremismo desagradable de los candidatos republicanos apoyados por Trump (y, en algunos casos, impulsados deliberadamente con fondos de donantes demócratas). Para Riley y Brenner estas explicaciones «prescinden del panorama general»: la

---

[6] Durante los meses precedentes a las elecciones de medio mandato, las tasas de aprobación de Biden eran del 38 por 100, habiendo descendido de las registradas en torno al 50 por 100 tras su toma de posesión como presidente. Clinton recogía el 41 por 100 de aprobación antes de las elecciones de medio mandato de 1994 en las que los Republicanos se hicieron con el control de ambas cámaras. Aunque la inflación registró su punto álgido en junio de 2022, alcanzando el 9,1 por 100, en octubre se mantenía por encima del 7 por 100, mientras los precios de los alimentos seguían subiendo casi el 11 por 100. Véase Amina Dunn, «Biden's Job Rating Is Similar to Trump's But Lower Thatof Other Recent Presidents», Pew Research Center, 20 de octubre de 2022; los índices de inflación, desglosados por meses, se presentan en el US Inflation Calculator, utilizando el índice de precios de consumo proporcionado por el Bureau of Labor Statistics.

recomposición sociológica de las bases de los dos grandes partidos estadounidenses durante las dos últimas décadas, que ha transformado el carácter de las elecciones. Mientras que durante buena parte del siglo XX se produjeron «importantes oscilaciones electorales y grandes mayorías en el Congreso para el bando ganador», el siglo XXI se ha caracterizado por un febril estancamiento, que ha propiciado estrechas victorias conseguidas gracias a la participación de «un electorado intensamente movilizado pero nítidamente dividido».

La «peculiar intensidad» de las últimas elecciones –un hiperpartidismo que ha producido una especie de estasis turbulenta: «la masiva participación republicana, [...] ha creado dos olas simétricas que han chocado entre sí»[7]– es un efecto, en opinión de Riley y Brenner, del surgimiento una nueva estructura electoral «organizada en torno a conflictos de intereses materiales presentes *en el seno* de la clase obrera», definida cuantitativamente como el 68-80 por 100 de los hogares estadounidenses, «que no poseen activos y, por lo tanto, deben subsistir obteniendo ingresos salariales». La nueva estructura es el resultado de un cambio bidireccional habitualmente conocido con la locución de «desalineación de clase», que Matthew Karp sintetiza como «el movimiento de los votantes más pobres y con menor nivel educativo hacia el Partido Republicano y la migración paralela de los votantes más ricos y con educación superior hacia el Partido Demócrata»[8]. El sólido resultado obtenido por le Partido Demócrata en las elecciones de medio mandato, sostienen Riley y Brenner, refleja su atractivo «neotecnocrático» para el núcleo de su base electoral consistente en la fracción de los perceptores de altos ingresos salariales en posesión de

---

[7] D. Riley, «Faultlines: Political Logics of the US Party System», cit., p. 49; «Líneas de fractura: la lógica política del sistema político en Estados Unidos», cit., pp. 43-45.

[8] Matthew Karp, «Party and Class in American Politics: Reply to Riley and Brenner's "Seven Theses"», NLR 139, enero-febrero de 2023, pp. 133-134.; ed. cast.: «Partido y clase en la política estadounidense: Réplica a "Siete tesis sobre la política estadounidense", de Riley y Brenner», cit., pp. 138-141.

titulaciones universitarias. En un panorama político muy polarizado, la participación es un factor determinante del éxito y las personas con un alto nivel educativo, que ahora se inclinan por el Partido Demócrata, es más probable que se impliquen políticamente, lo cual supone una ventaja adicional en las elecciones de medio mandato.

¿Cómo explican Riley y Brenner esta transición a un patrón electoral caracterizado por elecciones reñidas y caldeadas, ganadas mediante la movilización de una parte de la clase trabajadora fracturada y reorganizada ideológicamente? El «marco [habitual] de la desalineación de clases», que constituye la explicación rival que ambos pretenden desbancar, interpreta las nuevas fisuras sociales que están reconfigurando la política electoral como un síntoma de que la «identidad» ha desplazado a la clase como principio determinante de la afiliación política. Esta explicación «idealista», sostienen Riley y Brenner, es «engañosa o, al menos, realmente insuficiente», porque pasa por alto la base «sólidamente material» (aunque «obviamente no de clase») de la política estadounidense contemporánea. Las actitudes y lealtades divergentes de los segmentos de mayor y menor nivel educativo de la clase asalariada «son comprensibles desde un punto de vista pragmático sin tener que atribuir a este grupo un fanatismo que no tiene»[9].

---

[9] Parecería que Riley y Brenner se oponen a las explicaciones basadas en la identidad no sólo porque son inadecuadas desde el punto de vista descriptivo, sino también porque son políticamente inútiles y consolidan las mismas dinámicas que pretenden explicar. Las explicaciones «idealistas», explicó Riley en una entrevista concedida a la radio de *Jacobin*, fomentan una «política de moralismo» en la que cada parte denuncia a la otra como irracional o prejuiciosa, aduciendo bien la xenofobia de los «desposeídos» ignorantes o la hipersensibilidad de las elites progresistas arrogantes. Demostrar que las lealtades políticas opuestas no surgen de diferencias insuperables ligadas a la cultura o a valores defendidos fanáticamente, sino de los «intereses materiales» inherentes a la «situación objetiva» de cada fracción de clase, se antoja un requisito previo para renovar la solidaridad entre las clases, «Dealignment? w/ Robert Brenner and Dylan Riley», *Jacobin Radio with Suzi Weissman*, 15 de febrero de 2023.

¿Qué explicación «pragmática» proponen» estos autores? Riley y Brenner vinculan estas nuevas dinámicas electorales al nuevo régimen político-capitalista, que a su vez constituye una especie de adaptación patológica a la «larga recesión», esto es, a la desaceleración verificada a escala mundial del conjunto del sistema, que se inició a principios de la década de 1970 catalizada por la disminución de la rentabilidad registrada en el sector industrial a medida que la intensificación de la competencia internacional sumía a los sucesivos sectores nacionales en crisis crónicas de exceso de capacidad y de débil demanda agregada, situación de la que estos aún no han salido. La erosión de los salarios para subvencionar los beneficios no hizo sino exacerbar la escasez de gasto de los consumidores, mientras que las intervenciones públicas, del estímulo keynesiano a la política monetaria acomodaticia y la expansión masiva de la deuda pública y privada, estabilizaron el sistema a costa, sin embargo, de afianzar sus debilidades estructurales, impidiendo así una reorganización integral capaz de eliminar el capital improductivo. Como explicó Brenner en *Catalyst* en 2017, ante las escasas oportunidades de inversión rentable, los capitalistas «recurrieron a un programa de gran alcance de redistribución políticamente organizada de los recursos en provecho de quienes ya disponen de mayor renta y riqueza». Los beneficios se mantuvieron mediante la supresión del crecimiento salarial y la aceleración de los ritmos de trabajo, entre otras medidas tradicionales de reducción de costes, y cada vez más «prescindiendo totalmente de la producción» en búsqueda de mayores rentabilidades en la especulación financiera y en la depredación política, aprovechando un repertorio de «estafas políticamente constituidas» entre las que se cuentan instrumentos tan variados como los recortes fiscales regresivos, la desregulación, las infusiones monetarias, los tipos de interés próximos a cero, propicios para alimentar sucesivas burbujas de los precios de los activos, y la socialización de las pérdidas de un sector financiero excesivamente apalancado[10].

---

[10] R. Brenner, «Introducing *Catalyst*», cit.

En estas circunstancias difíciles y sesgadas, la redistribución del capital al trabajo «se hace extremadamente difícil, si no imposible», produciendo una aviesa «política de redistribución de suma cero, principalmente entre diferentes grupos de trabajadores» en la que «los partidos políticos se convierten en coaliciones fundamentalmente *fiscales* en lugar de productivas». En vez de perseguir sus intereses colectivos como clase, los trabajadores intentan proteger el valor de su fuerza de trabajo agrupándose en «grupos de estatus» –trabajadores «titulados» que promueven «el conocimiento experto» y la «ciencia»; trabajadores «nativos» que se oponen a la inmigración– para «gestionar la competencia». La educación y la raza se convierten así en formas de «clausura social»[11].

El «experimento de Biden», que constituye el segundo tema esencial de «Siete tesis de la política estadounidense», es otro síntoma y víctima del capitalismo político, moldeado y a la postre socavado por la debilidad estructural de la economía estadounidense, así como por sus orígenes *sui generis* y «accidentales». «La prosecución de un programa presupuestario muy semejante al seguido durante el *New Deal*, pero en un entorno de nulo crecimiento capitalista, el cual hubiere sido necesario para garantizar su éxito, ha contribuido, como era de prever, al aumento de la inflación» («La inflación es lo que se obtiene cuando se persiguen políticas de gasto público financiadas mediante el déficit vía endeudamiento en ausencia de un capitalismo dinámico»). Entretanto, la política de suma cero a la que ha dado lugar el estancamiento impide una redistribución significativa. Mientras que los programas del *New Deal* y de la Gran Sociedad johnsoniana se basaban en una «economía en auge» y en la militancia de la clase trabajadora, la generosidad fiscal «neoprogresista» de la década de 2020 es «en gran medida una respuesta fortuita a la pandemia de la Covid-19», al ejemplo populista de Trump y «quizá» también a la rivalidad con China». En realidad, las palancas del éxito electoral del Partido Demócrata –su «sorprendentemente eficaz» apuesta por las personas con un alto nivel educativo– reducen

---

[11] D. Riley y R. Brenner, «Siete tesis sobre la política estadounidense», cit.

aún más sus ambiciones legislativas[12]. En términos inmediatos, ello se debe a la matriz ideológica de sus partidarios ricos, muchos de los cuales, como ha observado Karp, «se oponen enérgicamente» a las medidas redistributivas progresistas[13]. A largo plazo, el «neoliberalismo multicultural» de corte neotecnocrático del Partido Demócrata «se basa en la naturaleza fragmentada de la clase trabajadora estadounidense y es probable que la fortalezca», impidiendo la coalescencia de las fuerzas sociales de clase, que históricamente han impulsado las reformas a favor de los trabajadores.

Respuestas

El texto de Karp, que opta por yuxtaponer gráficamente las trayectorias políticas opuestas seguidas por dos ciudades de Minnesota –la elegante y exclusiva área residencial de North Oaks, una fortaleza del Partido Republicano que optó por el Partido Demócrata en 2022, y la deprimida ciudad de población masivamente obrera de Hibbing, que se decantó por Trump en 2016 y 2020– constituye menos una refutación que un elegante refinamiento de «Siete tesis sobre la política estadounidense»[14]. En particular, Karp propone un planteamiento

---

[12] Al tratar de disipar una «idea errónea, esto es, que el Partido Demócrata ha sido un fracaso electoral en los últimos años», ¿exageran Riley y Brenner la fuerza de la estrategia no clasista de los Demócratas de apelar a quienes poseen «titulaciones educativas»? Como señala un reciente reportaje de *Jacobin*, «en cuatro de los cinco estados en los que Biden triunfó en 2020 (Michigan, Pensilvania, Wisconsin y Arizona, cruciales para mantener el control del Senado) el electorado blanco sin estudios universitarios era mayor que los electorados blancos con estudios universitarios, negros e hispanos combinados». En lo que atañe a la Cámara de Representantes y en cuanto a los «distritos realmente en disputa [en más del 86 por 100] predomina la población carente de educación universitaria», The Center for Working-Class Politics y YouGov, «Trump's Kryptonite: How Progressives Can Win Back the Working Class», *Jacobin*, junio de 2023.
[13] Matthew Karp, «The Politics of a Second Gilded Age», *Jacobin*, febrero de 2021.
[14] Karp también plantea, sin embargo, algunas advertencias cruciales, señalando, por ejemplo, el modo en que un número cada vez mayor de trabajadores no blancos también se está decantando por los

ligeramente diferente y una periodización más fina. Mientras que Riley y Brenner remontan los orígenes de la nueva estructura electoral a la década de 1990 («definitivamente desde 2000»), Karp sostiene que el «desplazamiento agudo y verdaderamente catastrófico de los patrones de voto en el seno de la clase obrera estadounidense de bajos ingresos –«el tráfico en dos direcciones de los votantes de pocos recursos hacia la derecha y de los votantes adinerados hacia la izquierda»– ha ocurrido únicamente durante la última década»[15]. Está de acuerdo en que el cambio se había estado gestando durante décadas –«este orden electoral empezó a temblar por primera vez en la década de 1970»– a medida que «el estancamiento, la desindustrialización y la consecuente retirada del sindicalismo organizado» erosionaron el apoyo prestado a los partidos de centro-izquierda. Pero al observar que Obama perdió North Oaks y ganó Hibbing en 2008, a pesar de los llamamientos republicanos a un nacionalismo excluyente, sostiene que las lealtades políticas sólo se invirtieron decisivamente «después de 2012», inversión de la cual la elección de Trump en 2016 se presentó como una especie de desenlace caricaturesco.

Tim Barker y Aaron Benanav, por el contrario, retoman principalmente la caracterización y la crítica de la *bidenomics* efectuada por Riley y Brenner, así como el análisis efectuado por este último de la larga recesión. Este análisis ha constituido el fundamento para «efectuar afirmaciones extraordinariamente fuertes sobre el futuro del capitalismo y la viabilidad de diversos proyectos políticos», sostiene Barker,

---

Republicanos, lo cual como mínimo complica el argumento de Riley y Brenner de que la «natividad» y la blanquitud son los principales medios de «clausura social» del Partido Republicano. Riley y Brenner registran esta tendencia de pasada, pero no ajustan su esquema a la luz de la misma. Algunas estimaciones apuntan a un descenso de 33 puntos en la ventaja de los Demócratas entre los trabajadores no blancos entre 2012 y 2022: «la criptonita de Trump».

[15] La diferente cronología puede deberse en parte a que Riley y Brenner no se centran en la evidencia inmediata de la desalineación de clase, como las puestas de manifiesto en las trayectorias políticas opuestas de Hibbing y North Oaks, sino en su impacto más indirecto en la naturaleza de las elecciones: el cambio de gobierno debido a «márgenes realmente ajustados».

antes de plantear cuestiones heurísticas, empíricas y teóricas sobre la importancia de la tasa de beneficio en el sector industrial[16]. ¿Es la «redistribución políticamente organizada de los recursos en provecho de quienes ya disponen de mayor renta y riqueza» un instrumento analítico lo suficientemente sutil para comprender verdaderamente las políticas fiscales y monetarias de la década de 2020, que incluyen no sólo los rescates de la Fed y la enorme laxitud de las políticas monetarias, sino también las medidas de ayuda concedidas a los trabajadores y el endurecimiento espectacular de las condiciones crediticias para contener la inflación? Incluso si la «tendencia general de las políticas públicas es regresiva», Barker insiste en que las consecuencias distributivas, tanto sobre los ingresos como sobre el poder, de unos tipos de interés bajos, por ejemplo, son más ambiguas de lo que sugiere el veredicto de Brenner: «saqueo politizado», el cual canaliza la riqueza hacia los ricos hipertrofiando los precios de los activos y los mercados bursátiles. Las motivaciones instrumentales e ideológicas de la intervención presupuestaria también suelen ser complejas: habría que preguntarse, como hace Barker, «si el gobierno gasta dinero para legitimarse, para comprar votos de los grupos no ricos o para invertir en la versión más barata posible de reproducción social»[17].

---

[16] Barker se pregunta «por qué los beneficios del sector [industrial] deberían ser especialmente importantes, dado que representan actualmente solo el 11 por 100 del valor añadido en la economía estadounidense». Nicholas Crafts, en un simposio sobre *The Economics of Global Turbulence*, planteó la misma cuestión: «Me resulta realmente sorprendente que Brenner ponga tanto énfasis en la rentabilidad del sector industrial [...]. El sector industrial es un sector pequeño en las economías avanzadas de hoy en día y su rentabilidad seguramente no determina el ritmo del progreso tecnológico en el sector servicios», Nicholas Crafts, «Profits of Doom?», NLR 54, noviembre-diciembre de 2008, p. 60; ed. cast.: «¿Los beneficios del juicio final?», NLR 54, enero-febrero de 2009, pp. 57-58. Una de las razones de la enorme y persistente importancia del sector industrial es su capacidad para aumentar rápidamente la productividad, lo que la convierte en lo que Benanav ha denominado un «importante motor del crecimiento global», tal vez insustituible.

[17] Por ejemplo, las enormes transferencias presupuestarias y tributarias efectuadas durante la pandemia no sólo enriquecieron aún más a los

La contribución de Benanav, en parte una defensa del análisis de Brenner sobre el exceso de capacidad, es una respuesta a una vertiente subsidiaria del debate lanzada por el breve artículo de Riley publicado en *Sidecar/El Salto*, que glosaba el colapso del Silicon Valley Bank a principios de este año como «una hermosa demostración, casi paradigmática, del problema estructural fundamental del capitalismo contemporáneo», a saber, el declive secular de la rentabilidad y el consiguiente recurso a «mecanismos directamente políticos» para generar beneficios. La iniciativa de industrialización nacionalista verde lanzada por Biden, inevitablemente recibida en otros lugares por proyectos de «relocalización» de la actividad económica en Estados Unidos concebidos a modo de represalia, se limitará a agravar «los problemas de exceso de capacidad a escala mundial», exigiendo «un mayor apoyo estatal»», ya sea en forma de «inyecciones monetarias» o de «garantías directas de la rentabilidad», lo cual a su vez «no [hará] sino exacerbar el fenómeno del capitalismo político»[18]. La refutación de J. W. Mason apareció en *Jacobin* en la que este defendió las perspectivas de los estímulos y la estrategia industrial, cortados por el patrón del *New Deal*, cuestionando el análisis de Brenner del exceso de capacidad. Mason sostuvo que la noción de que el crecimiento de la inversión en un país «disminuirá las oportunidades de acumulación rentable en otros lugares» entiende erróneamente que la demanda

---

más ricos, sino que también ayudaron a los trabajadores más pobres a hacer frente a la subida de los precios, como ha señalado Cédric Durand, «¿El fin de la hegemonía del sector financiero», NLR 138, enero-febrero de 2023. Exceptuando la afirmación de que la *bidenomics*, al alimentar la inflación, ha conducido a la «profunda impopularidad» del gobierno de Biden, Riley y Brenner tampoco tienen en cuenta los efectos que las políticas aplicadas pueden tener en el propio campo de la política, por inciertas que sean sus consecuencias macroeconómicas, como, por ejemplo, construir o consolidar alineamientos electorales, alterar el equilibrio de las fuerzas de clase, etcétera. Adam Tooze, por ejemplo, ha descrito la *Inflation Reduction Act* (2022), en su intento de «construir una nueva coalición de capital verde, ecologismo progresista y trabajo organizado», como una «auténtica ingeniería socio-político-económica», Adam Tooze, «The IRA(& the Fed) Debate- Bringing Hegemony Back In», *Chartbook*, 121, 17 de junio de 2023.
[18] D. Riley, «Anegados en liquidez», cit.

es finita, esto es, que se trata de una restricción «absoluta o externamente dada» en lugar de considerarla como una variable flexible, determinada en parte por los cambios verificados en la oferta por mor de las decisiones de inversión colectiva tomadas por los productores[19].

En respuesta a ello Benanav argumentó que la teoría de la sobrecapacidad de Brenner es, de hecho, dinámica y no estática. El «juego de suma cero» no implica una «cantidad fija de demanda», sino un sistema mundial ferozmente competitivo en el que la continua ralentización de las tasas medias de crecimiento económico enfrenta a las empresas capitalistas y a los Estados entre sí, de modo que el aumento o la recuperación del sector industrial en un país, a menudo conseguido mediante la revalorización de la moneda, sólo puede lograrse «a expensas» de los sectores de otros países. Para explicar por qué el exceso de capacidad se ha convertido en un factor tan intratable y ha frenado el crecimiento, Benanav amplía la teoría de Brenner con un esbozo de lo que denomina el «desplazamiento de la demanda de bienes a la demanda de servicios». Dado que el crecimiento de la productividad es más difícil de conseguir en el sector servicios, que es menos susceptible de ser mecanizado que el sector industrial, estos se vuelven más caros en el curso del desarrollo económico, consumiendo proporcionalmente una parte mayor de los ingresos de los consumidores, los cuales gastan menos en la adquisición de productos manufacturados. Así, el desplazamiento de la demanda socava «la dinámica virtuosa [en virtud de la cual] el aumento de la oferta industrial creó su propia demanda», lo cual generó un exceso de capacidad productiva.

Entretanto, escribiendo en *Sidecar/El Salto*, Grey Anderson destacaba el olvido casi total de «la lógica relacional existente entre el aumento del gasto doméstico y la política cada vez más agresiva desplegada en el Pacífico», no solo en el debate suscitado por «Siete tesis sobre la política estadounidense», sino también en las evaluaciones más amplias efectuadas por

---

[19] J. W. Mason, «Yes, Socialists Should Support Industrial Policy and a Green New Deal», cit.

la izquierda sobre la orientación de la política industrial de Washington:

> Contemplada desde los pasillos del poder, la orientación antichina de la política industrial estadounidense no es un subproducto desafortunado de la «transición» verde, sino su propósito motivador. Para sus diseñadores, la lógica que rige la nueva era de gasto en infraestructuras es fundamentalmente geopolítica; su precedente hay que buscarlo no en el *New Deal*, sino en el keynesianismo militar de la Guerra Fría, contemplado desde el punto de vista de los «sabios», que lo llevaron a cabo como una de las condiciones necesarias para la victoria en la lucha de Estados Unidos contra la Unión Soviética[20].

Una crítica mordaz del «regreso mundial» de la estrategia industrial, así como de la miopía de la calurosa acogida de la misma por parte de la izquierda, apareció también en el *Brooklyn Rail*, donde Jamie Merchant subrayó de modo similar los objetivos antichinos que impulsan las políticas neomercantilistas de Biden, si bien poniendo de relieve las relaciones económicas y no tanto la lógica de la seguridad nacional. En la medida en que la «redistribución políticamente organizada de los recursos en provecho de quienes ya disponen de mayor renta y riqueza» efectuada en Estados Unidos no trata adecuadamente esta dinámicas geopolíticas más generales, el concepto de «capitalismo político» podría antojarse un marco de referencia provinciano. Como hemos visto, el telón de fondo crucial para el surgimiento del nuevo régimen de acumulación es el desvanecimiento del dinamismo del capitalismo global registrado desde la década de 1970; «Siete tesis sobre la política estadounidense» sólo examina, sin embargo, los efectos de esta ralentización mundial en la política estadounidense, como si los sistemas políticos nacionales, aunque moldeados por las fuerzas económicas globales, operaran en un vacío insular. La competencia internacional era el factor central en la explicación original de Brenner sobre el exceso de capacidad, pero ahora ha

---

[20] Grey Anderson, «Strategies of Denial/Estrategias de denegación», *Sidecar/El Salto*, 15/21 de junio de 2023.

desaparecido, observa Merchant. La *bidenomics* es producto de la larga recesión en un sentido más profundo, no sólo indirectamente como resultado de la dinámica política de suma cero a la que ha dado lugar el estancamiento secular, sino como la reedición estadounidense de «una estrategia que los países capitalistas se ven obligados a adoptar para derrotarse unos a otros en el cambiante escenario de la competencia mundial», lo cual implica la «constante expansión de la huella de los Estados nacionales en las economías corporativas nacionales e internacionales»:

> Las diferentes formas nacionales que esto adopta –la *bidenomics* en Estados Unidos, la Estrategia Industrial 2030 en Alemania, Made in China 2025 en China, la iniciativa MII (Make in India) en la India, etcétera– son todas casos particulares de una única transformación estructural de la economía mundial en un paisaje desoladoramente fragmentado de capitalismos de Estado[21].

Ambigüedades, contradicciones, paradojas

¿Es realmente nuevo el «capitalismo político» en el sentido amplio de la dependencia de los beneficios capitalistas del poder político? ¿No se hallan siempre las economías capitalistas «políticamente constituidas», dado que la obtención de beneficios depende perennemente de la complicidad, cuando no de la intervención activa, del Estado, que establece e impone las condiciones institucionales que permiten la extracción sostenible de plusvalor al hilo de la vigorosa garantía de los derechos de propiedad privada, del ajuste del valor de las monedas y de la regulación de la actividad sindical? ¿Son tan «novedosos» los mecanismos políticos de transferencia de riqueza hacia arriba identificados por Riley y Brenner, como las exenciones fiscales y la privatización, y conforman realmente, por consiguiente, un «régimen de acumulación» específico? Riley y Brenner no definen el término,

---

[21] J. Merchant, «The Economic Consequences of Neo-Keynesianism», cit.

que procede de la obra de Michel Aglietta *Regulation et crises du capitalisme* (1976), pero es de suponer que un régimen de este tipo fomenta la acumulación de capital en el sentido de que mejora la rentabilidad de la inversión productiva; sin embargo, una de las características definitorias del periodo contemporáneo, especialmente evidente desde 2008, es la persistente depresión de las tasas de acumulación a pesar de que los beneficios como tales hayan repuntado[22].

El capitalismo político no sólo ha suscitado este vivaz debate crítico, sino que también ha generado cierta confusión. Su relación con el neoliberalismo, en particular, sigue siendo poco clara; a veces, ambos parecen prácticamente sinónimos[23]. La politización de la tasa de rentabilidad parece haber comenzado con el neoliberalismo, como explica Riley en «Líneas de fractura»: «[...] con el comienzo de la larga recesión se produjo una profunda mutación en la base material de la política de partidos estadounidense en torno a 1980. El poder político empezó a desempeñar un papel cada vez más directo a la hora de asegurar las tasas de rentabilidad del capital, desplazando a la inversión y la acumulación. [...]

---

[22] En su análisis de las consecuencias de la crisis de 2008, David Kotz define un régimen de acumulación como un conjunto de instituciones e «ideas dominantes» que promueven la acumulación de capital, lo cual facilita «una elevada tasa de beneficio, una demanda total creciente de inversiones productivas a largo plazo». El capitalismo político, desde este punto de vista, se parece más a una intensificación prolongada de la «crisis estructural» del neoliberalismo diagnosticada por Kotz que a un nuevo régimen que lo ha trascendido («las contradicciones de cada régimen acaban provocando una crisis estructural y un periodo de lucha por la reestructuración de la economía política, que conduce a una nueva estructura social de acumulación»), David Kotz, «¿Fin de la era neoliberal? Crisis y reestructuración del capitalismo estadounidense», NLR 113, noviembre-diciembre de 2018

[23] En el editorial de presentación de *Catalyst* escrito por Brenner, por ejemplo, la idea de «redistribución de los recursos políticamente organizada en provecho de quienes ya disponen de mayor renta y riqueza», si no el propio término «capitalismo político», aparece en una sección titulada «¿Qué es el neoliberalismo?» y más tarde Brenner escribe que «retrospectivamente la transición al neoliberalismo ha presentado dos aspectos fundamentales: la austeridad, por un lado, y la inmediata redistribución ascendente de la renta y la riqueza políticamente impulsada, por otro», R. Brenner, «Introducing *Catalyst*», cit.

esto podría denominarse "capitalismo político"». ¿Es el capitalismo político un régimen totalmente nuevo o se trata del neoliberalismo en su forma más descarnada?[24].

Tanto Karp como Barker caracterizan erróneamente el capitalismo político de modo poco coherente al referirse únicamente a las intervenciones públicas a gran escala efectuadas durante la era de la pandemia de la Covid-19. La caracterización errónea se debe en parte a la laxitud de la aplicación del concepto, adaptado con flexibilidad para contextualizar tanto las elecciones de medio mandato como los estímulos presupuestarios, si bien el propio término también podría considerarse engañoso: el «capitalismo político» conjura un Estado contundentemente proactivo, que gestiona directamente empresas productivas y no un Estado servil y paralizado, que enriquece a los capitalistas de modos que contradicen cada vez más flagrantemente las necesidades de la gente corriente a la que pretende representar[25]. Recordemos que en «Saqueo pantagruélico», Brenner criticó la financiación de emergencia concedida por la Reserva Federal a las corporaciones –«poniendo recursos monetarios en sus manos sin plantear condiciones sobre cómo deben gastarlo» (por ejemplo, conservando sus puestos de trabajo y absteniéndose de comprar acciones propias)– como un «planteamiento de no intervención sobre los principales productores y actores financieros de la economía por parte del *establishment* bipartidista político-económico estadounidense»[26] .

---

[24] Incluso hay cierta vacilación en «Siete tesis sobre la política estadounidense», tal vez más verbal que sustantiva, en cuanto a si el capitalismo político constituye un «nuevo régimen de acumulación» o «una profunda transformación estructural verificada en el régimen de acumulación» existente, lo cual podría implicar una mutación en el seno del régimen neoliberal vigente.

[25] La filiación epistemológica mixta de «capitalismo político» no ayuda. Branko Milanović lo utiliza en *Capitalism, Alone* (2019) para referirse a la economía china bajo el mando del PCCh, mientras que, como señala Barker, Gabriel Kolko lo definió como «el control empresarial sobre la política» en su libro *The Triumph of Consevatism* (1963). La acuñación original del termino por Weber, que describía mediante el mismo la corrupción en la antigua Roma, enturbia aún más las aguas.

[26] R. Brenner, «Saqueo pantagruélico», cit., cursivas añadidas.

De hecho, este tipo de políticas keynesianas expansivas fueron explícitamente criticadas y excluidas del capitalismo político en el editorial escrito en 2017 con ocasión del lanzamiento de *Catalyst*, donde Brenner describió el giro hacia la «redistribución políticamente organizada de los recursos en provecho de quienes ya disponen de mayor renta y riqueza» precisamente como una respuesta a la disminución de la eficacia de los estímulos en la década de 1970. Y entre el repertorio de políticas clásicamente neoliberales que Brenner incluyó en su lista de «estafas políticas» –recortes fiscales, privatización, financiarización– el gasto presupuestario brillaba por su ausencia. En «Saqueo pantagruélico», se lamentaba de la ausencia de una «nueva ola de intervención estatal en aras de una mayor productividad y competitividad», pero en el momento de escribir «Siete tesis sobre la política estadounidense», como señala Barker, el programa de subsidios de Biden, diseñado para impulsar el sector industrial doméstico, se une a la lista de estafas y se le culpa de avivar la inflación.

El conjunto de créditos fiscales, préstamos y subvenciones de Biden, descrito como un «gasto público masivo dirigido directamente al sector privado y dotado de efectos de puro goteo para el conjunto de la población», ¿se ajusta a la lógica del «capitalismo político»? Nadie discute su carácter ampliamente distributivo hacia quienes más tienen, que Thomas Meaney ha descrito acertadamente como la «subvención pública de la rentabilidad del capital privado», lo cual induce a las empresas a invertir en industrias ambiental y geopolíticamente estratégicas mediante la socialización de los riesgos de dicha inversión[27]. Incluso *The Economist* admite que el volumen de gasto decidido por Biden se «dirige fundamentalmente a las empresas privadas»[28]. Los subsidios sin duda desembolsan dinero público al capital, cuyos beneficios pueden considerarse en este sentido sustentados políticamente,

---

[27] Thomas Meaney, «Fortunas del *Green New Deal*», NLR 138, enero-febrero de 2023.
[28] «America's Government Is Spending Lavishly to Revive Manufacturing», *The Economist*, 2 de febrero de 2023.

si no políticamente decretados. Sin embargo, subsumir todas estas políticas bajo el concepto de «redistribución ascendente políticamente diseñada», ¿no «amalgama, como dice Barker, políticas de tipos muy diferentes, mezclando las desgravaciones fiscales con las iniciativas tomadas bajo la rúbrica de «Made in America»? ¿Es sostenible mantener la diferencia entre lo político y lo productivo implícita en la definición de Riley y Brenner, que yuxtapone la inversión productiva con las «inversiones *en política*», lo cual resulta sostenible cuando nos referimos a la CHIPS *and Science Act* (2022) y a la *Inflation Reduction Act* (2022), que ciertamente son medidas redistributivas impulsadas políticamente que transfieren los recursos hacia arriba, pero que también se hallan diseñadas crucialmente para atraer capital hacia el sector productivo?

Si la inversión que este diseño legislativo y las políticas que estimula resultará «productiva» o no, es otra cuestión: la «relocalización» de, por ejemplo, la fabricación de chips, en un «destino de costes altos» como Estados Unidos en combinación con la interrupción de las cadenas de suministro internacionales causada por los controles a la exportación, es probable que sea, a juicio de *The Economist*, «angustiosamente ineficiente», además de amenazar con un exceso global de capacidad. Los efectos sobre el empleo de este aflujo de capital al sector privado estadounidense también pueden ser decepcionantes; el crecimiento del empleo en este se ha ralentizado este año y el Bureau of Labor Statistics prevé que el empleo en el sector se reduzca entre 2021 y 2031, a pesar del «*boom*» supuestamente provocado por las iniciativas de Biden[29]. Sin embargo, resulta seguramente indiscutible que

---

[29] «News Release: Employment Projections-2021-2031», Bureau of Labor Statistics, 8 de septiembre de 2022. Véase también Derek Brower, James Politi y Amanda Chu, «The New Era of Big Government: Biden Rewrites the Rules of Economic Policy», *Financial Times*, 12 de julio de 2023. Sobre el potencial de creación de empleo de la agenda THRIVE original, una iniciativa precursora más ambiciosa del programa Build Back Better, que incluía importantes inversiones en la economía de los cuidados destinadas a apoyar a las mujeres con salarios bajos y a las personas de color, véase Robert Pollin, Shouvik Chakraborty y Jeanette Wicks-Lim, «Employment Impacts of Proposed US Economic

esta normativa ha sido diseñada para aumentar la capacidad productiva estadounidense y que los fabricantes de baterías y de vehículos eléctricos que se beneficiarán de estas ayudas las utilizarán para comprar factores de producción –construir fábricas, contratar trabajadores– y además que estas inversiones serán un «factor determinante» de sus beneficios finales.

¿Punto muerto provocado por el estancamiento?

La ambigüedad de los estímulos keynesianos se antojaría como un síntoma de una mayor incertidumbre en cuanto a las perspectivas de relanzar el crecimiento y la capacidad de los Estados a la hora de remodelar las economías de forma que superen las debilidades estructurales derivadas del exceso de capacidad y de la caída de los salarios reales. La perspectiva a más largo plazo del retorno de tasas de crecimiento rápido en las economías desarrolladas es sombría. Como observó Gopal Balakrishnan en 2009 es improbable que las revoluciones de la productividad que transformaron la agricultura y la industria, dando lugar a nuevas fases de acumulación, se repitan en las economías dominadas por los servicios, que atienden a poblaciones envejecidas y cada vez más reducidas[30]. Riley y Brenner se muestran igualmente escépticos sobre las perspectivas de revitalización del capitalismo estadounidense. La política económica de Biden, como vimos, consiste en un «programa presupuestario muy semejante al seguido durante el *New Deal*, pero en un entorno de nulo crecimiento capitalista». Todo ello suscita diversas preguntas: ¿no podría el *New Deal* original, que en su primeras fases constituyó una respuesta de emergencia a una depresión prolongada, describirse igualmente como un «programa presupuestario [...] en un entorno de nulo crecimiento capitalista»? Aunque fueron los preparativos para la guerra los que finalmente sacaron a

---

Stimulus Programmes: Job Creation, Job Quality and Demographic Distribution Measures», PERI, UMass-Amherst, 4 de marzo de 2021.
[30] Gopal Balakrishnan, «Speculations on the Stationary State», NLR 59, septiembre-octubre de 2009, p. 6; ed. cast.: «Especulaciones sobre el estado estacionario», NLR 59, noviembre-diciembre de 2009, p. 6.

la economía estadounidense de su estancamiento, ¿no era el crecimiento el objetivo y no el requisito previo? ¿Y puede describirse la política económica de Biden como un «gasto financiado mediante el endeudamiento público verificado en un entorno de ausencia de crecimiento económico» o su intento estratégico de fortalecer la capacidad productiva se parece más a «un programa de reestructuración»? Los subsidios incluidos en la propuesta de Biden están muy por debajo del paquete de gasto propuesto en su frustrado programa Build Back Better de 2020-2021, por no hablar del *Green New Deal* de 16 billones de dólares propuesto por Sanders, y apenas llegan al 0,5 por 100 del PIB en comparación con el 6 por 100 del PIB anual invertido en infraestructuras a mediados del siglo XX[31]. ¿Impulsarían la economía programas de inversión de esta envergadura allí donde las políticas económicas de Biden únicamente logran sobrecalentarla? Y si no es así, ¿qué tipo de políticas *podría* reactivar la rentabilidad y las tasas de crecimiento global?

La persistencia de «un entorno de crecimiento persistentemente bajo o nulo» parece, de acuerdo con la interpretación de Riley y Brenner, prácticamente garantizada. Pero su escepticismo sobre la posibilidad de reavivar el crecimiento no sólo se fundamenta en las tendencias seculares que afectan a las economías avanzadas a escala global, sino que también está arraigado en un pesimismo más profundo sobre las posibilidades *políticas* de superar en Estados Unidos el estancamiento, dada la dinámica electoral que este ha desencadenado, que se concreta en la existencia de un conflicto de suma cero en el seno de una clase trabajadora fracturada y en la exclusión de «coaliciones de crecimiento hegemónicas». «La política del periodo actual ni siquiera alberga la *esperanza* del crecimiento», afirman; la campaña electoral de Clinton de 2016, por ejemplo, «[no propuso] prácticamente nada relacionado con el crecimiento económico». Pero sea o no ésta una descripción correcta de la política estadounidense,

---

[31] «America's Government Is Spending Lavishly to Revive Manufacturing», *The Economist*.

especialmente desde el punto de vista retórico[32], cabe preguntarse si la afirmación de Riley y Brenner es un reproche a un error ideológico –un fracaso de la imaginación política– o una observación neutral de un hecho estructural, el resultado político lógico de una situación económica irresoluble. Como resultado del estancamiento, «los partidos *ya no pueden funcionar* en función de programas de crecimiento». Este argumento un tanto contraintuitivo, dado que podría pensarse que los partidos estarían dispuestos a desarrollar «programas de crecimiento» durante los periodos de recesiones prolongadas, surge de una concepción de la política electoral como un proceso fundamentalmente delimitado por el deterioro del sistema, que poco puede hacerse para remediar: en lugar de proponer repuntes productivistas inverosímiles o inflacionistas, los partidos organizan coaliciones presupuestarias de forma reactiva.

El significado más profundo de la crítica de Riley y Brenner al «experimento de Biden» radica, por consiguiente, en que el ámbito de la política electoral está circunscrito por el entorno macroeconómico y por las relaciones sociales y la

---

[32] Reactivar la competitividad industrial estadounidense como fundamento de un tipo de crecimiento más sólido y equitativo ha sido el argumento clave de los discursos de Biden. En septiembre de 2022 Biden dijo a los fabricantes de automóviles de Detroit, que «estamos reconstruyendo la economía, una economía de energías limpias, y lo estamos haciendo partiendo sectorialmente de las empresas y colocando a la clase trabajadora y a las clases medias en el centro. Estoy harto del "goteo", no lo soporto. [...] Mi programa económico ha provocado una expansión histórica del sector industrial estadounidense. [...] La producción industrial estadounidense está de vuelta». En diciembre, en la sede de la planta que el fabricante taiwanés de chips TSMC tiene previsto construir en Arizona, Biden también habló de «la gran historia de la economía que estamos reconstruyendo y que debe funcionar para todos [...], una economía que crece colocando a la clase trabajadora y las clases medias en el centro y que coloca al pueblo estadounidense en condiciones de ganar la competición económica del siglo XXI», declaraciones recogidas respectivamente en «Remarks by President Biden on the Electric Vehicle Manufacturing Boom in America», 14 de septiembre de 2022, y en «Remarks by President Biden on American Manufacturing and Creating Good-Paying Jobs», 6 de diciembre de 2022, ambos textos se hallan disponibles en whitehouse.gov.

dinámica política que éste genera. Si bien esta es una idea general, su aplicación específica al periodo contemporáneo, transmitida con claridad polémica en el artículo de Riley publicado en *Sidecar/El Salto*, es que la era del capitalismo político excluye los programas reformistas de «tipo social-demócrata clásico». Demostrar que una reedición del *New Deal*, «basado en las relaciones sociales de un capitalismo industrial extremadamente rentable»[33], es «a la vez irreal e insuficiente», como explicó Riley en la entrevista concedida a la radio de *Jacobin*, parece una de las motivaciones centrales de «Siete tesis sobre al política estadounidense». «En un periodo como éste –añadió Brenner en la misma conversación– existen estrictos límites políticos sobre lo que puede hacerse en términos redistributivos»[34].

Si estos son los límites políticos de las economías de bajo crecimiento, ¿qué perspectivas hay de tensarlos o superarlos? La vuelta de tuerca implícita en la descripción de la época efectuada por Riley y Brenner es que el nuevo régimen, que enfrenta a grupos de estatus presupuestario entre sí para defender su parte de un pastel estable o cada vez más pequeño, atomiza y desmoviliza a la clase trabajadora, porque, como argumentó Brenner en 1985, «*si el resto de factores permanece estable*, la disminución de la rentabilidad y el empeoramiento de las perspectivas generales de las empresas tienden, *por sí mismos*, a aumentar el poder del capital frente al trabajo», lo cual hace que la renovación de los movimientos de clase dotados del peso social necesario para organizar una oposición eficaz al sistema parezca absolutamente esencial al tiempo que se antoja más remota que nunca[35]. Es como si Riley y Brenner insinuaran que el «capitalismo político» produce un

---

[33] D. Riley, «Faultlines: Political Logics of the US Party System», cit.; «Líneas de fractura: la lógica política del sistema político en Estados Unidos», cit.

[34] R. Brenner y D. Riley, «Dealignment? w/ Robert Brenner and Dylan Riley», cit.

[35] Robert Brenner, «The Paradox of Social Democracy: The American Case», en Mike Davis, Fred Pfeil y Mike Sprinker (eds.), *The Year Left: An American Socialist Yearbook*, Londres, 1985, vol. 1, p. 42.

sistema político constitucionalmente incapaz de aliviar la crisis estructural derivada del estancamiento crónico, dado que los partidos realmente existentes son incapaces de «construir coaliciones de crecimiento hegemónicas», limitándose a formar gobiernos con mayorías estrechas y frágiles, mientras que una estructura de clases segmentada por el nivel educativo, entre otras formas de «clausura» identitaria, se halla mal equipada para detener o invertir las consecuencias sociales regresivas del estancamiento económico.

En otras palabras, el estancamiento secular se presenta como algo que reconfigura la política, pero cuya alteración por parte de esta en su nueva configuración, tanto a escala de las elites como de las masas, parece prácticamente imposible. En este sentido, la cronología alternativa de la desalineación de clase ofrecida con mayor precisión por Karp expresa una diferencia de énfasis, si no de perspectiva, reveladora. Aunque la larga recesión y la reorientación hacia el saqueo politizado prepararon el terreno, lo que aceleró el alejamiento de los «desposeídos» del Partido Demócrata fue la transformación sustantiva del propio partido, que se convirtió en un partido «fundamentalmente tecnocrático», rabiosamente neoliberal, en cuya cúspide «[predominan] las más altas jerarquías sociales, culturales y económicas de Estados Unidos», hecho que en opinión de Karp derribó los desvencijados alineamientos en los que el partido se había apoyado anteriormente. Aunque Riley y Brenner señalan que los sucesivos gobiernos demócratas han estado «fuertemente comprometidos con el neoliberalismo», el giro ideológico parece más adaptativo que causal[36]. Mientras que en opinión de ambos los partidos

---

[36] En «Structure vs Conjuncture: The 2006 Elections and the Rightward», por ejemplo, Brenner sostiene que «la razón subyacente del precipitado abandono de los Demócratas de la agenda reformista» tras el colapso de la rentabilidad en la década de 1970 «fue que, dada la pésima situación económica, el agresivo comportamiento de las grandes corporaciones y los sindicatos abatidos y debilitados, se encontraron operando en un entorno sociopolítico transformado», añadiendo más tarde: «Al igual que las empresas y los Republicanos se habían visto obligados a adaptarse al contexto definido por el progresismo del proyecto demócrata del *New Deal* y de la Gran Sociedad y el

aparecen caracterizados como oportunistas que cambian de forma y que «operan», «se acomodan» y «se adaptan» a las condiciones económicas, a la atmósfera ideológica y al equilibrio de las fuerzas de clase, Karp concede mayor importancia a la toma de decisiones políticas a las que culpa de la situación, concediendo más autonomía al conjunto del campo político. Ante ciertas «corrientes sociales y económicas –escribió Karp en *Jacobin* en 2021– los partidos de centro-izquierda optaron por navegar por ellas de una manera preñada de consecuencias, esto es, «concediendo prioridad a los mercados globales, a los valores cosmopolitas y a los votantes de la clase profesional en lugar de hacerlo a los sindicatos, los salarios y los trabajadores y trabajadoras. [...] La muerte de la política de clase no es una consecuencia que temieran los líderes de estos partidos, sino el objetivo que han perseguido celosamente. [...] La desalineación de clase es tanto un proceso histórico como una opción política»[37]. Si bien Riley y Brenner deseaban expulsar las explicaciones idealistas de la desalineación de clase, Karp quizá argumentaría que su alternativa materialista, a pesar de su claridad y profundidad, corre el riesgo de corregir en exceso el cuadro no sólo eliminando las concepciones del mundo de los votantes de la política estadounidense, sino subestimando la autonomía de los actores políticos, lo cual implica la incómoda conclusión de que la situación de languidecimiento de la economía actual ha transformado mecánicamente el paisaje político estadounidense de tal modo que impide su rejuvenecimiento.

---

poder residual del movimiento obrero durante la época de auge económico del periodo de posguerra, así, a partir de mediados de la década de 1970, los Demócratas, en un periodo definido por el estancamiento económico y el poder cada vez mayor de las empresas, se acomodaron al empuje hacia la derecha impulsado por los Republicanos», Robert Brenner, «Structure vs Conjuncture: The 2006 Elections and the Rightward Shift», NLR 43, enero-febrero de 2007, pp. 43, 49; ed. cast.: «Estructura versus coyuntura. Las elecciones de 2006 y el desplazamiento hacia la derecha de la política estadounidense», NLR 43, marzo-abril de 2007, pp. 40, 46.
[37] M. Karp, «The Politics of a Second Gilded Age», cit.

¿Socialismo de suma cero?

Al diagnosticar este punto muerto propiciado por el estancamiento, «Siete tesis sobre la política estadounidense» plantea varias cuestiones políticas difíciles a las que el texto no da respuesta: ¿qué es, como se pregunta Riley en «Líneas de Fractura», «un socialismo apropiado para el naciente régimen del capitalismo político»? ¿Cómo podría lograrse una redistribución transformadora en una época de malestar económico y depredación política? Si las tasas de crecimiento rápido son cosa del pasado y ante la ausencia de una liquidación catártica del capital ineficiente o del descubrimiento de un nuevo «motor de crecimiento» autosostenido, ¿qué aspecto tiene una política realista, humana e igualitaria en una economía permanentemente anémica o estacionaria? ¿Cómo podría renovarse la solidaridad de clase y acumularse poder social en un entorno de conflicto presupuestario de suma cero, que tiende a dividir y desmovilizar a los trabajadores?

Estas complejas preguntas no pueden responderse aquí, ni quizá en ninguna otra sede de forma abstracta. Pero teóricamente hablando es posible especular sobre la presencia de determinadas posibles grietas en el edificio político-capitalista que la izquierda podría explotar. Una apertura potencial es inherente a la que tal vez sea la característica más importante del periodo actual: la divergencia existente entre la tasa de rentabilidad y la tasa de acumulación. Como ha explicado David Kotz, ambas suelen estar relacionadas, ya que unos beneficios elevados estimulan la inversión y aumentan los recursos disponibles para efectuarla. Desde la crisis de 2008, sin embargo, las tasas de acumulación se han mantenido débiles, aun cuando los beneficios han experimentado una recuperación. Esta es la otra cara de la ecuación político-capitalista: al igual que los beneficios ya no impulsan la acumulación, la inversión productiva ya no es el «determinante clave» de la tasa de rentabilidad, lo cual implica una crisis de legitimidad, ya que la correlación entre beneficios y acumulación era la piedra angular del apotegma «lo que es bueno para General Motors es bueno para Estados Unidos», como explicó Brenner en 2017. De acuerdo con esta concepción hegemónica:

> Es en interés de todos, incluida la clase obrera, que los empresarios obtengan beneficios, porque sólo si pueden obtenerlos estarán dispuestos a acumular capital y, mientras prevalezcan las relaciones de propiedad capitalistas, sólo si acumulan capital (aumentan la inversión y el empleo) podrán los trabajadores aumentar su nivel de vida[38].

Pero la desvinculación de «hacer dinero» y «producción rentable», tal y como lo expresó Brenner en «Saqueo pantagruélico», no sólo deslegitima a la clase capitalista al atenuar la conexión estructural existente entre el enriquecimiento propio y el bienestar general, entre el beneficio y el valor de uso. ¿No podría también esta desvinculación restar poder a las elites capitalistas a medida que los beneficios, extraídos políticamente en lugar de obtenidos de forma competitiva, pierden relevancia social? ¿Y no es la propia dependencia de los beneficios capitalistas de las decisiones públicas un signo de debilidad estructural, así como de un dominio temporal? Cédric Durand se preguntaba recientemente, si la dependencia del sector financiero de la estabilización proporcionada por los bancos centrales podría estar debilitando su hegemonía[39]. ¿No podría la dependencia de los beneficios de la

---

[38] En 2017 Brenner sugirió que esta crisis de legitimidad «supuso una enorme apertura política»: «El capitalismo ya no puede garantizar la adhesión positiva de la clase trabajadora al sistema, porque no satisface sus necesidades, y todo el mundo lo sabe». Pero también previó que los Estados capitalistas aumentarían la represión ante la resistencia popular, desplazándose cada vez más de la hegemonía a la dominación, R. Brenner, «Introducing *Catalyst*», cit.

[39] «Aunque los Estados solían contemplar con auténtico terror la volatilización de la liquidez del mercado, hecho que constituyó una característica típica de las crisis a partir de la década de 1990, ahora la configuración se invierte: la comunidad financiera depende crucial y permanentemente de la intervención pública para garantizar la liquidez, para amortiguar las convulsiones del mercado y para la provisión de activos. Esta socialización del capital ficticio como nueva normalidad está empezando a alterar el equilibrio de poder entre el Estado y los mercados», C. Durand, The End of Financial Hegemony?», cit.; ed. cast.: «¿El fin de la hegemonía del sector financiero», cit.

política tener un efecto similar, recalibrando el equilibrio de poder entre el capital y el Estado?

En 1993 Brenner argumentó que mientras perduren las relaciones de propiedad capitalistas, «el Estado no puede ser autónomo» y ello no porque «siempre se halle controlado directamente por los capitalistas», sino «porque quienquiera que lo controle siempre encontrará brutalmente limitada su capacidad de acción por mor de las necesidades de la rentabilidad capitalista», hecho que constituye la condición previa para lograr un alto nivel de empleo y de prestación de servicios públicos, pero que resulta difícil de conciliar con la implementación de reformas introducidas en interés de la clase trabajadora [durante] un periodo de tiempo prolongado»[40]. Tras el inicio de la larga recesión, continuaba Brenner, el Estado «aplicó vigorosas políticas de austeridad diseñadas para aumentar la tasa de beneficio, lo cual supuso el recorte del Estado del bienestar y la reducción del poder de los sindicatos y en consecuencia no pudo sino revelarse como absolutamente dependiente del capital». La deriva de la política federal bajo el régimen del capitalismo político – aumento de las exenciones fiscales, donaciones masivas a la empresa privada, etcétera, por no mencionar «los vertiginosos niveles de gastos de campaña y la corrupción abierta a gran escala»–, implica que el Estado estadounidense está cada vez más al servicio de los intereses de la elite, si no capturado en gran medida por ellos. Pero si las necesidades de la rentabilidad capitalista y los intereses de los trabajadores se han desvinculado de forma flagrante, ¿no es posible que,

---

[40] Robert Brenner, «The problem of Reformism», *Against Current*, núm. 43, marzo-abril de 1993. Wolfgang Streeck hizo una observación similar en 2011, señalando «[...] un conflicto aparentemente irreconciliable entre los dos principios contradictorios de la asignación en el capitalismo democrático: los derechos sociales, por un lado, y la productividad marginal, tal y como es evaluada por el mercado, por otro; [...] una reconciliación duradera entre la estabilidad social y la estabilidad económica en las democracias capitalistas es un proyecto utópico», Wolfgang Streeck, «Crises of Democratic Capitalism», NLR 71, septiembre-octubre de 2011, p. 24; ed. cast.: «Las crisis del capitalismo democrático», NLR 71, noviembre-diciembre de 2011, p. 22.

al menos en principio, ello amplíe la autonomía del Estado en lugar de erosionarla aún más? La «dependencia absoluta» del Estado respecto al capital deriva del hecho de que mantener la acumulación parecía necesario para elevar el nivel de vida. En la medida en que el capitalismo político implica un sistema en el que los capitalistas ya han jugado de modo cada vez más intenso la carta de la huelga de capital, absteniéndose de invertir y colocando su capital en un sector financiero hipertrofiado o en la propia política para obtener la consabida rentabilidad, ¿no disminuye este conjunto de comportamientos su pertinencia política?

El capitalismo político implica una fusión corrupta entre el capital y el Estado. En *Catalyst* particularmente Brenner apenas distingue entre elites económicas y políticas, aludiendo a «las clases capitalistas y sus gobiernos» y mezclando de forma algo imprecisa «quienes dominan política y económicamente el mundo (el 1 por 100 de mayores ingresos o incluso un porcentaje todavía más reducido)»[41]. Cualquier relajación del control capitalista sobre el Estado dependería presumiblemente del equilibrio de las fuerzas de clase y del poder social fuera de él. ¿Cuáles son las perspectivas de un reequilibrio a favor de la clase trabajadora? Es prácticamente un axioma del análisis de Riley y Brenner que las economías cuyo crecimiento es lento o se hallan en crisis perjudican a los trabajadores. Sin embargo, si el rápido crecimiento desactivó el conflicto de clase no tanto facilitando la redistribución como obviando la necesidad de la misma, ¿no podría existir potencial político en los antagonismos exacerbados que implica la existencia de un entorno de suma cero? En un análisis crítico del trabajo de Benanav sobre la automatización y el futuro del empleo, Balakrishnan sugiere lo mismo: lejos de bloquear el camino hacia un «futuro más libre», «¿no es la lucha de clases de suma cero la más radical de todas, dado que plantea la cuestión de quién domina?». En estas condiciones, conjetura Balakrishnan, ¿podría concebirse de nuevo la clase en una forma más «abstracta», de modo que incorporase las

---

[41] R. Brenner, «Introducing *Catalyst*», cit.

fisuras sociales fundamentales a lo largo de los nuevos ejes que «atraviesen las divisiones culturales», lo cual liberaría a «las luchas anticapitalistas de la dinámica autodestructiva de la ideología identitaria»?[42].

Riley esboza enérgicamente su alternativa en la parte final de su artículo publicado en *Sidecar/El Salto* en la que amonesta a la izquierda por su nostalgia «autodestructiva» del *New Deal*: «Lo que el planeta y la humanidad necesitan es una inversión masiva en actividades de baja rentabilidad y baja productividad: cuidados, educación y restauración medioambiental»[43]. Pero esta concepción, que tiene afinidades con los programas de «decrecimiento» y su insistencia en la inversión en actividades económicas intensivas en mano de obra y ecológicamente inocuas, como el trabajo de cuidados, sin duda implica una redistribución del poder de enorme envergadura y algo que se aproxima a la planificación democrática, lo cual dependería de la renovación de la oposición de clase suprimida por las fuerzas del capitalismo político. El aumento de la productividad del trabajo alimentó el crecimiento, lo cual facilitó la expansión simultánea de los beneficios, los salarios y los Estados del bienestar. Su declive significará que los beneficios sólo podrán mantenerse erosionando los ingresos de los trabajadores, debilitando la demanda y la inversión y agravando así la dinámica de estancamiento. El capitalismo

---

[42] Balakrishnan ve motivos para un «cierto optimismo» en la nueva concepción *pikettyana* de la clase como «una categoría directamente política, incluso presupuestaria [...] con designaciones numéricas de los ricos –el 1 por 100 o el 10 por 100 más rico– y las correspondientes concepciones estadísticas de la clase trabajadora o el pueblo». Entre las ventajas de esta concepción «más abstracta» de la lucha de clases entre ricos y pobres, Balakrishnan sostiene que «no depende de puntos de apoyo sólidos en el sistema de producción» ni de «formas más antiguas de organización y agencia de la clase obrera industrial». Esto podría ser especialmente importante en la era del capitalismo político en la que los beneficios se obtienen cada vez más a través de medios políticos en lugar de mediante la «producción rentable», cambio que, cabría suponer, debilita considerablemente el poder estructural de los trabajadores, arraigado en su capacidad para perturbar la producción y, con ella, la obtención de beneficios», Gopal Balakrishnan, «Swan Song of the Ultraleft», *Sublation*, 30 de mayo de 2022.

[43] D. Riley, «Drowning in Deposits»/«Anegados en liquidez», cit.

político, en otras palabras, es precisamente el régimen que ha surgido del debilitamiento del crecimiento de la productividad; ¿qué haría falta, pues, para crear una economía de productividad *sistemáticamente* baja y al mismo tiempo más igualitaria y racional, además de obviamente menos destructiva desde el punto de vista ecológico?

La alternativa de Riley a la política industrial y a los *Green New Deals* se enfrenta, por lo tanto, a cuestiones igualmente peliagudas ligadas al poder sobre la asignación de recursos. Una de las paradojas de la definición de capital político es que «político», fortificado con intensificadores como «crudo», «abierta y obviamente», adquiere las asociaciones negativas que podrían haberse reservado para «en provecho de quienes ya disponen de mayor renta y riqueza» y corre así el riesgo de implicar que todo tipo de interferencia política en la actividad económica es regresivo (o inútil) en lugar de poner de relieve su finalidad y carácter específicos asumidos por esta interferencia bajo el capitalismo político. La «ingeniería política» es a la postre quizá una forma de describir la planificación económica, mientras que la «redistribución políticamente diseñada» de tipo igualitario y deliberativo constituye una descripción de una demanda socialista o protosocialista. La concepción de Riley de una «inversión masiva en actividades de baja rentabilidad y baja productividad» implica, por otro lado, el uso del poder político para determinar la tasa de rentabilidad, pero en este caso no para mantenerla artificialmente, sino para suprimirla por la fuerza, es decir, para superar la compulsión sistémica de la maximización de los beneficios a fin de redirigir el capital a líneas de producción menos lucrativas pero socialmente necesarias como, por ejemplo, la construcción de paneles solares a mayor velocidad que la indicada por las señales enviadas por el actual sistema de precios.

El objetivo transformador de la «política de clase», tal y como la definen Riley y Brenner, es ejercer el control político sobre cómo se invierte el excedente social producido por la clase trabajadora: «una democratización completa del proceso de inversión y de su función», dicho en palabras de Benanav, esto es, no la eliminación del poder político del proceso de acumulación y obtención de beneficios, sino una mayor dispersión de este poder de modo que las decisiones relativas a la asignación del capital y a la distribución de la renta sean tomadas por fuerzas políticas que respondan a las presiones democrático-populares y estén orientadas a la satisfacción de las necesidades sociales sin sobrecargar la biosfera o, para el caso, afectar a la capacidad de otros países para hacer lo mismo. En este sentido, la situación puede asemejarse a la situación que Wolfgang Streeck esbozó hace más de una década:

> Hoy más que nunca el poder económico parece haberse convertido en poder político, mientras que los ciudadanos parecen haber sido despojados casi por completo de sus defensas democráticas y de su capacidad para imponer a la economía política intereses y demandas que son inconmensurables con los de los propietarios del capital. De hecho, si echamos la vista atrás y analizamos las secuencias de la crisis democrático-capitalista de la década de 1970, parece existir la posibilidad real de una nueva, aunque temporal, resolución del conflicto social en el capitalismo avanzado totalmente a favor en esta ocasión de las clases propietarias, ahora firmemente atrincheradas en su bastión políticamente inatacable, el sector financiero internacional[44].

La cuestión apremiante planteada por «Siete tesis sobre la política estadounidense» es, por lo tanto, la que Kenta Tsuda expresó en una valoración del decrecimiento como solución al deterioro ecológico, aunque podría aplicarse igualmente al alarmante resurgimiento de las rivalidades interimperiales: «¿Cómo cambiará la humanidad el perfil de quién ejerce el poder político, desplazando a las fuerzas que se inclinan hacia la destrucción de la civilización?»[45]. Si la cuestión no es la politización de la economía *per se*, sino la fusión de la dominación económica y política, la respuesta al problema del «capitalismo político» puede ser, ante todo, política.

---

[44] W. Streeck, «Crises of Democratic Capitalism», cit., p. 29; ed. cast.: «Las crisis del capitalismo democrático», cit., p. 26.
[45] Kenta Tsuda, «Naïve Questions on Degrowth», NLR 128, marzo-abril de 2021, p. 130; ed. cast.: «Preguntas ingenuas sobre el decrecimiento», NLR 128, mayo-junio de 2021, p. 149.

Alyssa Battistoni y Geoff Mann

LA POLÍTICA ECONÓMICA DE BIDEN RESPECTO AL CLIMA

¿Cómo debe evaluarse hasta el momento la política económica de Biden? En sus «Siete tesis sobre la política estadounidense», Dylan Riley y Robert Brenner sostienen que la prolongada ralentización de las tasas de crecimiento ha propiciado el surgimiento de un nuevo régimen de acumulación en Estados Unidos, que denominan «capitalismo político» y definen como una «redistribución políticamente organizada de los recursos en provecho de quienes ya disponen de mayor renta y riqueza» hasta el punto de que «el poder político puro, y no la inversión productiva, [se convierte en] el determinante clave de la tasa de rentabilidad». En opinión de Riley y Brenner, ello ha transformado el panorama electoral de Estados Unidos y ha recompuesto las coaliciones de los dos principales partidos, produciendo «una feroz e intensamente divisiva política de redistribución de suma cero, organizada en gran medida en torno a conflictos de intereses materiales presentes *en el seno* de la clase obrera», que se producen entre grupos definidos por el nivel educativo y la raza[1]. En el debate que ha seguido a la publicación de su artículo, las contribuciones han ido en varias direcciones: el papel de la clase y su relación con el «interés material» en Estados Unidos; las dinámicas que impulsan el desalineamiento partido-clase, esto es, el proceso en virtud del cual los trabajadores abandonan el Partido Demócrata y optan por votar al Partido Republicano, mientras que los perceptores de altos ingresos se mueven en la dirección opuesta, así como las perspectivas para contrarrestarlo; la geopolítica de lo que Lola Seaton denomina la «iniciativa de industrialización verde-nacionalista» acometida por el gobierno de Biden; la pertinencia del análisis de la «larga recesión» pivotado en torno al comportamiento del sector industrial elaborado por Robert Brenner para explicar el «estancamiento secular»; y, en general, las perspectivas de la actual política de la izquierda estadounidense, basada o no en la clase[2].

Lo que ha estado sorprendentemente ausente del debate, dada la centralidad de la «política industrial verde» en la agenda de Biden, por no mencionar el estado general del planeta ilustrado por el pasado verano que ha sido el más caluroso jamás registrado, es el cambio climático. Por supuesto,

---

[1] Dylan Riley y Robert Brenner, «Seven Theses on American Politics», NLR 138, noviembre-diciembre de 2022; ed. cast.: «Siete tesis sobre la política estadounidense«, NLR 138, enero-febrero de 2023.

[2] Matthew Karp, «Party and Class in American Politics», NLR 139, enero-febrero de 2023; Tim Barker, «Some Questions about Political Capitalism», NLR 140/141, marzo-junio de 2023; Aaron Benanav, «A Dissipating Glut», NLR 140/141, marzo-junio de 2023; Lola Seaton, «Reflections on Political Capitalism», NLR 142, julio-agosto de 2023 [ed. cast.: Matthew Karp, «Partido y clase en la política estadounidense: Réplica a "Siete tesis sobre la política estadounidense", de Riley y Brenner», NLR 139; Tim Barker, «Algunas cuestiones sobre el capitalismo político: Réplica a "Siete tesis sobre la política estadounidense", de Dylan Riley y Robert Brenner», NLR 140-141, mayo-agosto de 2023; Aaron Benanav, «Un exceso de capacidad devorador», NLR 140-141, mayo-agosto de 2023; Lola Seaton, «Reflexiones sobre el «capitalismo político», NLR 142, septiembre-octubre de 2023]; véase también Grey Anderson, «Strategies of Denial»/«Estrategias de negación», Sidecar/ El Salto, 15/21 de junio de 2023.

los artículos mencionados aluden al papel de la transición energética en las iniciativas domésticas y geopolíticas de la Casa Blanca y destacan las promesas de descarbonización efectuadas por el gobierno estadounidense, aunque solo sea para señalar su insuficiencia. Pero el propio cambio climático prácticamente no se aborda como un problema específico dotado de importancia política y económica por derecho propio. En este sentido, el debate recogido en las páginas de esta revista refleja el estado general del debate político. La *Inflation Reduction Act*, quizá el buque insignia de las políticas constitutivas de la *bidenomics*, fue aclamada como una normativa que podría «salvar la civilización» tras su aprobación en agosto de 2022[3]. Desde entonces, esta norma se ha asimilado casi por completo al marco más general de la política económica de Biden: discutida previamente en relación con el *Green New Deal*, ahora se evalúa con mayor frecuencia junto a la *Infrastructure Investment and Jobs Act* (2021), aprobada conjuntamente por el Partido Republicano y por el Partido Demócrata, y la chips *and Science Act* (2022) y se pondera en términos de inversión nacional y de su dinámica geopolítica en vez de ligarla al cumplimiento de los correspondientes objetivos de descarbonización o a sus impactos climáticos.

Igualmente, las cuestiones políticas sobre las que se ha centrado el debate recogido en la NLR no han versado «sobre» el clima en ningún sentido real del término. Tal vez los participantes en este debate han aceptado al pie de la letra las afirmaciones de buena fe climática contenidas en la *Inflation Reduction Act* o han asumido que las alusiones efectuadas a la «tecnología verde» bastan como análisis de las cuestiones implicadas en el cambio climático, cuando este exige en realidad una atención explícita y específica. Dos grandes cuestiones estructuran nuestras reflexiones en este frente: en primer lugar, qué significa la *bidenomics* para el clima; y, en segundo, qué significa el cambio climático para la *bidenomics* y para la política considerada en su sentido más general.

---

[3] Paul Krugman, «Did Democrats Just Save Civilization?», *The New York Times*, 8 de agosto de 2022.

Antes de abordarlas, sin embargo, merece la pena examinar más detalladamente las condiciones políticas y las dinámicas domésticas y geopolíticas que conformaron la *Inflation Reduction Act* al hilo del análisis tanto de sus objetivos como de sus contradicciones en tanto que estrategia política. ¿Por qué adoptó la *Inflation Reduction Act* la forma que adoptó y qué nos dice esto sobre el diagnóstico del «capitalismo político»?

¿En las entrañas de la Inflation Reduction Act?

Si la *Inflation Reduction Act* puede presumir de ser la legislación federal sobre el clima más importante aprobada en la historia de Estados Unidos, ello se debe en gran medida a que es la primera norma de este tipo que se promulga en este país. Aunque sus disposiciones son claramente inadecuadas para la escala de la crisis climática, los defensores de la misma han argumentado que es al menos un punto de partida a partir del cual podrán implementarse ulteriores iniciativas. Si los ecosocialistas siguen participando en el proceso formal de implementación de las diversas políticas tanto mediante las presiones externas del activismo como al hilo del trabajo político interno realizado en el Congreso, la política climática se acercará a la escala y al alcance requeridos por la situación presente. La esperanza es que el conjunto de subvenciones, exenciones fiscales, inversiones en infraestructuras y proteccionismo mercantil una a los promotores de la tecnología verde con el gran capital, el movimiento obrero organizado y los beneficiarios del crecimiento futuro. Si esta coalición tiene éxito, se diseñarán e implementarán más políticas industriales ecológicas hasta que las nuevas industrias limpias se conviertan en los motores autosuficientes de una economía próspera.

Abordaremos de nuevo la cuestión del crecimiento verde posteriormente, pero las cuestiones planteadas hasta ahora en el debate sobre «Siete tesis sobre la política estadounidense» apuntan a otra cuestión: ¿por qué Biden hizo, en todo caso, algo por el clima? Riley y Brenner diagnostican las políticas diseñadas por Biden como un llamamiento a los intereses materiales del nuevo electorado demócrata, esto es, el electorado en posesión de una titulación universitaria, caracterizado por una alta valoración del «conocimiento experto» y por ser una «fuerza de trabajo acreditada académicamente». En un primer momento, la *Inflation Reduction Act* podría parecer fácilmente asimilable a este proyecto, un elemento de atracción para los partidarios del eslogan «la ciencia es real». Ciertamente, un elemento decisivo de la decisión de Biden de adoptar una política climática puede explicarse apelando a las luchas fraccionales libradas en el seno del Partido Demócrata. Biden fue elegido en medio de la oleada de activismo climático registrada tanto en Estados Unidos como en el resto del mundo: las elecciones de 2020 fueron quizá las primeras en las que el cambio climático fue un tema serio de debate, impulsado en gran medida por la presión del ala izquierda del partido. Tras unas primarias muy reñidas en las que el *establishment* demócrata cerró filas contra Sanders y otorgó la candidatura a Biden, el cambio climático resultó ser un tema crucial en torno al cual forjar una tregua, ejemplificada por la creación de la Sanders-Biden Unity Task Force sobre la crisis climática. El gobierno de Biden presentó entonces el sorprendentemente ambicioso plan *Build Back Better* (2021), que proponía grandes inversiones en los ámbitos entreverados de la descarbonización y de los cuidados, incluido el apoyo a las familias con hijos, la ampliación de los permisos retribuidos y la financiación de la educación infantil. Este ambicioso proyecto fue netamente redimensionado, como era de esperar, por las negociaciones posteriores efectuadas en el Congreso; durante meses pareció que este paquete legislativo federal sobre el clima perecería una vez más entre los escollos de la división partidista característica de la política estadounidense. Sin embargo, la normativa climática sobrevivió, aunque en la forma debilitada de la *Inflation Reduction Act*. ¿Por qué salió adelante esta normativa, mientras que las inversiones propuestas en el ámbito de la «infraestructura del cuidado» y otros programas de bienestar social fueron abandonadas?

El análisis de Riley y Brenner sobre el «capitalismo político» a tenor del cual los Republicanos y los Demócratas ofrecen beneficios materiales a sus bases –respectivamente, los menos formados y los más cualificados académicamente– no ofrece una respuesta convincente. Las bases del Partido Demócrata, después de todo, se hallan formadas por un gran número de trabajadores y trabajadoras empleados en el sector de los cuidados y por hogares con dos ingresos, que presumiblemente preferirían grandes inversiones en políticas sociales de cuidados. Silicon Valley apoyó la ley, al igual que lo hicieron finalmente los fabricantes de automóviles, y lo que es más sorprendente las propias empresas de combustibles fósiles. Pero la *Inflation Reduction Act* no es tanto una concesión al poderoso grupo de presión del capital verde como un esfuerzo por dotar de existencia a una nueva fracción de este, si no desde cero, sí al menos a partir de los restos del paquete de estímulo de la era de Obama, que ayudó a catalizar la industria solar estadounidense. Ciertamente, los dirigentes demócratas se toman ahora más en serio el cambio climático, pero, como puede atestiguar el caso de Al Gore, las preocupaciones de la elite demócrata por el calentamiento global han ocupado un lugar secundario durante décadas.

La importancia de las inversiones climáticas para la *bidenomics* se comprende mejor, si la interpretamos como un esfuerzo por enhebrar la delicada aguja política que se debate en estas páginas. Riley y Brenner sostienen que la política actual ha abandonado «incluso la *esperanza* de crecimiento», de ahí que definan la política económica de Biden como «gasto público financiado mediante el endeudamiento verificado en un entorno de ausencia de crecimiento económico». Pero la *Inflation Reduction Act* es claramente un intento de crear un nuevo programa de crecimiento en torno a una nueva coalición política, como han argumentado Ted Fertik y Tim Sahay[4]. La *Inflation Reduction Act* se halla animada eviden-

---

[4] Ted Fertik y Tim Sahay, «Bidenomics and Climate Action: The Case of the Inflation Reduction Act», conferencia pronuciada en la Brown University, 3 de febrero de 2023, disponible en YouTube.

temente, pues, por la esperanza de restaurar el crecimiento a través de una estrategia clásica de (re)industrialización, que genere riqueza económica vigorosamente distribuida en vez de optar por la distribución de los beneficios sociales directamente mediante el gasto público efectuado en sectores de bajo crecimiento como es el de los cuidados.

En lugar de canalizar los beneficios obtenidos mediante un juego de suma cero a las bases del Partido Demócrata dotadas de mayores credenciales académicas, la *Inflation Reduction Act* constituye en cierto sentido el intento estratégico de llegar precisamente al conjunto de los votantes de clase trabajadora que han abandonado el Partido durante las últimas décadas. La propia normativa fue en última instancia el resultado de un acuerdo a puerta cerrada sellado entre los senadores Joe Manchin y Chuck Schumer y su propia configuración refleja el dilema del Partido Demócrata: una negociación entre Virginia Occidental y Nueva York. Muchos analistas han destacado convincentemente los vínculos de Manchin con la industria del carbón como la fuerza central que motivó su recalcitrante comportamiento inicial, así como las concesiones finales contenidas en la *Inflation Reduction Act* a la industria fósil. Sin embargo, igualmente relevante para el carácter de la legislación es la posición de Manchin como lo más parecido al senador de un «estado republicano» presente en el Partido Demócrata y la especial vulnerabilidad de Schumer ante la izquierda en su propio estado natal. En otras palabras, Manchin y Schumer representan los elementos de una coalición histórica cada vez más frágil y su intento de forjar un nuevo compromiso capaz de impulsar al Partido Demócrata hacia el futuro también canaliza muchas de las presiones que actualmente lo están erosionando.

Todo esto queda claro cuando examinamos más de cerca las disposiciones de la *Inflation Reduction Act*. La ley subvenciona la tecnología verde por ambos lados: la producción y el consumo; la oferta y la demanda. Por el lado de la demanda, las medidas aprobadas constituyen un dádiva para los votantes demócratas que dispongan de renta y se hallen implicados en el consumo verde. Las exenciones fiscales concedidas a la adquisición de vehículos eléctricos serán básicamente utilizadas con toda probabilidad por los segmentos superiores de la clase media, mientras que los propietarios de viviendas ecológicamente concienciados pueden incrementar el valor de sus activos instalando bombas de calor, paneles solares y estaciones de carga en sus garajes. Las inversiones por el lado de la oferta, por el contrario, implican en la práctica medidas que no benefician a las bases del Partido Demócrata: se calcula que el 80 por 100 de las inversiones privadas efectuadas en tecnología limpia y en semiconductores anunciadas hasta ahora se han realizado en distritos republicanos[5]. A pesar de todas las medidas de apoyo a los trabajadores y a las organizaciones sindicales implementadas por el gobierno de Biden, la estrategia política de la *Inflation Reduction Act* presupone que el capital privado fluirá más generosamente hacia los lugares donde la sindicalización es más difícil y, en última instancia, hacia los bolsillos de los votantes de los estados republicanos, que se muestran poco dispuestos a apoyar la política climática y mucho menos un *Green New Deal*, pero que, sin embargo, podrían acoger con satisfacción los puestos de trabajo creados en los parques solares instalados en el *Sunbelt*, los parques eólicos de Texas y la fabricación de «tecnología verde» concentrada en los estados sureños en los que rige una política restrictiva respecto a los derechos de los trabajadores. Esta estrategia podría contribuir a crear una coalición bipartidista duradera a favor de la inversión verde capaz de sobrevivir a la polarización existente entre el Partido Demócrata y el Partido Republicano. Se trata, sin embargo, de una estrategia política arriesgada para un partido que confía en renovar su legitimidad, sobre todo frente a las dificultades económicas vigentes como resultado de la inflación. Incluso si la política económica de Biden crea empleos verdes, ¿obtendrá algún crédito de su creación por parte de los votantes que más necesita?

---

[5] Amanda Chu, Oliver Roeder, Myles McCormick, «Republican Districts Dominate US Clean Technology Investment Boom», *Financial Times*, 13 de agosto de 2023.

Por otro lado, la probabilidad de que los empleos verdes no sean empleos sindicalizados no se les escapa a los propios sindicatos. Igualmente preocupante es el hecho de que la fabricación de vehículos eléctricos requiera muchos menos trabajadores que la fabricación de coches dotados de motores de combustión interna. La preocupación de que el auge de los vehículos eléctricos amenace a los trabajadores activos en la industria automovilística ha llevado al United Auto Workers (UAW) a situar las condiciones de la transición ecológica en el centro de su histórica lucha por el actual convenio, por la que pretenden que todos los trabajadores empleados en la producción de vehículos eléctricos y de baterías se acojan al «acuerdo marco» del sindicato estipulado con los tres grandes fabricantes de automóviles estadounidenses, GM, Ford y Chrysler/Stellantis[6]. Aunque los titulares constaten, como era de esperar, «tensiones» entre los objetivos laborales y los climáticos, la negociación en curso marca de hecho el apoyo más explícito dado hasta la fecha para acometer una transición verde por parte de los segmentos del movimiento obrero estadounidense más directamente afectados por tal perspectiva y el mayor paso dado hasta el momento para la realización de la más que discutida «transición justa». Mostrando su frustración ante el apoyo poco entusiasta del gobierno de Biden, el UAW se ha negado hasta ahora a respaldar la campaña de reelección de Biden, lo cual ha constituido una iniciativa inteligente que ha presionado a su gobierno para que conceda nuevas ayudas destinadas a garantizar la sindicalización de las plantas de producción de coches eléctricos y que ha conseguido que el propio Biden hiciera acto de presencia en un piquete del UAW el pasado mes de septiembre[7].

---

[6] Keith Brower Brown, «As Big 3 Auto Contracts Expire: Hurried Line Speeds andHorrible Hours», *Labor Notes*, 25 de julio de 2023.

[7] Los trabajadores del gigantesco complejo industrial de Ford que se está construyendo en Stanton, Tennessee, no tendrán que afiliarse automáticamente a la UAW, lo que ha propiciado las críticas al gobierno de Biden del presidente del sindicato, Shawn Fain, por conceder financiación al fabricante de automóviles (la inversión asciende a 5,6 millardos de dólares) sin acordar de antemano las condiciones

La huelga del UAW, comenzada el 15 de septiembre con paros iniciales en tres centros de producción de GM, Ford y Stellantis (Jeep), situados respectivamente en Wentzville (Missouri), Wayne (Michigan) y en Toledo (Ohio), revela muchos de los elementos contradictorios puestos en juego por la política económica de Biden: un movimiento obrero cada vez más activo, animado por un mercado de trabajo tensionado, que se enfrenta a un presidente supuestamente favorable a los trabajadores; un sindicato antaño poderoso, envalentonado y amenazado al mismo tiempo por la promesa de una reindustrialización subvencionada por el Estado; la esperanza de un nuevo compromiso de clase en un sector cuyo modelo de crecimiento presupone el acceso a una mano de obra no sindicada; y la perspectiva de que la fuerza de trabajo de una industria intensamente asociada a las emisiones de carbono pueda contribuir a abrir el camino hacia un futuro más ecológico. Por otro lado, como ha señalado Gabriel Winant, el ascenso a la presidencia del UAW de Shawn Fain, un líder de perfil combativo, es el producto de la nueva coalición de clase formada entre los trabajadores poseedores de un alto nivel educativo, pero afectados por una movilidad social descendente, organizados recientemente por el UAW, y los elementos reformistas de su base tradicional[8].

La huelga de los trabajadores del sector automovilístico también muestra, sin embargo, la fragilidad política de la estrategia de Biden para acometer la transición verde. Aunque Biden repite el mantra «Cuando oigo clima, pienso empleos», a veces parece que espera que nadie oirá hablar del primero. Parece suponerse que las subvenciones verdes serán mejor recibidas, si no se habla de ellas en términos de calentamiento global. Pero la derecha no está dispuesta a guardar el secreto. La revitalización del sector petrolífero y gasístico estadounidense como consecuencia de las sanciones

---

salariales, «Will the Auto Workers' Strike Jeopardize Joe Biden's Manufacturing Boom?», *The Economist*, 24 de septiembre de 2023.
[8] Gabriel Winant, «Eight and Skate», *The New York Review of Books*, 23 de septiembre de 2023.

impuestas a la exportación de los hidrocarburos rusos ha hecho difícil que Trump acuse a Biden de librar una guerra contra el petróleo, como acusó a Obama de destruir el carbón. Trump, por el contrario, ha aprovechado la oportunidad para atacar a Biden en relación con los vehículos eléctricos: «Esta ridícula cruzada del *Green New Deal* está disparando los precios de los coches y preparando el escenario para la destrucción de la producción automovilística estadounidense». Manchin se ha unido al ataque, tachando de «ilegal» y contraria a la intención de la legislación que él mismo contribuyó a aprobar la laguna jurídica, que permite a los fabricantes de automóviles extranjeros acceder a determinadas subvenciones concedidas a los vehículos eléctricos[9]. De hecho, aunque los vehículos eléctricos son, de media, más caros que los coches de motor de combustión interna, la reciente subida de los precios de los automóviles tiene poco que ver con la transición ecológica. Es, por el contrario, el resultado previsible de la disrupción de las cadenas de suministro, del aumento del tamaño de los vehículos y de la decisión de los fabricantes de dar prioridad a los modelos que presentan mayores márgenes. Es relevante, por otro lado, que estos aspirantes a populistas se hayan unido a los consumidores que se enfrentan a la inflación en lugar de apoyar a los trabajadores que pretenden conseguir un aumento de sus salarios estancados. Fue Manchin quien bloqueó una exención fiscal para los vehículos eléctricos fabricados por trabajadores sindicalizados, mientras que Trump criticó recientemente los vehículos eléctricos en la planta de un fabricante de piezas de automóvil de Michigan, que no permite la presencia de sindicatos en sus establecimientos[10].

Los hechos, sin embargo, no atañen claramente al asunto que nos ocupa. Los vehículos eléctricos ofrecen un tema

---

[9] Jonathan Weisman, «Trump Seeks UAW's Support as the Union Wavers on Backing Biden», *The New York Times*, 20 de julio de 2023; Josh Siegel, «Manchin's "Playing with Fire"– and Some Democrats Are Tired of the Drama», *Politico*, 1 de mayo de 2023.
[10] Alex Press, «Trump Is Speaking Tonight in Michigan at a Nonunion Auto Shop, as a Guest of Its Boss», *Jacobin*, 27 de septiembre de 2023.

adecuado a la demagogia inherente a la creciente segmentación partidista existente en Estados Unidos entre las zonas urbanas y las rurales, la cual constituye una importante división política en este país, que en buena medida no ha sido abordada en el debate desencadenado por «Siete tesis sobre la política estadounidense». La mayoría de la población estadounidense depende del coche, sobre todo los votantes de las áreas suburbanas, tan cortejados por ambos partidos. El espectro de una guerra cultural climática en toda regla, anticipado en las advertencias de que el *Green New Deal* privaría a los estadounidenses de sus hamburguesas y de sus *pick-ups*, es sin duda parte de la razón por la que el gobierno de Biden ha optado por la sustitución uno a uno de los motores de combustión interna por vehículos eléctricos en lugar de decidir la inversión en transporte público limpio o la densificación urbana propuesta por los defensores del *Green New Deal*. Aunque Trump tergiversa las causas de los elevados precios de los vehículos (entre otras muchas tergiversaciones), no se equivoca al señalar que la mayoría de los vehículos eléctricos son demasiado caros para la mayoría de la gente, incluso si disfrutan de exenciones fiscales, que al menos en la actualidad no se aplican a los modelos más baratos, cuyos componentes no cumplen los estándares contemplados en la *Inflation Reduction Act*, como sucede con el Nissan Leaf. Además, la inflación hace que los precios elevados se conviertan cómodamente en un blanco político fácil. Aunque la *bidenomics* constituye una apuesta por que el apoyo estatal al capital verde puede reactivar el crecimiento y reconsolidar el poder del Partido Demócrata, ello sigue siendo una apuesta arriesgada.

Lógica geopolítica

Aún más arriesgada es la decisión del gobierno de Biden de vincular la política climática a su estrategia geopolítica. Podríamos decir que cuando Biden oye «clima», no sólo piensa en «empleos», sino también en «China». Como ha argumentado Grey Anderson en *Sidecar/El Salto*, el proyecto industrial verde del gobierno estadounidense es un elemento clave en su prosecución de la seguridad de las cadenas de suministros y de la renovación de la hegemonía estadounidense. Para Anderson, esta «lógica geoestratégica» es la que impulsa el dinamismo de la inversión nacional: «Contemplada desde los pasillos del poder, la orientación antichina de la política industrial estadounidense no es un subproducto desafortunado de la "transición" verde, sino su propósito motivador»[11]. Aunque Trump intensificó drásticamente la retórica antichina, algunos aspectos de este programa se han incubado desde hace mucho tiempo. En 2007, Thomas Friedman presentó el *Green New Deal* como un programa «geoestratégico, geoeconómico, capitalista y patriótico», como una forma de que Estados Unidos «recuperase su lustre»: «Tendremos que encontrar la forma de volver a retejer Estados Unidos en casa, de reconectar a Estados Unidos en el exterior y de volver a colocar a Estados Unidos en el lugar natural que le corresponde en el orden mundial, como el faro del progreso, la esperanza y la inspiración. Tengo una idea de cómo hacerlo. Se llama "verde"»[12]. Años más tarde, preparándose para su «reorientación hacia Asia», Obama prometió «ganar el futuro»: «innovar, educar y construir mejor que el resto del mundo» mediante, entre otras cosas, la inversión en las energías limpias»[13].

Durante el mandato de Biden, por supuesto, China ha sido señalada explícita y directamente como el principal competidor de Estados Unidos. Anderson tiene razón al señalar los peligros de esta evolución. Sin embargo, confunde en exceso los planos cuando sugiere la existencia de una «lógica relacional entre el aumento del gasto doméstico y la política cada vez más agresiva desplegada en el Pacífico». Anderson se muestra crítico con la «izquierda ecosocialista» por su lentitud a la hora de criticar el giro belicista del gobierno de

---

[11] G. Anderson, «Strategies of Denial»/«Estrategias de negación», cit.

[12] Thomas Friedman, «The Power of Green», *The New York Times Magazine*, 15 de abril de 2007.

[13] «Remarks by the President in State of the Union Address», 25 de enero de 2011; disponible en obamawhitehouse.archives.gov

Biden, sugiriendo que sus objetivos climáticos pueden haber nublado su juicio: «"¿justicia medioambiental" o enfrentamiento atómico en el estrecho de Taiwán?», se pregunta. Las evaluaciones críticas de la *bidenomics* deberían estar seguras de qué es qué», afirma en la conclusión de su artículo. Pero no es la *Inflation Reduction Act*, sino la chips *and Science Act*, aprobada al alimón por Republicanos y Demócratas, la que ha estado en el centro de las fintas sobre Taiwán; los controles sobre las exportaciones, que han sido descritos como un «acto de guerra económica», tienen como objetivo explícitamente las exportaciones de semiconductores[14]. Estas políticas pretenden obstruir específicamente el acceso a la tecnología avanzada en el campo de los semiconductores por parte de China, así como estrangular el desarrollo de la capacidad industrial necesaria para hacerse con la misma, en particular en lo referido a toda aplicación que implique un potencial uso militar.

Las disposiciones «*Buy American*» contenidas en la *Inflation Reduction Act* exacerban sin duda cualquier incipiente «Nueva Guerra Fría». Es obvio que Estados Unidos espera llegar a ser económicamente competitivo con China en tecnología verde, pero, como explicamos más adelante, las subvenciones y los «requisitos de contenido local» previstos por esta norma han conmocionado más a Europa que a Pekín. La producción de vehículos eléctricos requiere semiconductores, pero esta ley no pretende impedir que China los fabrique o que haga lo propio con la energía solar fotovoltaica, ni que no pueda venderlos al resto del mundo. Aunque Estados Unidos lo intentara no lo conseguiría: a diferencia de lo que sucede con los semiconductores sofisticados, China ya domina la producción mundial de estas tecnologías. Los fabricantes chinos de automóviles eléctricos lideran actualmente las ventas mundiales, aunque muy pocos de los compradores sean estadounidenses, sobre todo debido a los aranceles impuestos a la importación de automóviles chinos por el gobierno de

---

[14] Alex Palmer, «"An Act of War": Inside America's Silicon Blockade against China», *The New York Times Magazine*, 12 de julio de 2023.

Trump, que Biden ha optado por mantener[15]. Los fabricantes basados en Estados Unidos se esforzarán para ponerse a la par de los productores chinos con quienes es poco probable que logren competir en precio o calidad, especialmente en mercados emergentes como India y Brasil. China goza de una posición tan predominante en la producción de tecnología fotovoltaica solar, que Estados Unidos no puede permitirse el lujo de imponer barreras comerciales importantes so pena de desbaratar sus propios objetivos de descarbonización[16]. En la actualidad, China produce el 84 por 100 del polisilicio mundial, un componente esencial empleado en la fabricación de paneles solares, y casi las cuatro quintas partes del galio de baja pureza, que resulta crucial a su vez para la fabricación de baterías (Pekín impuso la prohibición a la exportación de este metal en represalia por la chips *and Science Act*)[17].

Simplemente no es posible proceder a una rápida descarbonización prescindiendo de la tecnología china. En realidad, el modo más rápido para que Estados Unidos opte por las energías renovables sería a través de un gasto público masivo en la instalación de tecnología limpia comprada a China, estrategia que supondría otro golpe para la fuerza de trabajo industrial estadounidense, aunque probablemente ello sería aceptable para los políticamente poderosos gremios de la construcción. Consciente de estos límites, Biden anunció en 2022 una pausa de dos años en la extensión de los aranceles de Obama contra las importaciones de energía solar china, cediendo ante los instaladores nacionales de paneles solares que señalaron que la transición a las energías renovables se estancaría, si el gobierno seguía adelante con la introducción de los mencionados aranceles. Las fábricas chinas con sede en Estados Unidos, como Ja Solar en Arizona, están realizando inversiones a gran escala, en este caso creando 600 puestos

---

[15] David Ferris y Joshua Posaner, «Miles Apart: The US and Europe Diverge on China Car Threat», *Politico*, 23 de junio de 2023.

[16] «Solar PV Global Supply Chains», IEA Special Report, julio de 2022.

[17] Matt Blois, «The US Solar Industry Has a Supply Problem», *Chemical & Engineering News*, 18 de septiembre de 2022; US Geological Survey, «Mineral Commodity Summaries», enero de 2022.

de trabajo locales, gracias la *Inflation Reduction Act*. En mayo de 2023 el Departamento del Tesoro aclaró que los proyectos que utilizaran células fotovoltaicas fabricadas en la RPCh podrían beneficiarse de las exenciones fiscales contempladas en la *Inflation Reduction Act*[18]. En estos casos, en opinión de Anderson, los objetivos climáticos nacionales parecen tener un efecto moderador en la escalada de la guerra comercial, aunque es difícil saber hasta qué punto, cuando la política climática debe viajar tan a menudo de incógnito.

La respuesta de las empresas estadounidenses de fabricación de paneles y componentes solares, por su parte, pone de relieve la división potencialmente significativa existente en el seno del capital verde, que es probable que se manifieste también de modo cada vez más intenso en otros subsectores. Los instaladores de placas solares, que necesitan los paneles de bajo coste de China, han celebrado la decisión de reducir los aranceles, mientras que los fabricantes de las tecnologías aplicables a la energía solar están en pie de guerra[19]. El gobierno de Biden apoya la introducción de barreras proteccionistas contra la importación de vehículos eléctricos chinos asequibles, pero no es difícil imaginar que otros sectores, desde la infraestructura para la electrificación a la fabricación de electrodomésticos, se enfrenten a los dilemas de sus propias divisiones internas en torno a los costes y beneficios de los insumos baratos procedentes de China y a los intereses de los incipientes movimientos obreros que están surgiendo en estos sectores.

El aspecto crucial es que aunque la *Inflation Reduction Act* representa una nueva alineación de la política económica y de la política de seguridad, en sí misma no constituye una

---

[18] Ana Swanson, David Gelles y Jim Tankersley, «Biden to Pause New Solar Tariffs as White House Aims to Encourage Adoption», *The New York Times*, 6 de junio de 2022; Ken Rapoza, «China Solar Companies Qualify for Benefits Under Inflation Reduction Act», *Forbes*, 24 de febrero de 2023; Sebrina Fichtner, «Solar Projects Using Cells from China Can Apply for IRA Subsidies», *Solarbe*, 16 de mayo de 2023.
[19] A. Swanson, D. Gelles y J. Tankersley, «Biden to Pause New Solar Tariffs as White House Aims to Encourage Adoption», cit.

amenaza particularmente seria al poder chino. Efectuar estas distinciones no significa eludir los problemas planteados por Anderson a los que recientemente Jamie Merchant ha presado atención en *The Brooklyn Rail*[20]. La *Inflation Reduction Act* se halla articulada y entretejida sin duda con una posición de dureza respecto a China y desempeña su parte en la estrategia de nacionalismo económico, que siempre ha ido de la mano y subyacido a las ambiciones internacionales estadounidenses. Aunque Anderson exagera el silencio de la izquierda climática sobre el impacto doméstico del giro antichino y sobre los importantes esfuerzos realizados para construir un renovado dominio estadounidense, su apelación a la izquierda para que responda más seriamente a estos acontecimientos sigue siendo válida. Para ello, sin embargo, hay que prestar mucha atención a las «lógicas» en juego, incluidas las innumerables que han recibido menos atención de la que se merecen.

Más allá del centro de la economía-mundo capitalista

Resulta revelador que la legislación haya resultado más molesta para la Unión Europea y Corea del Sur, «amigos» cuyos intereses el gobierno de Biden ha decidido que puede permitirse el lujo de no tener en cuenta (aunque empresas como Volkswagen, BMW y Enel están ampliando sus operaciones en Estados Unidos para aprovechar las subvenciones de la *Inflation Reduction Act*). Es probable que los verdaderos perdedores globales de la *Inflation Reduction Act* sean los países en vías de desarrollo, que ya están excluidos de los sectores de alto valor añadido de la producción industrial y no pueden competir con la capacidad de autosubvención de las grandes potencias. En gran parte del mundo, pues, la «transición verde» amenaza con seguir una pauta de comportamiento *mutatis mutandis* similar a la respuesta dada a la pandemia de la Covid-19, pero en formato ampliado: enormes paquetes

---

[20] Jamie Merchant, «The Economic Consequences of Neo-Keynesianism», *The Brooklyn Rail*, julio-agosto de 2023.

de gasto implementados en el mundo rico para desarrollar tecnologías de vanguardia, que los países pobres tal vez podrían permitirse el lujo de comprar en algún momento. Es posible que la competencia entre Estados Unidos y China empuje a ambos países a cortejar a los mercados emergentes, ofreciéndoles mejores condiciones de las que estos estarían en condiciones de reclamar en otro caso, pero estos últimos seguirán estando en la posición de compradores que apoyan la producción en los países más ricos. El hecho de que el capital privado ocupe un lugar central globalmente en el «sector financiero verde» es probable que ponga los proyectos de descarbonización de los países en vías de desarrollo a merced de inversores volubles, como señala Advait Arun, lo cual no hace sino empeorar las cosas[21].

La concentración de la atención en las grandes potencias industriales no debería ocultar la amplia reorganización de la geopolítica mundial que se está produciendo como resultado de la transición verde. La energía es, por decirlo de modo contenido, un gran negocio: se trata de un insumo presente inexcusablemente en la totalidad de la producción de la economía mundial y del factor clave para mantener el nivel de vida de la población en general. Salvo unos pocos países excepcionalmente ricos en petróleo, que pueden disfrutar de los beneficios de unos precios de mercado elevados al tiempo que protegen a su población de ellos, la mayoría de los Estados tienen un gran interés en que los precios de la energía se mantengan bajos, lo cual explica que desempeñen un papel activo en el intento de garantizar la fiabilidad del suministro y de la distribución de energía y, por lo tanto, en el desarrollo y la protección de nuevas fuentes energéticas. Esta dinámica no desaparecerá con los combustibles fósiles (una evolución que, en cualquier caso, no es inminente) y la renovación del sistema energético mundial tendrá importantes repercusiones a largo plazo para el poder político a escala global. En teoría, las fábricas de vehículos eléctricos y baterías

---

[21] Advait Arun, «The Investment Climate», *Phenomenal World*, 26 de agosto de 2023.

pueden construirse en cualquier lugar, pero las turbinas eólicas y los paneles solares no. Del mismo modo, la localización y la conversión acelerada de los recursos necesarios para garantizar las tecnologías verdes, como el litio y los minerales de tierras raras, en materia de seguridad está redibujando el mapa geopolítico[22]. El suministro de «materias primas» ha sido durante mucho tiempo un mal negocio para los países obligados a depender de su exportación, aunque el reciente incremento del interés mundial por las mismas ha concedido cierta capacidad de influencia a los países ricos en recursos.

En general, el cambiante orden global está generando una coyuntura genuinamente nueva en la política del clima, que exige ser pensada de nuevo en sus propios términos. Los acuerdos internacionales sobre el clima han languidecido durante mucho tiempo a la sombra del comercio mundial como ideas desvaídas, que son muy publicitadas pero cuyo impacto es reducido, en lugar de constituir centros de gravedad de lo que Rosa Luxemburg denominó la «constelación política mundial». En el seno de las instituciones oficiales de la gobernanza mundial del clima, Estados Unidos ha socavado repetidamente los acuerdos jurídicamente vinculantes al tiempo que ha impuesto soluciones de mercado poco sinceras al resto del planeta. En respuesta a ello la izquierda ha tendido a criticar simultáneamente tanto la falta de liderazgo estadounidense como los límites de la Convención Marco de las Naciones Unidas sobre el Cambio Climático (CMNUCC) y la Conferencia de las Partes (CP), que se reúne anualmente para procrastinar y no resolver su implementación. La politóloga Jessica Green, por ejemplo, ha pedido recientemente a los activistas del clima que dejen de ocuparse de los acuerdos climáticos para intervenir en el comercio y las finanzas internacionales[23].

---

[22] Thea Riofrancos, «The Security-Sustainability Nexus: Lithium Onshoring in the Global North», *Global Environmental Politics*, vol. 23, núm. 1, febrero de 2023.
[23] Jessica Green, «Follow the Money», *Foreign Affairs*, 12 de noviembre de 2021.

Ahora, sin embargo, es el gobierno estadounidense el que está llevando la política climática al ámbito comercial, retando a la Organización Mundial del Comercio a responder a su desafío cada vez más abierto a los mismísimos mandamientos neoliberales que hasta hace poco había considerado inviolables, lo cual ha puesto claramente de manifiesto una de las dinámicas más interesantes y olvidadas activa en el seno del complejo binomio de preocupaciones que ligan China y el clima: la legitimación de un modo de capitalismo de Estado que habría sido impensable en los círculos políticos estadounidenses tan solo hace unos años. Aunque esta pauta de comportamiento ha sido puesta de relieve, su significado no ha sido debidamente analizado. Durante muchos años, el triunvirato formado por Estados Unidos, el Reino Unido y la Unión Europea impulsó un proceso de creciente mercantilización dirigido más allá del centro de la economía-mundo capitalista. Por supuesto, no somos los primeros en observar este cambio de rumbo en pro de una influencia recíproca cada vez más poderosa del capitalismo de Estado sobre los partidarios recalcitrantes del libre mercado en la totalidad del mundo capitalista, no solo en Estados Unidos, Canadá y Europa, sino también en Brasil, la India y otros lugares. Los discursos emblemáticos de la *bidenomics* pronunciados por el presidente Biden y por su consejero de Seguridad Nacional, Jake Sullivan, han señalado lo que se ha denominado el inicio del «neomercantilismo», la idea de que, dado el programa de subvenciones masivas implementado por China (o de la industria energética patrocinada por el Estado ruso), las grandes potencias occidentales no tienen otra opción que jugar al juego del capitalismo de Estado[24].

Como señala Lola Seaton, el término «capitalismo político» se ha utilizado de distintas maneras, incluida la pergeñada por el economista Branko Milanović, para describir

---

[24] «Remarks by National Security Adviser Jake Sullivan on Renewing American Economic Leadership at the Brookings Institution», 27 de abril de 2023; «Remarks by President Biden on his Vision for the Economy», 20 de abril de 2023.

la forma de capitalismo característica de China y otros países. La definición del término por Milanovi , aunque bastante diferente de la de Riley y Brenner, es esclarecedora en este punto. Revirtiendo la concepción marxista clásica, Milanovi sostiene que el comunismo sentó las bases del capitalismo político mediante la construcción de infraestructuras, la organización de sistemas educativos universales y la creación de Estados funcionales y operativos. El hecho de que el «Occidente» capitalista opte ahora por un modelo en el cual las funciones de dirección del Estado son más robustas sugiere una sorprendente dialéctica del desarrollo capitalista: ¿quizá el comunismo no solo sentó las bases para la aparición del capitalismo en el «Este», sino que ahora también sustenta los esfuerzos para revivir el capitalismo en el «Oeste»?[25]. Si bien todo ello no augura necesariamente un «régimen de acumulación» totalmente nuevo, sí sirve para recordar que el neoliberalismo no debe confundirse con el capitalismo: las restricciones ideológicas del primero no siempre coinciden con el pragmatismo adecuado del segundo.

¿Objetivos no alcanzados?

Se ha discutido en mucha menor medida, por otro lado, si la *bidenomics* puede o no describirse coherentemente como una política climática. El gobierno estadounidense afirma que va «por buen camino» para reducir las emisiones de carbono el 40 por 100 por debajo de los niveles de 2005 en 2030 (frente a una estimación anterior que preveía que estas se reducirían justo por debajo del 30 por 100)[26]. Muchas organizaciones progresistas han hecho suya esta afirmación optimista: el Economic Policy Institute, por ejemplo, celebró la *Inflation Reduction Act* como una «política real contra el cambio climático», que ofrece «una oportunidad genuina de asegurar

[25] Branko Milanović, *Capitalism, Alone*, Cambridge (MA), 2019, pp. 67-128; ed. cast.: *Capitalismo, nada más*, Madrid, 2020.
[26] «New OMB Analysis: The Inflation Reduction Act Will Significantly Cut the Social Costs of Climate Change», Office of Management and Budget, 23 de agosto de 2022.

un planeta habitable para las generaciones futuras»[27]. Pero sus deficiencias como política para reducir las emisiones de carbono son bien conocidas. El papel decisivo desempeñado por Manchin en la aprobación de la misma significa que se basa casi por completo en la concesión de incentivos para propiciar las correspondientes inversiones en tecnología verde, sin que contemple la existencia de mecanismos directos para reducir el uso de combustibles fósiles (el texto incluso estipula que para arrendar tierras federales para proyectos de energías renovables, estas deben ofrecerse también al desarrollo de petróleo y gas). Esta teoría de la transición presupone que las energías renovables más baratas desplazarán a los combustibles fósiles, pero todas las «transiciones» energéticas precedentes han sido procesos de adición de energía: madera más carbón, carbón más petróleo, petróleo más energía solar. Existen algunos indicios de que el gobierno estadounidense pretende desplegar las potestades del Estado regulador con mayor eficacia: la Environmental Protection Agency, por ejemplo, propuso a principios de este año «las normas más estrictas jamás aprobadas» para la regulación de las emisiones procedentes de los tubos de escape[28]. Pero a falta de medidas para frenar directamente el uso de combustibles fósiles, hay poco que distinga la estrategia de «solo zanahorias» propugnada por la *Inflation Reduction Act* de la famosa política energética de Obama denominada *«all of the above»*, esto es, la propuesta de recurrir a todos los tipos de energía ya existentes (energías fósiles, renovables y nuclear, además de la explotación minera de determinados recursos críticos) para garantizar el crecimiento económico y el empleo. Los cálculos de los efectos de la ley también presuponen el despliegue generalizado de tecnologías de «emisiones negativas» no verificadas, como la captura y el almacenamiento de carbono (lo mismo ocurre con algunas

---

[27] Josh Bivens, «The Inflation Reduction Act Finally Gave the us a Real Climate Change Policy», *blog* del Economic Policy Institute, 14 de agosto de 2023.
[28] Camila Domonoske, «The Big Reason Why the us Is Seeking the Toughest-Ever Rules for Vehicle Emissions», NPR, 12 de abril de 2023.

de las trayectorias de modelización del IPCC y, de hecho, con la mayoría de los modelos de emisiones cero-neto). La cifra de gasto más difundida es la estimación de la Budget Office del Congreso de 369 millardos de dólares, distribuidos en diez años, lo cual equivale a la mitad del presupuesto *anual* de las fuerzas armadas estadounidenses[29]. Pero la ausencia de límites establecidos sobre las exenciones fiscales significa que el gasto podría exceder ampliamente estas cifras. Tim Shay ha descrito célebremente todo ello como un «bufet de barra libre» para el capital y los consumidores verdes[30].

Los límites de la norma no son solo de escala. Como sostiene la economista Daniela Gabor, el planteamiento de «reducción de riesgos» recogido por la *Inflation Reduction Act* a tenor del cual el Estado estimula al capital para que este efectúe las inversiones consideradas necesarias para impedir la catástrofe global amenaza con desencadenar un proceso de descarbonización «desordenado» controlado por los intereses del sector privado y no por las prioridades públicas. A diferencia de una transición justa, que proporcionaría una rampa de salida para las personas y municipios cuyos puestos de trabajo e ingresos dependen de la industria de los combustibles fósiles, por ejemplo, la dependencia de la *Inflation Reduction Act* de las exenciones fiscales significa que, aunque contiene incentivos para la inversión en las llamadas «comunidades energéticas», no existe garantía alguna de que las iniciativas para producir energía limpia beneficiarán directamente a quienes se hallen más amenazados por la reducción de la utilización de los combustibles fósiles[31]. Y aunque la *Inflation*

---

[29] «Estimated Budgetary Effects of H.R. 5376, the Inflation Reduction Act of 2022», Congressional Budget Office, 2 de agosto de 2022.

[30] Jim Tankersley y Brad Plumer, «Companies Flock to Biden's Climate Tax Breaks, Driving Up Cost», *The New York Times*, 3 de mayo de 2023; Tim Sahay, Mark Blyth y Ted Fertik, «What Mark Blyth Got Wrong About Bidenomics and Climate Change», charla celebrada en la Brown University, 3 de febrero de 2023, disponible en YouTube.

[31] J. Mijin Cha, «The Future of the Labour-Climate Alliance», *Dissent*, primavera de 2023; Madeleine Ngo, «The Energy Transition Is Underway. Fossil Fuel Workers Could Be Left Behind», *The New York Times*, 12 de julio de 2023.

Reduction Act concede prioridad a la producción de mercancías –paneles solares, coches eléctricos–, la construcción de infraestructuras de energías renovables requerirá una planificación y una inversión públicas masivas, que excede netamente lo estipulado en la *Infrastructure Investment and Jobs Act*, cuya aprobación contó con el apoyo conjunto del Partido Demócrata y del Partido Republicano. Por no mencionar el hecho de que gran parte de la «tecnología verde» no es totalmente verde: las baterías tienen sus propios costes de carbono, siendo todavía más elevados los aparejados a las batería gigantes necesarias para las furgonetas totalmente eléctricas de Ford, como la Ford F-150. Cuanto más grandes sean los vehículos estadounidenses, más litio y otros recursos necesarios utilizarán, lo que reducirá su disponibilidad para otros proyectos de energía limpia y ralentizará el ritmo general de descarbonización[32].

Al mismo tiempo, el hecho, a menudo pasado por alto, de que las entidades sin ánimo de lucro, incluidos los gobiernos estatales y municipales, también puedan optar a exenciones fiscales (en forma de pagos directos del gobierno federal) es significativo: representa quizás la única oportunidad para una auténtica inversión pública. El potencial de esta normativa queda ilustrado por la recientemente aprobada *Build Public Renewables Act* por el estado de Nueva York. Defendida por una coalición formada por activistas electorales socialistas y sindicatos del sector energético, la ley exige a la New York Power Authority, la mayor empresa suministradora públicamente regulada, que a partir de 2030 toda su electricidad proceda de energías limpias, así como que reduzca paulatinamente hasta su cierre completo la producción de las seis centrales de gas natural que operan en la ciudad de Nueva York[33].

---

[32] Thea Riofrancos *et al.*, «Achieving Zero Emissions with More Mobility and Less Mining», *Climate and Community Project Report*, enero de 2023.
[33] Aliya Uteuova, «New York Takes Big Step Toward Renewable Energy in "Historic" Climate Win», *The Guardian*, 3 de mayo de 2023.

Existe una enorme preocupación por las repercusiones de la creciente tensión existente entre Estados Unidos y China sobre la cooperación en materia de objetivos climáticos y por sus efectos en cadena para un potencial acuerdo global. La infructuosa visita de John Kerry a Pekín el pasado mes de julio no parece augurar nada bueno. La idea que anima estos temores es que solo puede avanzarse, cuando las principales partes acuerden reducciones conjuntas, porque la crisis climática es, en última instancia, un «problema de acción colectiva», que hunde sus raíces en la tragedia de los comunes. Sin embargo, al menos determinadas evidencias sugieren que los países siguen asumiendo compromisos climáticos en ausencia de una genuina coordinación global y que la acción climática está más impulsada por las preocupaciones distributivas domésticas que por las relaciones internacionales[34]. En cualquier caso, deberíamos ser capaces de condenar la agresión a China sin necesidad de exagerar sus consecuencias para el progreso climático.

Sigue siendo cierto, sin embargo, que los progresos efectuados en el proceso de descarbonización son especialmente difíciles de evaluar. ¿Puede el movimiento climático estadounidense pedir cuentas al gobierno en este frente? El retrato de la izquierda estadounidense que se desprende de algunas de las contribuciones al debate sobre «Siete tesis sobre la política estadounidense» –autores amnésicos de la perspectiva de clase empantanados en la perniciosa dinámica del estancamiento secular (Riley y Brenner) o ingenuos que en su miopía ecológica han aceptado acríticamente la escalada de hostilidad hacia China (Anderson)– podría sorprender a los Demócratas, que han estado arengando a los activistas climáticos por su insuficiente gratitud. Muchos de los grupos ecologistas y de defensa de una transición climática justa, inicialmente cortejados por el gobierno de Biden con la promesa

---

[34] Michaël Aklin y Matto Mildenberger, «Prisoners of the Wrong Dilemma: Why Distributive Conflict, Not Collective Action, Characterizes the Politics of Climate Change», *Global Environmental Politics*, vol. 20, núm. 4, noviembre de 2020.

de dedicar el 40 por 100 de los beneficios del programa *Build Back Better* a las «comunidades desfavorecidas», se negaron finalmente a respaldar la *Inflation Reduction Act* y, en su lugar, lanzaron una reprimenda al gobierno por sus iniciativas. Los ecosocialistas han denunciado las dádivas concedidas al sector privado y cuestionado la fiabilidad de la legislación como fundamento para acometer una descarbonización acelerada. Los jóvenes activistas por el clima han condenado igualmente las concesiones incluidas en la *Inflation Reduction Act* a los combustibles fósiles y la decisión del gobierno estadounidense de permitir a Conoco Phillips perforar en su «Proyecto Willow» ubicado en la Reserva de Petróleo de Alaska[35].

Aunque la izquierda ha sido menos aquiescente de lo que en ocasiones se afirma, la dura realidad es que tales protestas han tenido un efecto modesto. Si bien la izquierda contribuyó a incluir el cambio climático en la agenda política predominante, su éxito ambivalente le ha privado de fuerza. La predisposición al diálogo con la izquierda del Partido Demócrata mostrada por la Casa Blanca se desvaneció hace mucho tiempo al hilo de sus esfuerzos por alinear a los centristas y al capital. Aunque la izquierda ecologista ha tenido dificultades para alcanzar sus objetivos más ambiciosos, las acusaciones de ingenuidad geopolítica y de despreocupación respecto a las constricciones de la «larga recesión» imputan erróneamente la responsabilidad.

Un silencio ensordecedor

Si la importancia de la política económica de Biden en tanto que política climática ha quedado, en el mejor de los casos, sumergida en el debate sobre «Siete tesis sobre la política estadounidense», los impactos materiales acelerados del

---

[35] Yessenia Funes, «The Fight to Stop the Inflation Reduction Act's Fossil Fuel Giveaway», *The Frontline*, 10 de agosto de 2022; Branko Marcetic, «The Inflation Reduction Act Should Be Cause for Relief, Not Celebration», *Jacobin*, 8 de agosto de 2022; Julia Mueller, «Climate Activists Call on Biden to Take More Forceful Action», *The Hill*, 27 de agosto de 2023.

calentamiento global han pasado prácticamente desapercibidos. En los artículos publicados hasta ahora se han examinado a fondo los habituales obstáculos estructurales al crecimiento, como el exceso de capacidad, la rentabilidad vacilante, el descenso de la inversión, etcétera. Riley, en un artículo sobre la quiebra del Silicon Valley Bank escrito a principios de este año y publicado en *Sidecar/El Salto* en el que abundaba en las tesis contenidas en «Siete tesis sobre la política estadounidense», sugería que la «relocalización» de la producción de vehículos eléctricos y paneles solares acabará enfrentándose a los problemas que actualmente afectan al sector industrial mundial en su conjunto:

> Imaginemos, a modo de experimento mental, que la *bidenomics* en su forma más ambiciosa tuviera éxito. ¿Qué significaría esto exactamente? Por encima de todo, conduciría a la relocalización doméstica de la capacidad industrial tanto en la fabricación de chips como en la tecnología verde. Pero ese proceso se desarrollaría en un contexto global en el que todas las demás potencias capitalistas estarían intentando vigorosamente hacer más o menos lo mismo. La consecuencia de este impulso simultáneo de la industrialización sería la exacerbación masiva de los problemas de exceso de capacidad a escala mundial[36].

Las cosas pueden desenvolverse exactamente así. El sector automovilístico estadounidense es emblemático del proceso de expansión económica acaecido después de la Segunda Guerra Mundial, el cual ahora se ve ensombrecido por la Gran Aceleración; incluso en el escenario más optimista, es difícil imaginar que el sector industrial recupere su antiguo esplendor o sostenga una ronda similar de prosperidad. Pero esta no es una razón convincente para no efectuar en todo caso estas inversiones. Si dentro de otros diez o veinte años las tasas de crecimiento de sectores impulsados por energías limpias se ralentizan considerablemente, ello constituiría ciertamente un problema para el capital verde, pero igualmente resulta difícil comprender por qué este hecho debería disuadirnos de

---

[36] Dylan Riley, «Drowning in Deposits»/«Anegados en liquidez», *Sidecar/El Salto*, 4/13 de abril de 2023.

invertir, incluso de invertir en exceso, en tecnologías caracterizadas por sus bajas emisiones de carbono. Puede que el capitalismo esté «perdiendo fuelle», como afirma Aaron Benanav, aunque es bienvenida una cierta humildad a este respecto, pero no parece que lo esté haciendo con la rapidez suficiente para evitar la «ebullición global»[37]. Cualquier proyecto socialista futuro, además, necesitará baterías y paneles solares, aunque estos se construyan y desplieguen de formas radicalmente distintas.

Lo que queremos destacar aquí, sin embargo, es un punto que se menciona brevemente en el análisis de Thomas Meaney de la *Inflation Reduction Act*, pero que curiosamente no se halla presente en el debate sobre el futuro del crecimiento: la perspectiva de que se produzcan «acontecimientos extremos» o puntos de inflexión a diversas escalas que podrían perturbar gravemente o incluso desestabilizar las industrias y economías capitalistas[38]. Este silencio también refleja el silencio del discurso predominante, que sigue imaginando un periodo a corto o medio plazo en el que los efectos del cambio climático aún no requieren una atención sostenida, al menos en la parte rica del mundo. Pero no es alarmista señalar que el declive de la rentabilidad del sector industrial y la dinámica del «capitalismo político», que impide lo que Riley y Brenner denominan «la construcción de coaliciones hegemónicas de crecimiento», no son los únicos límites importantes a las posibilidades de crecimiento futuro. Un clima cambiante y cada vez más volátil es ahora una característica garantizada de cualquier futuro que podamos imaginar. La utilidad de las previsiones económicas o de los diagnósticos políticos que no tengan en cuenta en sus premisas esta volatilidad y sus efectos potencialmente catastróficos se reduce significativamente. La represión de la importancia material del cambio climático

---

[37] A. Benanav, «Un exceso de capacidad devorador», cit.; Ajit Niranjan, «"Era of Global Boiling Has Arrived", Says UN Chief as July Set to Be Hottest Month on Record», *The Guardian*, 27 de julio de 2023.

[38] Thomas Meaney, «Fortunes of the Green New Deal», NLR 138, noviembre-diciembre de 2022, p. 99; ed. cast.: «Las fortunas del *Green New Deal*», NLR 138, enero-febrero de 2023, p. 89.

presente y futuro es sintomática de la negativa a reconocer el clima como una fuerza política por derecho propio.

Puede que no se vislumbre en el horizonte inmediato una verdadera crisis de las que marcan época, aunque bastarían unos pocos veranos consecutivos de intensísimas olas de calor como las registradas durante el de 2023 para tener un impacto significativo, por ejemplo, en el turismo y la agricultura del sur de Europa. Pero la posibilidad de que se produzcan efectos más contenidos, aunque graves, es cada vez mayor, a medida que el cambio climático repercute en la «economía» a través de la inestabilidad de los mercados de seguros, el agotamiento de los principales acuíferos, las catástrofes urbanas «naturales» o cualesquiera otras perturbaciones graves. Recientemente, las aseguradoras privadas han dejado de ofrecer pólizas a los propietarios de viviendas en California y Florida, dos de los mayores estados del país, ambos vulnerables a condiciones meteorológicas extremas[39]. Los principales centros urbanos estadounidenses corren el riesgo de quedarse sin agua dulce: en junio de 2023 el gobernador de Arizona anunció la prohibición de efectuar nuevos proyectos inmobiliarios en determinadas zonas de Phoenix, que al depender de las aguas subterráneas no pueden garantizar un suministro adecuado de agua potable, lo cual constituye una gota en el océano, si se tiene en cuenta que el río Colorado se está secando[40]. Las inundaciones y sequías catastróficas han diezmado los cultivos en todo el mundo, incluido el arroz, alimento básico de gran parte de la población mundial. En julio, la India, que exporta el 40 por 100 del arroz mundial, anunció la prohibición de algunas de sus exportaciones tras quedar severamente inundados sus arrozales por las copiosas lluvias monzónicas, lo que desató

---

[39] «Climate Change Is Coming for America's Property Market», *The Economist*, 21 de septiembre de 2023. Los huracanes que azotaron Florida el año pasado costaron al estado entre el 7,5 y el 10 por 100 de su PIB.

[40] Jeremy Childs e Ian James, «Water Concerns Prompt New Limits on Growth in Arizona», *Los Angeles Times*, 1 de junio de 2023.

el temor a una crisis alimentaria global[41]. El crecimiento de la productividad total de los factores agrícolas también ha disminuido significativamente desde mediados de siglo como consecuencia del cambio climático[42]. Los actuarios se hacen eco de las advertencias de pánico de los científicos de que las bajas estimaciones del riesgo climático son muy poco realistas. Aunque los fenómenos meteorológicos extremos acaparan la mayor parte de la atención, los efectos más mundanos del calor sobre la productividad laboral en sectores que van de la construcción al envasado de carne amenazan con exacerbar tanto el bajo crecimiento de la productividad como las emergencias de salud pública en todo el mundo.

Son muchos los economistas que se muestran realmente optimistas en cuanto a las perspectivas de crecimiento en una situación de calentamiento global. William Nordhaus, galardonado con el Premio Nobel en 2018, estimó que un calentamiento de 3ºC, más del doble de lo que hemos experimentado hasta ahora, reduciría el PIB mundial sólo el 2,1 por 100, mientras que incluso un calentamiento de 6ºC, aproximadamente la diferencia entre las temperaturas actuales y las de la Edad de Hielo, reduciría el PIB en solo el 8 por 100[43]. En cambio, el análisis de Gernot Wagner y Martin Weitzman sobre los «choques climáticos», que hasta ahora parece más acorde con la realidad observada, sugiere que un calentamiento de 6ºC podría reducir la producción el 30 por 100, pero muy posiblemente mucho más[44]. Un escenario en el que los impactos fueran tan graves como para socavar por completo la acumulación de capital constituiría el tipo de

---

[41] Rajendra Jadhav, Mayank Bhardwaj y Shivam Patel, «India Imposes Major Rice Export Ban, Triggering Inflation Fears», *Reuters*, 20 de julio de 2023.

[42] Ariel Ortiz-Bobea *et al.*, «Anthropogenic Climate Change Has Slowed Global Agricultural Productivity Growth», *Nature Climate Change*, núm. 11, abril de 2021.

[43] William Nordhaus, «Climate Change: The Ultimate Challenge for Economics», *American Economic Review*, vol. 109, núm. 6, junio de 2019.

[44] Gernot Wagner y Martin Weitzman, *Climate Shock: The Economic Consequences of a Hotter Planet*, Princeton (NJ), 2016, p. 62.

«segunda contradicción» del capitalismo largamente debatida por pensadores como James O'Connor y, más recientemente, Nancy Fraser y Jason Moore[45].

La política en un mundo en proceso de calentamiento

¿Qué presagian estas crisis climáticas para la política y para el «capitalismo político»? Como observa Seaton, es posible imaginar que una economía de suma cero propiciaría un escenario en el cual los trabajadores no se enfrentarían entre sí ni se exacerbarían los antagonismos en el seno de la propia clase, sino que, por el contrario, se intensificaría la lucha de clases; la idea de que el crecimiento aplaza el conflicto distributivo es una de las pocas cosas en las que los defensores y los críticos del capitalismo se muestran de acuerdo. Pero incluso el estancamiento –o el «estado estacionario» previsto desde hace tiempo por los economistas ecológicos– parece ahora un escenario desconcertantemente optimista dada la profunda inestabilidad y la dinámica de suma negativa que probablemente pongan en marcha las perturbaciones graves relacionadas con el clima. Aunque los efectos climáticos extremos no generen grandes repercusiones económicas a corto plazo, se dejarán sentir en la vida cotidiana cuando la gente pierda sus hogares a causa de catástrofes, se vea obligada a trabajar al aire libre en medio de olas de calor que ponen en peligro su vida, etcétera. Por catastróficos y mortíferos que puedan ser algunos de estos acontecimientos, muchos de ellos no supondrán amenazas inminentes a la acumulación de capital. Es imposible imaginar que el calentamiento del clima *no* vaya a tener repercusiones económicas, incluso si no llegan a ser significativas durante un tiempo,

---

[45] James O'Connor, «Capitalism, Nature, Socialism: A Theoretical Introduction», *Capitalism, Nature, Socialism*, vol. 1, núm. 1, 1988; Nancy Fraser, «Climates of Capital: For a Trans-Environmental Eco-Socialism», NLR 127, enero-febrero de 2021 [ed. cast.: «Los climas del capital», NLR 127, marzo-abril de 2022]; Jason Moore, *Capitalism in the Web of Life: Ecology and the Accumulation of Capital*, Londres y Nueva York, 2015; ed. cast.: *El capitalismo en la trama de la vida. Ecología y acumulación de capital*, Madrid, Traficantes de Sueños, 2020.

pero lo lamentable es que el capitalismo es claramente capaz de continuar e incluso prosperar frente a este enorme sufrimiento humano.

La idea de que el capitalismo colapsará finalmente bajo el peso de sus contradicciones ecológicas es demasiado simplista y puede ser *de facto* demasiado optimista. En estos momentos, la *bidenomics* es un programa económico más tradicional de lo que cabría esperar en respuesta a una amenaza evidentemente existencial: no prevé ni trata de abordar los nuevos problemas –pérdidas de cosechas, grave escasez de agua, desplazamientos masivos– que el cambio climático nos planteará cada vez con más fuerza. Es poco probable, sin embargo, que los Estados se queden de brazos cruzados mientras el capitalismo recorta sus propias perspectivas de futuro. La preocupación de las elites por el cambio climático no está motivada únicamente por la suerte del entorno natural, sino por los efectos del calentamiento global sobre la vida política y sobre la propia economía. Los esfuerzos de los Estados por estimular la inversión verde pueden entenderse en parte como esfuerzos por coordinar una respuesta a las tendencias autodestructivas del capital, esfuerzos en cuyo seno reina la división y que son contradictorios, como el propio capital[46]. Sin embargo, si los efectos del cambio climático empiezan a hacer mella en la economía, es probable que se aceleren los esfuerzos por crear un sucesor del capitalismo fósil. La «violencia lenta» de los impactos climáticos también reconfigurará el panorama político, ya que los Estados se verán cada vez más obligados a responder a los efectos secundarios provocados por la misma, ya sea interviniendo para llenar el vacío dejado por las aseguradoras privadas o proporcionando fondos de recuperación a las comunidades afectadas por los correspondientes desastres[47].

---

[46] Alyssa Battistoni, «State, Capital, Nature: State Theory for the Capitalocene», en Rob Hunter, Rafael Khachaturian y Eva Nanopoulos (eds.), *Marxism and the Capitalist State: Towards a New Debate*, Londres, 2023.
[47] Rob Nixon, *Slow Violence and the Environmentalism of the ·Poor*, Cambridge (MA) y Londres, 2011.

El impacto creciente de los choques climáticos, dicho en otras palabras, requerirá probablemente una intervención estatal cada vez más intensa, por un lado, para garantizar las condiciones de acumulación de capital y, por otro, para asegurar cierto grado de legitimidad popular en un entorno de caos climático. A pesar de lo terrible que resulta esta perspectiva, también ofrece oportunidades para la contestación desde la izquierda. James O'Connor sugirió en una ocasión que los problemas ecológicos podrían ofrecer una «segunda vía» hacia el ecosocialismo, ya que el capitalismo no sólo ha socializado los medios de producción, sino que ha exigido y exige respuestas cada vez más socializadas a la destrucción capitalista[48]. No es necesario aceptar esta lógica por completo para reconocer las tensiones potencialmente productivas generadas por escenarios en los que el papel del Estado crece a medida que se intensifican las crisis ecológicas, creando directamente el espacio para librar batallas políticas sobre la naturaleza y el propósito de la inversión[49].

Resulta imposible, por supuesto, anticipar con precisión cuáles serán las repercusiones políticas de un clima cambiante. A pesar de la inmediatez de una ola de calor o de una inundación, el cambio climático sigue siendo un fenómeno muy mediado. Aunque hay quien discierne e identifica oportunidades para las fuerzas progresistas en una economía poscarbono, no existe ninguna razón para presumir que las consecuencias sociales y políticas de un planeta más caliente beneficiarán a la izquierda [50]. Un mundo de suma cero podría

---

[48] J. O'Connor, «Capitalism, Nature, Socialism: A Theoretical Introduction», cit.

[49] El control popular de la inversión es un tema clave de la contribución de Aaron Benanav al debate. Sostiene que una sociedad con bajas emisiones de carbono orientada a satisfacer las necesidades humanas implica «una democratización exhaustiva del proceso de inversión y de su función, no únicamente en lo que atañe a su legitimidad, sino en lo referido a la garantía de los resultados correctos», A. Benanav, «A Dissipating Glut», cit., p. 80; ed. cast.: «Un exceso de capacidad devorador», cit., p. 93.

[50] Pierre Charbonnier ha afirmado que la descarbonización puede transformar la política en un sentido que favorezca a la izquierda, per-

intensificar el conflicto de clase, pero también podría fácilmente inflamar otras divisiones sociales. Como Mike Davis predijo hace más de una década –«la adaptación selectiva de los pasajeros de primera clase de la Tierra» y «la creación de oasis verdes y cerrados de riqueza permanente en un planeta por lo demás seriamente golpeado»–, los ricos urbanos se están protegiendo actualmente de la escasez de agua privando a los pobres de ella, mientras que la migración climática amenaza con agravar la xenofobia, que ya se halla exacerbada[51].

En este sentido, es tan esencial que permanezcamos atentos ante estas posibilidades, como vital que cuestionemos su inevitabilidad. Uno de los efectos ideológicos más profundos del capitalismo ha sido naturalizar la expectativa de que un estado de suma cero es necesariamente un estado hobbesiano; proyectar las modelos organizativos actuales en el futuro sin matizaciones ni críticas produce naturalmente expectativas distópicas, incluso apocalípticas. No cabe duda de que es fundamental tener en cuenta, como han hecho muchas de las contribuciones al debate de «Siete tesis sobre la política estadounidense», las limitaciones estructurales a largo plazo del dinamismo del capitalismo, pero las advertencias resignadas sobre las sombrías perspectivas de un futuro de bajo crecimiento corren el riesgo de acelerar, en lugar de rechazar, el destino que nos espera en un mundo de suma cero. Desafiar este sentido común y poner de relieve los puntos de solidaridad potencial nos parece una de las premisas fundamentales de la política de izquierda. Empiezan a vislumbrarse avances políticos prometedores. Durante el «verano caliente de luchas obreras» de este año, las cuestiones relacionadas con el clima empezaron a dar forma a la política de la fuerza de trabajo más allá de los ámbitos familiares de la energía: los

---

mitiéndole «repolitizar las necesidades»: «Ouvrir la brèche: politique du monde post-carbone», *Le Grand Continent*, 14 de junio de 2021.
[51] Mike Davis, «Who Will Build the Ark?», NLR 61, enero-febrero de 2010, p. 38 [ed. cast.: «¿Quién construirá el Arca?», NLR 61, marzo-abril de 2010, pp. 37-38]; Elisa Savelli *et al.*, «Urban Water Crises Driven by Elites' Unsustainable Consumption», *Nature Sustainability*, núm. 6, abril de 2023.

trabajadores de UPS exigieron y consiguieron aire acondicionado en sus camiones y los trabajadores de los almacenes de Amazon se marcharon cuando se vieron obligados a trabajar con un calor excesivo. Queda por ver si estas demandas de medidas de adaptación necesarias para sobrevivir en un mundo más cálido pueden traducirse en demandas de mitigación más agresivas. Representan, como mínimo, un paso hacia la integración de las cuestiones ecológicas en todo tipo proyectos políticos y no solo mediante iniciativas tecnocráticas o incluso mediante esfuerzos realizados con el objetivo de formar coaliciones en torno a «intereses», sino a través de demandas planteadas desde abajo.

Estamos de acuerdo con Riley y Brenner en que «los viejos tópicos y patrones de pensamiento» son inadecuados, pero lo mismo puede decirse de los análisis de la izquierda que ignoran el clima. No hay futuro en el que el cambio climático no afecte a la totalidad de las cuestiones políticas. El clima está remodelando el terreno en el que lucharemos durante los próximos años y solo hemos empezado a considerar lo que esto significará. Quizá lo más esperanzador que pueda decirse de la política económica de Biden en este momento es que se trata de un reconocimiento reticente y a regañadientes de este hecho y por ello deberíamos estar agradecidos a quienes han luchado tanto para forzar la cuestión, aunque todavía estemos muy, muy lejos de donde tenemos que ir.

Grey Anderson
ESTRATEGIAS DE NEGACIÓN

Bidenomics: geopolítica, guerra

Se ha producido un animado debate en la izquierda estadounidense sobre la estrategia industrial seguida por el gobierno de Joe Biden. La discusión se ha centrado en torno a las perspectivas abiertas por el estímulo masivo decidido por este, que asciende aproximadamente a 4 billones de dólares, si sumamos las iniciativas contempladas en el paquete legislativo constituido por la *American Rescue Plan Act* (2021), la *Infrastructure Investment and Jobs Act* (2021), la *Inflation Reduction Act* (2022) y la CHIPS *and Science Act* (2022), legislación que toma en consideración desde la formación de «tecnócratas progresistas» para modernizar los edificios hasta la viabilidad de la «descarbonización» dirigida por el Estado capitalista en un entorno de exceso de capacidad mundial y ralentización del crecimiento económico.

Hasta ahora las evaluaciones han sido heterogéneas, diferenciando «lo bueno, lo malo y lo feo», si bien se ha puesto de relieve especialmente el primer aspecto de este paquete legislativo. Si el estímulo del empleo y la realización de infraestructuras «verdes» prometidas por la *Inflation Reduction Act* no pueden dejarse de lado, tampoco pueden eludirse sus deficiencias manifestadas en la falta de financiación para la vivienda y el transporte públicos, en la presencia

<207>

de normas reguladoras castradas en el ámbito del sector eléctrico o en la posibilidad de firmar acuerdos de arrendamiento, que otorgan a los productores de petróleo y gas acceso al dominio público. «La *Inflation Reduction Act* –afirmaba una evaluación característica aparecida en *Jacobin*– es a la vez un regalo enorme para el sector de los combustibles fósiles, una inversión de dimensiones históricas pero inadecuada en energías limpias y nuestra más prometedora esperanza para evitar la catástrofe planetaria».

En otras palabras, la crítica de la izquierda ha consistido básicamente en afirmar que se trata de una «buena legislación, que no es, sin embargo, lo suficientemente ambiciosa». Esta discusión ha prescindido casi totalmente de la lógica geoestratégica que impulsa este enorme plan de inversión nacional, que deslocaliza la producción en el interior del territorio continental estadounidense, protege las minas de litio y patrocina la construcción de fábricas de microchips al hilo de una tentativa militarizada de mantener la situación de superioridad sobre China.

Contemplada desde los pasillos del poder, la orientación antichina de la política industrial estadounidense no es un subproducto desafortunado de la «transición» verde, sino su propósito motivador. Para sus diseñadores, la lógica que rige la nueva era de gasto en infraestructuras es fundamentalmente geopolítica; su precedente hay que buscarlo no en el *New Deal*, sino en el keynesianismo militar de la Guerra Fría, contemplado desde el punto de vista de los «sabios», que lo llevaron a cabo como una de las condiciones necesarias para la victoria en la lucha de Estados Unidos contra la Unión Soviética.

Hoy, como después de 1945, los responsables políticos se encuentran ante un «punto de inflexión». «La historia –escribió el futuro consejero de Seguridad Nacional Jake Sullivan durante la campaña presidencial de 2020– vuelve a llamar a la puerta»:

La creciente competencia con China y los cambios en el orden político y económico internacional que ello trae aparejado deberían provocar un instinto similar en el actual *establishment* de la política exterior estadounidense. Los expertos en seguridad nacional deben ir más allá de la filosofía económica neoliberal imperante durante los últimos cuarenta años [...]. La comunidad que se ocupa de la seguridad nacional estadounidense está empezando a insistir, con razón, en las inversiones en infraestructuras, en tecnología, en innovación y en educación, las cuales determinarán la competitividad a largo plazo de Estados Unidos frente a China.

Este planteamiento ha sido prolijamente detallado en un informe de la Fundación Carnegie confeccionado por Sullivan y una camarilla de diversos asesores de Biden titulado *Making U.S. Foreign Policy Work Better for the Middle Class* en el que se procede a la demolición de las distinciones artificiales vigentes hoy entre seguridad nacional y planificación económica. Las esperanzas de que el *doux commerce* [dulce comercio] globalizado pudiera inducir permanentemente a otras potencias a aceptar la hegemonía estadounidense habían sido defraudadas. Se imponía otro planteamiento. «Ya no existe una línea clara entre la política exterior y la doméstica», declaró Biden en su discurso inaugural sobre política exterior. «Cada iniciativa que acometamos en nuestro comportamiento en el exterior, debemos tomarla teniendo en mente a las familias trabajadoras estadounidenses». La victoria de Trump, forjada en el corazón desindustrializado de la crisis de los opioides y de la «carnicería estadounidense», había sacudido al *establishment* demócrata. Lo que es bueno para Goldman Sachs ya no era, al parecer, necesariamente bueno para Estados Unidos.

La motivación global de esta ruptura con la ortodoxia no encierra misterio alguno. China, como recalcó machaconamente el secretario de Estado Antony Blinken en mayo de 2022, «es el único país que tiene la intención de remodelar el orden internacional y que dispone cada vez más del poder económico, diplomático, militar y tecnológico para hacerlo». Peor aún, «la visión de Pekín nos alejaría de los valores universales que han sustentado gran parte del progreso del mundo durante los últimos setenta y cinco años». Afortunadamente, sin embargo, el garante de dichos valores está preparado para reaccionar. «El gobierno de Biden está realizando inversiones a gran escala en las principales fuentes de nuestra fuerza nacional, comenzando por la implementación de una estrategia industrial moderna concebida para mantener e incrementar nuestra influencia económica y tecnológica, para dotar de mayor resistencia a nuestra economía y a nuestras cadenas de suministros y para intensificar nuestra ventaja competitiva». La competencia, añadió Blinken, no tiene por qué implicar conflicto. Pero la Casa Blanca, tras identificar a China como un «desafío que impone un cambio de ritmo», no rehuiría la posibilidad de la guerra, lo cual ha propiciado el «abandono de nuestras inversiones militares en plataformas que fueron diseñadas para los conflictos característicos del siglo XX y la transición a sistemas asimétricos de mayor alcance, más difíciles de localizar y más fáciles de mover».

Tres meses después, la aprobación de la *Inflation Reduction Act* y de la CHIPS *and Science Act,* respectivamente en agosto y septiembre y de 2022, concretizó la «profunda integración de la política doméstica y de la política exterior estadounidense». Las restricciones impuestas a la exportación a China de componentes cruciales de inteligencia artificial y de semiconductores, anunciadas en septiembre y certificadas al mes siguiente, confirmaron el afán por monopolizar las tecnologías de «punto de estrangulamiento» o de «control monopólico», lo cual constituye una auténtica declaración de guerra económica. «Estas acciones –concluía un análisis del CSIS– demuestran un grado sin precedentes de intervención del gobierno estadounidense no solo para preservar el control de los puntos de estrangulamiento, sino también para iniciar una nueva política estadounidense de estrangulamiento activo de grandes segmentos de la industria tecnológica china, estrangulamiento realizado con la intención de matar». Ominosamente, Sullivan invocó al respecto el Proyecto Manhattan. Durante demasiado tiempo, sostenía, Estados Unidos solo había buscado una ventaja «relativa» en campos sensibles de la alta tecnología; a partir de ahora la intención era «mantener una ventaja tan grande como fuera posible en estos ámbitos». Las restricciones tecnológicas impuestas a Moscú tras la invasión de Ucrania pretendían demostrar que «el control de las exportaciones puede ser algo más que una herramienta preventiva». La interdicción de la cadena de suministros, expresado en la jerga de defensa, es un ejemplo clave de la fungibilidad de los activos económicos y estratégicos.

En Washington la música es militar. Semanas antes de que el Congreso votara la *Inflation Reduction Act* el 12 de agosto de 2022, la presidenta de la Cámara de Representantes, Nancy Pelosi, llegó a Taipei a bordo de un avión de las Fuerzas Aéreas estadounidenses, escoltado por una docena de F-15 y el grupo de ataque del portaviones USS *Ronald Reagan* («algo totalmente imprudente, peligroso e irresponsable» en palabras de Thomas Friedman; «una provocación política de primer orden», según el Ministerio de Asuntos Exteriores chino). Pero el aumento de la amenaza militar estadounidense había comenzado con el inicio mismo del gobierno de Biden, que, lejos de frenar las bravatas de Trump, se había limitado a reelaborarlas, haciendo una pausa únicamente para volver a ligar a este proyecto a los descontentos aliados de la OTAN y la SEATO.

Desde la reactivación a principios de 2021 de la alianza QUAD (Estados Unidos, India, Australia y Japón, 2007), pronto fortalecida por el pacto AUKUS (Australia, Reino Unido, Estados Unidos), este último país ha ampliado su ya vasto archipiélago de bases en la región, dotadas de fuerzas móviles de despliegue rápido, de instrumentos y recursos de ataque profundo y de sistemas no tripulados. El objetivo, según Ely Ratner, supervisor de Asuntos Asiáticos del Departamento de Defensa, es establecer «una presencia más resistente, móvil y letal en la región del Indo-Pacífico». La intensificación de las maniobras navales conjuntas entre Estados Unidos y Japón realizadas en otoño de 2022 señaló un cambio trascendental en Tokio, esbozado en la nueva Estrategia de Seguridad Nacional orientada hacia la amenaza «sin precedentes» que representa China. La adquisición de cientos de misiles crucero Tomahawk siguió el mismo camino, junto con el despliegue en Okinawa de un Regimiento Litoral de Marines recién constituido.

A principios de 2023 el pánico por los avistamientos de globos no identificados coincidió con la filtración de un memorando del jefe del US Air Mobility Command, cuyo «instinto» le decía que Estados Unidos estaría en guerra con China en 2025. En febrero el Pentágono anunció planes para cuadruplicar las fuerzas desplegadas en Taiwán a lo que se añadió el incremento de la venta de armas a este país, mientras por su parte las autoridades contemplan públicamente la idea de volar las instalaciones de fabricación de semiconductores presentes en la isla en caso de una invasión china. Rompiendo abiertamente con la antigua fórmula diplomática de «una sola China» (reivindicada tanto por Pekín como por el Taipéi del KMT y reconocida formalmente por Washington en el Comunicado de Shanghái de 1972), Biden ha afirmado en repetidas ocasiones su intención de utilizar la fuerza en el caso de que se produzca tal eventualidad. El abandono por parte del gobierno estadounidense de la «ambigüedad estratégica» fue confirmado por la directora de la National Intelligence Avril Haines en una comparecencia ante el Senado del pasado mes de marzo. Las conversaciones periódicas sobre un hipotético «deshielo» solo subrayan la tendencia a la escalada.

Si a la izquierda estadounidense le quedaba alguna duda reticente sobre las implicaciones internacionales de la *bidenomics*, Sullivan debería haberla disipado a finales de abril dado el contenido de su discurso «Renewing American Economic Leadership» pronunciado en la Brookings Institution el 27 de abril de 2023. Para sorpresa de quienes se mostraban extrañados de que el tema se confiara al asesor de Seguridad Nacional, Sullivan volvió a insistir en la prioridad de las preocupaciones relacionadas con la política de poder sobre el fundamentalismo panglosiano del mercado. El ascenso de China era una prueba contra la nostalgia del *laissez-faire* globalista. Las «ambiciones militares» chinas, las «prácticas económicas ajenas al mercado» y la ausencia de los «valores» occidentales, por no hablar del control de Pekín sobre el litio, el cobalto y otros «minerales críticos», exigían una respuesta firme. La inversión en la producción de vehículos eléctricos y de microchips fue una de las primeras medidas tomadas, junto con la creación de la Partnership for Global Infrastructure and Investment, un cártel comercial antichino concebido como respuesta a la iniciativa de la nueva Ruta de la Seda. «Seguiremos adelante con nuestra estrategia industrial», declaró Sullivan, «pero nos comprometemos sin ambigüedades a no dejar atrás a nuestros amigos».

Para calibrar el alcance de este «nuevo Consenso de Washington» bastaba con haber escuchado el discurso pronunciado la semana anterior por la secretaria del Tesoro Janet Yellen en la Johns Hopkins School of Advanced International Studies. Yellen, supuestamente una moderada frente al inflexible Sullivan, comenzó su intervención refiriéndose a «la decisión de China de alejarse de las reformas pro mercado y de adoptar un enfoque más estatal, que ha perjudicado a sus vecinos y a diversos países en todo el mundo». «Esto ha sucedido –prosiguió– justo en el momento en que China está adoptando una postura de mayor confrontación con Estados Unidos y con nuestros aliados y socios no solo en el Indo-Pacífico, sino también en Europa y otras regiones». Ante esta coyuntura tensa, la política económica estadounidense debería obedecer a cuatro objetivos: primero, garantizar los «intereses de seguridad nacional» de Washington y sus aliados; segundo, seguir «utilizando nuestras herramientas para interrumpir y disuadir las violaciones de los derechos humanos dondequiera que se produzcan»; tercero, propiciar una «competencia sana» con China supeditada a la reversión de sus «prácticas económicas desleales» y a su adecuación al «orden económico mundial basado en normas»; y cuarto, la «cooperación en cuestiones relacionadas con la crisis climática y la sobretensión del endeudamiento». Seguridad nacional, policía mundial, competencia, cooperación: la jerarquía estaba clara.

Retóricamente, la Casa Blanca ha insistido en que su objetivo no es la «desvinculación» económica de China, sino
en realidad la «reducción de riesgos», una ocurrencia de
Ursula von der Leyen, dicha presidenta de la UE, que moviliza a los europeos para que marchen al son de Washington.
Pero las políticas de Biden han suscitado dudas sobre el destino reservado a los «amigos» en esta última reorientación
estratégica. Décadas de evasivas estadounidenses sobre los
objetivos climáticos, acompañadas de alabanzas a la santi-
dad del libre comercio, han hecho que Alemania y Francia
no estuvieran preparadas para el regreso de los aranceles,
los controles de capital y las subvenciones nacionales a la
industria. El programa NextGenerationEU, núcleo del «pacto
verde» presentado por von der Leyen en enero de 2023, ofrece
aproximadamente 720 millardos de euros en subvenciones y
préstamos a los gobiernos europeos, una suma comparable
a la contemplada por la *Inflation Reduction Act*; sin embargo,
como observan Kate Mackenzie y Tim Sahay, los países de
la UE han desembolsado casi la misma cantidad solo este
último año en forma de subvenciones para compensar la
crisis energética derivada de la guerra por poderes librada
en Ucrania. Dejando a un lado las visitas a Pekín de Scholz
y Macron, la Unión Europea no muestra mucho más apetito por desafiar a su protector de la OTAN en Asia que por
acometer una acción independiente en Europa. La última
vez que tuvimos noticias de Josep Borrell, compañero de
pupitre de von der Leyen en Bruselas, fue para pedir a los
Estados miembros que enviaran buques de guerra destinados a patrullar el Mar de la China Meridional.

Los embargos tecnológicos, las sanciones y la política de
alianzas tienen su lugar en una perspectiva estratégica más
amplia, clasificada por los planificadores bélicos del Pentágono
bajo la consigna de «negación» [*denial*]. Ostensiblemente,
estas medidas pretenden defender los emplazamientos avan-
zados estadounidenses en las fronteras de China, empezando
por el «erizo militar» de Taiwán. La idea de que el gobierno
estadounidense debería prepararse para «negar» las ambiciones chinas en la región goza de un amplio consenso

entre la clase dirigente estadounidense, desde el Quincy Institute, partidario de la «moderación», hasta la Heritage Foundation y el Center for a New American Security, a pesar del desacuerdo existente sobre los detalles concretos. Al igual que la contención, su predecesora más inmediata, la «negación» es un concepto lábil. Mientras que para algunos el énfasis recae en su contraposición al control o la primacía —la idea de que el poderío estadounidense debería ser lo suficientemente impresionante como para disipar cualquier idea de desafiarlo—, otros, inspirados en la teoría de la disuasión, establecen una distinción entre el «castigo» —o amenaza de infligir *post facto* un daño inaceptable a un adversario— y una postura militar activista destinada a convertir un territorio en inconquistable.

En cualquier caso, Washington debe conciliar el imperativo de impedir que cualquier otro Estado que no sea él mismo domine uno de los grandes centros de poder mundial (Asia, Europa, el Golfo Pérsico) con la evidencia de la probable reticencia de sus ciudadanos a respaldar una gran guerra internacional en el exterior tras veinte años de interminables aventuras bélicas. En opinión de Elbridge Colby, su teórico más influyente, una «estrategia de negación» responde a ambos criterios, pues permite administrar adecuadamente los recursos al tiempo que sienta las bases para movilizar a la opinión pública en pro de la guerra. En este contexto, el planteamiento miope de la izquierda estadounidense sobre el impacto doméstico de *bidenomics* tiene ecos del «socialimperialismo» de *la belle époque* europea, cuando los Webbs y los Bernsteins celebraban la asignación de una mayor parte del pastel a su clase trabajadora nativa, mientras las rivalidades interimperiales y las depredaciones coloniales se aceleraban hacia la catástrofe.

Idealmente, por supuesto, Washington preferiría que la sofisticación del armamento estadounidense y la fuerza de su coalición «antihegemónica» en Asia disuadieran a Pekín de perseguir cualquier designio que pudiera tener sobre Taiwán o Filipinas. Sin embargo, como ha advertido el contralmirante

Michael Studeman, director de Inteligencia Naval, «puede que lleguemos demasiado tarde». De ser así, lo esencial es que China se vea obligada a iniciar las hostilidades. La analogía histórica pertinente es el Japón imperial de 1941, impulsado por el embargo petrolero impuesto por Estados Unidos a lanzar su calamitoso ataque contra Pearl Harbor, despertando así a una población hasta entonces reacia la intervención en la guerra. «En circunstancias en las que una defensa centrada en la negación tendría demasiadas probabilidades de fracasar —escribe Colby— el propósito estratégico de Estados Unidos debería ser *forzar* a China a tener que hacer lo que Japón hizo voluntariamente, esto es, para intentar conseguir sus ambiciones China tendría que comportarse de un modo tal que su conducta estimulara y fortaleciera la resolución de intervenir mostrada por los países ya presentes en la laxa coalición actual, al tiempo que propiciara que los países ya comprometidos en la misma se mostraran dispuestos a intensificar y ampliar la guerra hasta un nivel tal que esta pudiera ser ganada». Había que hacer planes en consecuencia. «Perdimos la oportunidad de adoptar una estrategia de defensa más matizada —ha lamentado Colby— y ahora vamos a tener que hacer cosas que parecen muy extremas».

Negar es desautorizar, refrenar o abjurar. *Verleugnung*, en el lenguaje freudiano, tiene, sin embargo, otro sentido: describe la incapacidad o la falta de voluntad para reconocer una realidad desagradable o traumática. También está relacionada con la perversión: cuando el objeto de deseo está ausente, la atención puede fijarse en un sustituto o fetiche presente. El cuadragésimo sexto presidente de Estados Unidos no puede ser ajeno a tales sentimientos, pero el autoengaño está en todas partes. Para Matt Duss, exasesor de política exterior de Sanders, y para el activista progresista Tobita Chow, el peligro real no era tanto la visita relámpago de Pelosi como los alarmados por ella, siendo sus advertencias un ejemplo de «inflación de las amenazas».

Más a menudo la negación adopta la forma del silencio. Incluso las críticas más reflexivas —el reciente simposio de

Dissent, «What's Next for the Climate Left?» incluye una selección de las mismas– apenas tienen en cuenta la lógica relacional existente entre el aumento del gasto doméstico y la política cada vez más agresiva desplegada en el Pacífico, reiterada en un discurso tras otro por los funcionarios de Biden. Esta crítica también se aplica al debate que la *New Left Review* ha protagonizado sobre las «Siete tesis sobre la política estadounidense» de Dylan Riley y Robert Brenner (aunque la revista ha atacado el carácter socialimperial de la *bidenomics* en otros lugares). El punto fue abordado en una contribución del economista J. W. Mason, que se aventuró a dar un apoyo matizado al programa de gasto de Biden en el cual se reconocía que «la aterradora retórica antichina es una elemento omnipresente de los argumentos a favor de la inversión pública». «La guerra es diferente de la política industrial», señaló Mason. ¿Entienden los radicales estadounidenses la diferencia?

Últimamente, la prensa financiera se ha adelantado a la izquierda ecosocialista al empezar a manifestar su malestar por el belicismo de Biden y Sullivan. *The Economist* y el *Financial Times* se han distanciado de los vuelos más floridos del gobierno estadounidense, indicando la necesidad de enfriar la retórica belicosa antes de que se convierta en una nueva realidad, como podría haber dicho Rumsfeld. El *Financial Times* publicó un contundente artículo de opinión de Adam Tooze en el que pedía una estrategia de acomodación al ascenso de China, una propuesta susceptible de ser juzgada «o de traicionera o de no planetaria» por la actual Casa Blanca.

Cuando las autoridades chinas anunciaron la prohibición del uso de microchips fabricados por Micron Technology, con sede en Boise (Idaho), la secretaria de Comercio Gina Raimondo declaró que Estados Unidos «no tolerará» la decisión. «La consideramos, simple y llanamente, coerción económica». ¿Coerción o prudencia, «preservar nuestra ventaja en ciencia y tecnología» o «modernizar la cadena de matar», «prácticas que distorsionan el mercado» o apoyo al «trabajador estadounidense», «justicia medioambiental» o

enfrentamiento atómico en el estrecho de Taiwán? Las evaluaciones críticas de la *bidenomics* deberían estar seguras de
qué es qué.

Joshua Rahtz
CARTOGRAFÍA DE LA ACTUAL TURBULENCIA
En defensa de Robert Brenner

LAS RECONSTRUCCIONES HISTÓRICAS de Robert Brenner de la «larga recesión», *The Economics of Global Turbulence* (1998/2006)/*La economía de la turbulencia global* (2009) y *The Boom and the Bubble* (2004)/*La expansión económica y la burbuja bursátil* (2003), figuran entre las conceptualizaciones más importantes de la economía global de posguerra. Una versión comprimida y simplificada de su argumento es la siguiente. A principios de la década de 1970 la presión a la baja sobre los precios resultante de la entrada de nuevos actores económicos en determinados subsectores del sector industrial aquejados de sobrecapacidad provocó la caída de la rentabilidad y de la inversión, lo cual incrementó la vulnerabilidad de la economía ante las perturbaciones exógenas, como quedó demostrado por la crisis del petróleo de 1973. El estímulo keynesiano por el lado de la demanda fue incapaz de erradicar ese exceso de capacidad e incluso lo agravó. El posterior giro hacia el neoliberalismo tampoco produjo una recuperación duradera, sino que desembocó en un periodo de austeridad y financiarización. Este análisis, que anticipó la crisis económica mundial de 2008 y sus consecuencias, ha ido ganando adeptos durante la última década tanto entre los economistas convencionales como entre los heterodoxos. Sin embargo, dos críticas recientes de Seth Ackerman en *Jacobin* y

<219>

de Tim Barker en la NLR parecen cuestionar las premisas subyacentes del análisis de Brenner. Ambas señalan la afinidad
electiva, si no la conexión lógica, entre las reconstrucciones
históricas radicales contenidas en las mencionadas obras de
este y su política antirreformista, rechazando las primeras
aduciendo la segunda. ¿Hasta qué punto son válidas las afirmaciones de estos autores y hasta qué punto es compatible su
concepción del trabajo de Brenner con los textos en cuestión
producidos por este?

Ackerman

Cabría esperar que una crítica de Brenner reconstruyera los
principales argumentos de su trabajo e indicara sus limitaciones. El artículo de Ackerman no lo hace, situándose en
realidad en el ámbito de la polémica. El autor comienza con
una introducción a la «teoría de la crisis», haciendo referencia a material interesante sobre la caída de la tasa de beneficio
elaborado por Nobuo Okishio, Paul Mattick y Anwar Shaikh,
así como a *El capital*, vol. III. A continuación, se centra en
la narrativa histórica de Brenner sobre el periodo posterior a
1973, que en su opinión pertenece a esta tradición marxista
más amplia que pone de relieve la centralidad de la crisis para
la práctica socialista. Ackerman escribe que el planteamiento
histórico de Brenner está motivado por la necesidad de identificar tendencias *irreformables* presentes en el capitalismo
como, por ejemplo, la caída tendencial de los beneficios, cuya
existencia exige la «supresión revolucionaria del modo de producción existente». Esta posición es tachada ulteriormente de
dogmática e injustificable o incluso de ilógica desde un punto
de vista teórico. Para defender esta postura, Ackerman aduce
dos defectos mayores del trabajo de Brenner.

En primer lugar, Ackerman afirma que Brenner se basa
en diferentes teorías, mutuamente excluyentes, de la caída de
la rentabilidad, las cuales utiliza a modo de solución para sol-
ventar las anteriores teorías refutadas de la crisis elaboradas
por Mattick *et al.*: un análisis subsectorial de la competencia

en el sector industrial y una teoría de la «compresión salarial», posición que Brenner pretende rechazar pero de la
que depende encubiertamente su tesis. En segundo lugar,
Ackerman defiende que la «larga recesión» es un mito, afir-
mando que la tasa de beneficio mundial se limitó a sufrir un
serio revés durante la década de 1970 para recuperarse totalmente a partir de ese momento. En la medida en que han
surgido dificultades económicas, escribe, se deben simplemente a problemas de coordinación: «Con una división del
trabajo dotada de una enorme profundidad, las actividades de
millones o miles de millones de personas deben coordinarse
minuciosamente y cualquier cosa que interrumpa esta intrin-
cada coordinación desbarata el engranaje de la producción».
Consideremos ambas afirmaciones sucesivamente.

Brenner, como reconoce Ackerman, no está siguiendo
una línea de razonamiento sobre la caída tendencial de la tasa
de beneficio, sino, por el contrario, efectuando afirmaciones
sobre la caída de las tasas de beneficio en sectores específicos verificadas en momentos específicos. Por esta razón,
obviamente, las críticas de Okishio, Mattick y Shaikh no
pueden implicar lógicamente su trabajo. El largo excurso de
Ackerman sobre estos pensadores, que ocupa la mayor parte
de su artículo, es, por lo tanto, algo superfluo. Sin embargo,
y ello reviste mayor importancia, la afirmación de Ackerman
de que Brenner se contradice al apoyarse en la teoría de la
compresión salarial no está respaldada por nada que Brenner
haya escrito al respecto; Ackerman tampoco intenta respal-
darla mediante la correspondiente pertinente nota al pie y ni
siquiera por una mera cita. ¿De dónde puede haberse sacado
Ackerman esta idea? Parece que la mencionada afirmación
se deriva de una lectura errónea de un pasaje de la conferencia de Brenner «The Problem of Reformism» (1993) en
la cual afirma que tras el inicio de la crisis de rentabilidad
«los partidos reformistas en el poder no solo no defendieron
los salarios de los trabajadores ni los niveles de vida frente
a los ataques de los empresarios, sino que desencadenaron
poderosas campañas de austeridad diseñadas para aumentar
la tasa de beneficio, redimensionando a la baja el Estado del

bienestar y reduciendo el poder de los sindicatos». Parecería que Ackerman ha confundido esta descripción no controvertida de la ofensiva de clase protagonizada por el neoliberalismo con la explicación de la causa última de la recesión. Es decir, Ackerman interpreta la descripción efectuada por Brenner de los intentos de los empresarios de restablecer la rentabilidad mediante la austeridad y los ataques contra los salarios como un argumento sobre las razones fundamentales de la crisis. No hace falta estar de acuerdo con Brenner para ver que son cosas distintas. De hecho, para este, la ofensiva de los empresarios no consiguió restablecer la rentabilidad en parte porque no aferró el origen del problema.

¿Qué decir de las afirmaciones de Ackerman, también formuladas por Barker, de que la economía mundial es robusta, que la tasa de beneficios en todo el mundo es comparable a la de la *belle époque* y que, por lo tanto, todo el fundamento de la hipótesis de Brenner se halla fatalmente viciado? Para evaluar esta crítica es necesario comenzar con una caracterización precisa de *The Economics of Global Turbulence* y de *The Boom and the Bubble*. Ambas son obras de historia, no de filosofía. La distinción es importante, dada la tendencia de los críticos a seleccionar ciertos pasajes de ambos libros y traducirlos en principios abstractos que, en su opinión, Brenner sostiene, cuando en realidad su objetivo es trazar el desarrollo del sistema altamente contradictorio del capitalismo global a lo largo del tiempo. El resultado no es una representación idealista de leyes axiomáticas, sino exactamente lo contrario: un análisis de los cambios a gran escala registrados en la economía global posterior a la Segunda Guerra Mundial jalonada por sus numerosos retrocesos y transformaciones.

Si este es el método general, ¿cuáles son los argumentos históricos centrales? Dicho en pocas palabras, Brenner afirma que las políticas keynesianas implementadas para aliviar los problemas de exceso de capacidad y sobreproducción surgidos de la competencia industrial de posguerra acabaron por agravarlos. Este fracaso, evidente en 1979, provocó un espectacular cambio de rumbo macroeconómico. A principios de la década de 1980, Estados Unidos, a través de la Reserva Federal, intentó provocar una sacudida (a veces denominada «neoliberalismo») subiendo los tipos de interés para inducir una recesión. Sin embargo, esta medida tampoco logró que la economía global recuperase las tasas de crecimiento que la habían caracterizado precedentemente.

Enfrentado a su reelección, Reagan recurrió al gasto masivo con un programa de keynesianismo militar, seguido de un acuerdo con los principales competidores industriales de Estados Unidos para coordinar una devaluación del dólar con el fin de reactivar las exportaciones industriales estadounidenses, lo cual a su vez debilitó la rentabilidad de los sectores industriales de las entonces segunda y tercera economías capitalistas, Japón y Alemania Occidental. En 1995, una década más tarde, las economías capitalistas avanzadas diseñaron e implementaron un giro de 180 grados respecto a esta decisión y apostaron por la revaluación del dólar frente al yen y el marco al tiempo que dieron luz verde al despegue de las finanzas y de los activos financieros denominados en dólares, incluidos los localizados en el sector inmobiliario y los mercados bursátiles, gracias a la imposición de tipos de interés ultrabajos. Durante un tiempo, a lo largo de la década de 1990, pareció materializarse una recuperación, que registró beneficios en el sector industrial comparables con los registrados durante el periodo de expansión verificado después de la Segunda Guerra Mundial. Sin embargo, en los prolegómenos de la década de 2000, primero con la crisis de Asia Oriental de 1997-1998 y finalmente con la implosión de la burbuja de las empresas de la economía digital en 2001, la denominada «nueva economía» se hizo añicos.

Aquí es donde se detienen *The Boom and the Bubble* y la segunda edición de *The Economics of Global Turbulence*. En el largo ensayo «Lo que es bueno para Goldman Sachs es bueno para Estados Unidos» (2009) publicado como prefacio para la edición española de *La economía de la turbulencia global*, Brenner demostró que el colapso histórico de la economía mundial en 2008 fue una prolongación precisamente de esos

intentos realmente contradictorios de resolver las dificultades de larga data presentes en la economía real, que fueron
temporalmente solventados mediante la especulación excesivamente apalancada efectuada en un mercado inmobiliario
hipertrofiado. Aunque se originó en Estados Unidos, la crisis
fue tan enorme que adquirió un carácter sistémico y requirió
de la intervención histórica de los bancos centrales de todo
el mundo, prologándose durante más de una década y exten-
diéndose posiblemente hasta el presente.

Desde de principios de la década de 1970, la pauta de
comportamiento fundamental ha sido que en cada uno de los
puntos de inflexión analizados por Brenner, los beneficios
obtenidos por el sector industrial de una región se han generado a expensas de las exportaciones efectuadas por el sector
respectivo en otras economías, mientras el sector financiero
tendía a beneficiarse de la revalorización de las divisas registrada en las mismas. No se ha producido, sin embargo, una
recuperación global sostenida del sector industrial, siendo
el resultado de todo ello la transformación cualitativa de la
economía a escala mundial en pro de la financiarización en
determinadas zonas y la constatación del confinamiento del
dinamismo industrial básicamente a las economías recientemente desarrolladas caracterizadas por los bajos salarios y
la disposición de alta tecnología, como demuestra la trayectoria seguida por los denominados en su momento *países
recientemente industrializados* de Asia Oriental (Corea del Sur,
Taiwán) y, sobre todo, por la República Popular China.

En otras palabras, en la medida en que se lograron recuperaciones parciales de la rentabilidad, estas se limitaron
a ciertos sectores como el financiero, a expensas de otros
como el industrial, siendo además localizadas, así como muy
dependientes del valor relativo de las divisas. Así, por ejemplo, en Estados Unidos el sector financiero fue rentable a
partir de 1995, pero en condiciones que perjudicaron al sector
industrial y gracias a un endeudamiento masivo. Durante un
tiempo ocurrió lo contrario en Alemania, pero en su caso las
frágiles y cortas recuperaciones económicas tan solo fueron

posibles a finales de la década de 1990 por la existencia de un marco alemán devaluado como consecuencia de la reversión del Plaza Accord en 1995 y durante la era de Merkel por la existencia de un euro «alemán» igualmente devaluado al que se añadió la represión salarial, la reubicación de sus centros de producción en los países de Europa oriental y el crecimiento temporalmente alto de los mercados de exportación de China y Brasil. China, por su parte, ha mantenido su dependencia de su sector exportador, lo cual ha garantizado la creación de crédito en Estados Unidos, que ha servido para apuntalar el consumo de este país. Pero, como han documentado Victor Shih y otros autores, China también se ha visto acosada por una especulación muy apalancada en su economía nacional. Así, la caída del crecimiento de los beneficios en el sector industrial detonó un periodo de *turbulencia*. Cada intento de resolución –ataques a los salarios y austeridad combinados con tipos de interés altos; gasto militar masivo y luego tipos de interés bajos para fomentar sucesivas burbujas financieras; devaluaciones y revaluaciones coordinadas de las monedas– solo ha tenido un mero efecto temporal, limitándose a preparar el terreno para nuevas rondas de inestabilidad.

¿Es la constatación de la turbulencia registrada en la economía mundial un diagnóstico esotérico, que contradice el consenso académico predominante, como parecen pensar Ackerman y Barker? En absoluto. No solo entre los libertarianos, como alega Barker, sino también entre sus colegas neokeynesianos, así como entre historiadores y científicos sociales radicales, se acepta la cronología general expuesta por Brenner. En esta última categoría, sus partidarios van desde Philip Armstrong a David Harvey, pasando por Eric Hobsbawm y Giovanni Arrighi (autor de la crítica más exhaustiva de Brenner realizada hasta la fecha). Destacados economistas de la corriente predominante, como Marcel Fratzscher en Alemania y Larry Summers y Barry Eichengreen en Estados Unidos, también han desarrollado teorías del estancamiento concordantes con la periodización de Brenner, identificando problemas estructurales en la economía incluso cuando esta parecía funcionar a pleno rendimiento.

Quizá sea de mayor relieve para la presente discusión la historia del periodo elaborada por Eichengreen, quien lo divide en dos fases distintas: antes y después de 1973, año que marcó el final de la «edad de oro» del crecimiento de posguerra. Eichengreen atribuye este hecho al agotamiento de lo que denomina la «puesta al día» de Alemania Occidental y Japón, que, al ejercer presión sobre el trabajo y el capital, hizo que ambos agentes sociales abandonaran sus acuerdos mutuamente beneficiosos. Lo que ello sugiere, y lo que Brenner afirma claramente, es que la falta de «coordinación» registrada después de 1973, que en opinión de Ackerman es la causa última de la ralentización, fue en realidad provocada por una fuerza subyacente más profunda. Pero mientras que Eichengreen no desarrolla su concepto de «recuperación» más allá de algunas observaciones generales, Brenner remonta su agotamiento a la caída de la tasa de beneficio verificada en el sector industrial de las mayores economías capitalistas.

La objeción potencialmente más seria planteada a Brenner es el cálculo que hace Ackerman de la tasa mundial de beneficio, de la que depende su principal argumento. Esta métrica, no diferenciada por sectores y que presumiblemente incluye a China, se denomina «ratio beneficio-inversión». Al mostrar una escasa caída de los beneficios totales, deja al problema de coordinación de la economía política capitalista como única causa de las graves crisis del último cuarto de siglo. Es un artefacto estadístico interesante, pero dado que no distingue entre las tasas de los sectores industriales y la tasa global en los países en los que se centra Brenner, no es realmente pertinente para su argumento. Tal vez la medida preferida de Ackerman sea superior para entender la tasa de beneficio mundial en abstracto, pero por sí misma no aborda la evidencia acumulada por Brenner, que documenta el agotamiento del dinamismo en el crecimiento de la productividad, la producción, etcétera, en regiones y momentos específicos causado por la persistencia subyacente de la sobreproducción y del exceso de capacidad en el sector industrial. Incluso si se admite que la rentabilidad global, medida como se quiera, se ha recuperado, las transformaciones emprendidas para lograrlo –financiarización, racionalización de la producción, austeridad, desindustrialización– deben registrarse como acontecimientos históricos junto con sus implicaciones políticas y sociales. Esto es precisamente lo que el trabajo de Brenner se propone hacer.

Es concebible que una crítica de Brenner pueda comenzar con la relación beneficio-inversión abstracta, pero ello no autorizaría a desestimar posteriormente todo el trabajo efectuado por Brenner sin considerar primero su detallada historia del periodo. Desafortunadamente, este es exactamente el planteamiento de Ackerman. Para él existe una tasa de beneficio elevada que ha mantenido su continuidad durante todo el periodo de posguerra y a escala de la economía mundial, que se ha visto jalonada únicamente por «fallos de coordinación» atribuibles a la desigual división del trabajo realmente existente. A diferencia de Eichengreen, Ackerman no explica cuándo ni por qué surgen estos problemas, ni tampoco explica por qué, si los mismos se deben simplemente a una mala coordinación, los trabajadores y los capitalistas aún no han negociado una paz duradera para compartir los beneficios que se acumulan implacablemente en todo el sistema y que, bajo una coordinación racionalizada de la división del trabajo, podrían colocar a la sociedad en el camino de un futuro más brillante. Esta resolución duradera de la lucha de clases era, en cualquier caso, la promesa de la economía mixta en el mundo capitalista avanzado a mediados del siglo pasado. ¿Por qué terminó finalmente este «compromiso de clase»? ¿Y por qué terminó en el momento en que lo hizo? Estas son las cuestiones históricas que Brenner aborda y Ackerman no.

Barker

Para Barker el hecho de que Brenner se centre en la rentabilidad del sector industrial representa una lectura estrecha y selectiva de la historia, que distorsiona el panorama económico general del periodo. «No está claro –escribe– por qué los beneficios del sector industrial deberían ser especialmente

importantes, dado que este representa actualmente tan solo el
11 por 100 del valor añadido de la economía estadounidense».
¿Se trata simplemente de miopía por parte de Brenner?
Según el propio Brenner, las dificultades del sector industrial
constituyen la causa subyacente que desencadenó la concate-
nación resumida esquemáticamente hace un momento. Por
lo tanto, la atención prestada a la tasa de beneficio del sector industrial no se debe a un prejuicio arbitrario, sino a lo
que en su opinión constituye el origen empírico e histórico
de la contradictoria evolución registrada desde finales de la
década de 1960 en la economía mundial. Una crítica de esta
atención primordial prestada al sector industrial por Brenner
debería cuestionar, por lo tanto, su explicación de la recesión
de principios de la década de 1970 y el posterior fracaso del
keynesianismo registrado a finales de la misma. Pero Barker
no lo intenta, limitándose a considerar la disminución de la
participación del sector industrial en el conjunto de la economía como una prueba de que el sector, como tal, ya no
reviste la importancia que revestía precedentemente. Al igual
de lo que sucede con la polémica de Ackerman, incluso si
uno estuviera de acuerdo con Barker empíricamente en este
punto, la posición de Brenner no puede ser tan fácilmente
descartada. Brenner demuestra que el giro hacia el predomi-
nio del sector financiero es una *respuesta* a las dificultades de
la economía real. Como tal, cualquier crítica seria de su trabajo debe hacer algo más que afirmar que la economía real ya
no es un destino tan vital para la inversión, ya que esta es una
de las implicaciones del razonamiento de Brenner.

Además, Barker se opone al uso efectuado por este del
concepto de «capitalismo político» en sus escritos más
recientes: la idea de que, en condiciones de estancamiento,
«el poder político en bruto, en lugar de la inversión productiva, es el determinante clave de la tasa de rentabilidad» y que
el Estado se ha convertido, por lo tanto, en un instrumento
indispensable de extracción de excedente. Barker argumenta
que, dado que el capitalismo siempre ha dependido de la
intervención del Estado, la novedad de este fenómeno es exa-
gerada. Pero no se puede acusar a Brenner de descuidar el

papel del Estado en el desarrollo capitalista. En *The Economics of Global Turbulence*, las actividades de los Estados de Estados Unidos, Alemania Occidental y Japón se abordan prácticamente en todas las secciones. Lo que distingue este periodo anterior de acumulación del actual, argumenta, es el objetivo y la orientación del Estado. Durante el periodo de posguerra, la intervención estatal se organizó en torno al aumento de la competitividad del sector industrial o, en el caso de la potencia hegemónica estadounidense, en torno al fomento de la recuperación del sector industrial en la República Federal Alemana y Japón. Ahora, la esfera política está menos preocupada por aumentar la acumulación o coordinar la producción entre zonas competidoras.

Por el contrario, la política se ha convertido en un proceso de redistribución directa (hacia arriba) de la riqueza. El Estado capitalista ya no organiza la producción, es la clase dominante la que se dedica a una práctica anfibia de autonegociación endógena corrupta en el contexto de una falta de dinamismo del conjunto del sistema y de una capacidad debilitada para producir beneficios en la economía real. Por esta razón, el comportamiento de la esfera política sugiere un movimiento hacia un modo de producción novedoso, porque elude la forma específicamente *económica* de producción destinada al intercambio característica del capitalismo. Bajo este régimen emergente ya no se impone la separación de lo económico, lo social y lo político.

Por lo tanto, la crítica de Barker se basa en un malentendido básico del término «capitalismo político» comprendido en su contexto. Nada en Brenner niega el argumento de Barker sobre el papel del Estado en la creación de las condiciones para la acumulación. El cambio histórico que identifica Brenner atañe en realidad al objetivo de la política y su relación con la economía. Este es su tema y aunque uno pueda estar en desacuerdo con su análisis o con su terminología, una crítica robusta tendría que enfrentarse a su argumento tal y como está concretamente expuesto.

Barker también afirma que el análisis de Brenner sobre el papel de la Reserva Federal en las sucesivas burbujas registradas durante las últimas décadas se contradice con el actual proceso de endurecimiento monetario. Afirma que este último es algo que Brenner teóricamente «debería» apoyar, dada su objeción al régimen de crédito barato que ha caracterizado a la economía mundial desde la década de 1990. Con este análisis, Barker presenta el argumento de Brenner como una crítica unilateral al «dinero fácil». Pero, ¿qué ha escrito realmente Brenner sobre el uso de la política monetaria restrictiva frente a la «laxa»? Un pasaje ejemplar sobre el monetarismo de *The Economics of Global Turbulence* dice lo siguiente:

> Se suponía que una política macroeconómica cada vez más restrictiva restauraría la rentabilidad y, por lo tanto, el dinamismo de la economía, revirtiendo los efectos inerciales de la creación keynesiana de deuda al expulsar del sistema los medios de producción redundantes y de alto coste y reduciendo al mismo tiempo los costes salariales directos e indirectos a través de un mayor desempleo. Sin embargo, al igual que el keynesianismo, el monetarismo, aunque logró parte de lo que se proponía, resultó a la postre en gran medida inadecuado, porque solo funcionó modificando el nivel de la demanda agregada, cuando el problema fundamental radicaba en el exceso de capacidad y de producción presente en un sector concreto, el industrial, resultante de la mala distribución de los medios de producción entre los distintos sectores económicos. En la medida en que se impusieron serias restricciones a la disponibilidad de crédito, estas tendieron a resultar contraproducentes, ya que las repentinas y bruscas reducciones de la demanda agregada golpearon indistintamente a los sectores con exceso de existencias y a los que carecían de ellas, al tiempo que hicieron caer indistintamente a las empresas que funcionaban bien y a las que funcionaban mal. La reducción de la demanda agregada también causó problemas al dificultar la reasignación de los medios de producción a nuevas líneas productivas. En cierto sentido, el problema del monetarismo como solución al problema del exceso de capacidad y de producción internacional en el sector industrial era el opuesto al del keynesianismo. El keynesianismo, al subvencionar la demanda agregada, ralentizó la salida de las empresas activas en los subsectores industriales sobresaturados, pero creó al mismo tiempo un entorno más favorable para la entrada necesariamente arriesgada y costosa de nuevas empresas en otros

nuevos; el monetarismo, al recortar la demanda agregada, forzó la salida más rápida de las empresas de los subsectores industriales sobresaturados, pero creó un entorno menos favorable para la entrada de nuevas empresas en otros nuevos.

De este pasaje se desprende claramente que Brenner considera que las políticas monetarias tanto «laxas» como «restrictivas» son incapaces de resolver las contradicciones fundamentales que impulsan la presión a la baja sobre la rentabilidad del sector industrial. Cada uno de estos remedios, al responder únicamente a una parte del problema y exacerbar la otra, preparó el terreno para una futura contracción. Los tipos de interés bajos siempre fueron desestabilizadores, políticamente y en otros aspectos, dado el nivel histórico de especulación financiera que fomentaban. Como consecuencia de los mismos, el esfuerzo continuo por destruir la riqueza –principalmente la de los pequeños inversores, la de aquellos que no están bien conectados políticamente, etcétera– fortalece la naturaleza «política» del actual régimen de acumulación.

Brenner no aprueba ninguna de las dos dinámicas, ni debería hacerlo. No defiende unos tipos de interés más altos como cuestión de principios, como sostiene Barker, que confunde el análisis histórico con la filosofía moral. Por el contrario, muestra cómo durante las últimas décadas los bajos tipos de interés han sido la palanca para que los ricos ganaran dinero en una economía dotada de pocas oportunidades de inversión rentable. Las contradicciones de ese régimen de acumulación, que se prolongó durante treinta años y se vio sacudido en 2008, experimentando entre 2009 y 2019 un periodo de vida de ultratumba, sentaron las bases de la actual ofensiva coordinada de clase, que Brenner denomina «saqueo pantagruélico».

El uso de medios extraeconómicos de expropiación, es decir, la coerción, y la redistribución ascendente de la riqueza son efectivamente ignorados por Barker. Pero las características observables de la economía mundial contemporánea indican que algo semejante está ocurriendo, ya sea en la desposesión de los pequeños propietarios o en la perspectiva de algo así como una moneda digital del banco central (*central bank digital currencies*). Esta última sugiere la administra-ción directa de los valores de uso, junto con la abolición no sólo del ánimo de lucro en la producción, sino también del propio dinero como medio universal de intercambio y depó-sito de valor. Como ha escrito Eswar Prasad, estas monedas digitales serían expresamente políticas, ya que podrían pro-gramarse de modo que su utilización estuviese condicionada para determinados usos particulares y su empleo únicamente fuera posible en determinadas condiciones sociales. Al sus-tituir al dinero en efectivo, las monedas digitales del banco central podrían además eliminar el «límite inferior cero» y facilitar así tipos de interés profundamente negativos para permitir la confiscación directa de los depósitos en periodos de emergencia, lo que equivaldría a un «rescate» de los ban-cos, como ya ocurrió en Chipre hace una década.

Aunque Brenner no discute estas posibilidades, los ban-queros y los gobiernos las están aireando abiertamente y merecen una seria consideración por parte de la izquierda. En mi lectura, confirman su narrativa histórica, especialmente la contenida en sus escritos de la última década y media. Demuestran que la contradicción primaria hoy es política y explican por qué, dada la debilidad del capitalismo económi-camente hablando, la clase dominante ha logrado consolidar su poder. (Estos comportamientos, sin embargo, no excluyen una crítica de la hipótesis del «capitalismo político» o del concepto más provocador de «tecnofeudalismo». Como han argumentado Ruth Dukes y Wolfgang Streeck, analizando estas afirmaciones desde una perspectiva histórico-jurídica, la expansión de la libertad contractual distingue al mercado laboral contemporáneo de cualquier cosa que pudiera enten-derse como feudal o no capitalista).

Reformismo *versus* reformas

La cuestión de la política es fundamental para evaluar las intervenciones de Ackerman y Barker en otro aspecto impor-tante. Ambos parecen estar motivados, de forma más o menos explícita, por el deseo de conseguir reformas apelando a los políticos y a los responsables de la políticas públicas, electos y no electos. Ackerman rechaza la política revolucionaria que imputa a Brenner, mientras que Barker intenta demostrar que normas como la *CHIPS and Science Act* (2022) aprobada en Estados Unidos deberían ser bien acogidas por la izquierda. Ambos se oponen al escepticismo de Brenner ante tales esfuerzos cuasi tecnocráticos. Pero el análisis histórico de Brenner de la política estadounidense queda relegado a un segundo plano en su discusión, que se centra en cambio en sus provisionales «Siete tesis sobre la política estadounidense» (coescritas con Dylan Riley) y en su conferencia «The Problem of Reformism» (1993). Si tuviéramos en cuenta este análisis a más largo plazo, ¿cómo caracterizaríamos las opiniones de Brenner sobre la conexión existente entre la política de masas, la economía política y las políticas reformistas implementadas en Estados Unidos?

En su penetrante ensayo sobre las elecciones de medio mandato de 2006, «Estructura *versus* coyuntura», Brenner sostiene que las reformas estadounidenses más significativas del siglo XX, esto es, las implementadas por Roosevelt y más tarde por Johnson, fueron fruto de movimientos sociales militantes, que lucharon respectivamente en diferentes contextos político-económicos. A contrapelo de las críticas efectuadas por Ackerman (y en menor medida por Barker), Brenner no atribuye estos éxitos a una relación simple y automática entre dichos movimientos y las condiciones económicas imperantes, sino que considera, por el contrario, que sus logros son el resultado de acontecimientos históricos contingentes.

Para Brenner, las reformas cruciales del *New Deal* fueron el resultado de una «explosión de acción directa de masas al margen del ámbito electoral-legislativo»; organizaciones como el United Auto Workers «inicialmente se negaron a apoyar la candidatura del Partido Demócrata y en su convención fundacional de 1936 pidieron la formación de partidos obrero-campesinos independientes». Sin embargo, en el transcurso de la «segunda depresión» y de las derrotas de la segunda mitad de la década de 1930, «los dirigentes del Congress of Industrial Organizations (CIO) reaccionaron a la caída de las luchas de masas concentrándose en la institucionalización de las relaciones existentes entre las organizaciones sindicales y patronales articuladas través de la negociación colectiva y la regulación sancionadas por el Estado», lo cual implicó «un compromiso total con la vía electoral y con el Partido Demócrata». A partir de ese momento, los Demócratas y los dirigentes obreros trabajaron codo con codo y llegaron a «contar con el apoyo de los trabajadores», pero cada vez obtuvieron menos resultados para su base obrera.

Las reformas implementadas a mediados de la década de 1960 en Estados Unidos, incluidas las *Voting Rights Act* (1965), la *Civil Rigths Act* (1964), Medicaid y Medicare se lograron bajo una economía política totalmente diferente. Los principales sindicatos ya habían sido contenidos y domesticados por sus dirigentes de clase media. Sin embargo, la militancia del movimiento de liberación negro, principalmente en el norte del país, junto con la creciente presión ejercida por las luchas contra la guerra de Vietnam y el resto de las libradas en el Tercer Mundo, consiguieron forzar una serie de concesiones civiles y legales. (La popularidad de tales reformas las convirtió rápidamente en hegemónicas, mientras Nixon intentó posteriormente dar su propia versión de las mismas).

No fue hasta el inicio de la crisis de la década de 1970, cuando comenzó la contraofensiva patronal, primero de la mano de Jimmy Carter al hilo de la desregulación, que fue seguida poco después de diversas iniciativas lanzadas por el Partido Demócrata para asegurare el respaldo de las grandes corporaciones. Los sindicatos pacificados, que habían abandonado hacía tiempo la lucha por la reforma social, no se opusieron a ello. Aquí Brenner se preocupa de contrastar las trayectorias de la historia estadounidense y europea:

[...] las adaptaciones a la recesión se produjeron en el contexto de distintos equilibrios de fuerzas de clase en el Norte capitalista global, lo cual propició una variación significativa en los resultados político-económicos. A diferencia del descenso de la tasa de sindicación registrada en el sector privado estadounidense, la mayoría de las economías capitalistas avanzadas de Europa Occidental fueron testigos de la tendencia opuesta: el aumento de la densidad sindical no solo durante las décadas de 1950 y 1960, sino también a lo largo de la de 1970 y, en algunos lugares, de la de 1980.

Después de 1995, tras la apreciación del dólar en un contexto de intensificación de la competencia intercapitalista, la economía estadounidense se definió en gran medida por la financiarización y la deslocalización a expensas del sector industrial. Los trabajadores estadounidenses no estaban en condiciones de resistirse a este proceso, ya que habían perdido sus organizaciones políticas independientes. En 2006 Brenner pensaba que «es probable que los Demócratas aceleren su estrategia electoral de moverse hacia la derecha para asegurarse votos fluctuantes y fomentar la financiación procedente de las grandes corporaciones, mientras confían en que su base electoral ligada a la población afroamericana, obrera y contraria a la guerra les apoyara con independencia de su conducta frente a los Republicanos». (Pelosi, a su debido tiempo, financió la Guerra de Iraq y después de 2008 los Demócratas se distinguieron como el socio más entusiasta en la implementación bipartidista de los rescates de Wall Street). ¿Es esta historia, como sostiene Ackerman, fatalmente dependiente de «teoría de la crisis», excesivamente recelosa de la burocracia sindical y reacia a emprender reformas desde dentro del Estado?

Es evidente que la evaluación de Ackerman no capta los detalles del análisis de Brenner expuesto en «Estructura versus coyuntura», que revela que las reformas pueden conseguirse en condiciones político-económicas radicalmente distintas. La comparación con Europa se ofrece como prueba de que, incluso durante los periodos de crisis, la alta densidad sindical pudo evitar temporalmente la contraofensiva masiva llevada a cabo por el capital durante las décadas de 1970 y 1980. Así pues, las principales distinciones trazadas por Brenner no se refieren únicamente a las registradas entre diferentes coyunturas económicas (auges y recesiones), sino que se inscriben, por el contrario, en la historia de la izquierda en su entorno social concreto, esto es, en sus tácticas, en su composición de clase y en su capacidad para mantener la independencia de partidos como el Partido Demócrata, a medida que la clase responde a tales coyunturas. No se trata en absoluto de un argumento historicista: está claro que ciertas tácticas son más útiles que otras, sea cual fuere el contexto más amplio en el que estas se despliegan; y también está claro que durante las recesiones y depresiones, los trabajadores deben estar más preparados que nunca para la confrontación. Pero con independencia de la situación en la que se encuentren, la movilización de una masa independiente y activa de la clase obrera aumenta la probabilidad de conseguir reformas.

En resumen, el debate suscitado por los recientes escritos de Brenner podría beneficiarse de un juicio histórico más agudo. Existe un parecido superficial entre el régimen de bajos tipos de interés de principios del actual siglo y la edad de oro de la gestión keynesiana de la demanda. Del mismo modo, el reciente giro hacia tipos de interés elevados y el saqueo extraeconómico puede evocar el monetarismo que acompañó a la ofensiva patronal de finales de la década de 1970. Pero la relación diacrónica de estos episodios demuestra su especificidad. La economía mixta keynesiana de 1948 se revirtió con la llegada del neoliberalismo en 1979 y fue superada por la era inaugurada por la política económica de la burbuja (*bubblenomics*) a partir de 1995. El fracaso de esta última puso en marcha el neoliberalismo de emergencia ilustrado por los rescates orquestados por Geithner desde el Departamento del Tesoro estadounidense después de 2008, seguido de un patrón de estabilización que se ha prolongado durante una década. A este le ha sucedido, a su vez, la actual coyuntura caracterizada por el «capitalismo político», esto es, por el asalto a los niveles de vida del conjunto de la población combinado con un endurecimiento de los aparatos represivos del Estado. Esta perspectiva revela ciertos vínculos causales y determinantes entre los acontecimientos a medida que se desarrollan en el tiempo y por ello puede resultar desalentadora para quienes esperan que las reformas de una época puedan trasplantarse quirúrgicamente a otra, si se eligen las opciones políticas correctas. En última instancia, sin embargo, una política basada en la comprensión clara de estas distintas fases históricas es una guía más útil para el presente.

Dylan Riley
ANEGADOS EN LIQUIDEZ

La quiebra del Silicon Valley Bank (svb) y sus inevitables efectos, como el rescate de Credit Suisse, han suscitado la habitual panoplia de análisis en términos de psicología social en la denominada «prensa de calidad». En un podcast reciente de *The New York Times*, el exfuncionario del Departamento del Tesoro Morgan Ricks alcanzó nuevas cotas de pseudoprofundidad al afirmar que el problema era «el propio pánico» y que este podría resolverse simplemente extendiendo la garantía general a todos los depositantes.

Tal análisis de la crisis no ofrece ninguna explicación concreta de lo sucedido. Las causas precisas del colapso del banco son, por supuesto, discutibles; sin embargo, el contexto estructural básico y sus principales lecciones parecen claros. El svb, supuestamente al servicio de lo que en general se considera el sector más dinámico e innovador de la economía mundial, el «tecnológico», había aparcado una enorme cantidad de sus recursos de tesorería en títulos respaldados por el Estado y en bonos de baja rentabilidad, pero supuestamente seguros. Cuando la Reserva Federal empezó a subir los tipos de interés, el valor de estos bonos bajó, desencadenando un clásico pánico bancario en el que los depositantes se apresuraron a retirar su dinero. ¿Facilitaron el pánico las

<239>

redes sociales u otros medios de comunicación digital que fomentaron el comportamiento gregario? ¿Quién sabe y a quién le importa? La cuestión crucial es que el banco se vio desbordado por el crecimiento masivo de los depósitos de sus clientes tecnológicos y que ni uno ni los otros fueron capaces de encontrar nada en lo que mereciera la pena invertir sus copiosos recursos.

En resumen, el colapso de SVB es una hermosa demostración, casi paradigmática, del problema estructural fundamental del capitalismo contemporáneo: un sistema hipercompetitivo, obstruido por el exceso de capacidad y ahorro y carente de salidas obvias para absorberlos. Hay que subrayar que la actual moda de la «política industrial» –realmente pronunciada tanto en el gobierno de Biden como en el de Macron, entre otros– no hará nada para lidiar con este problema subyacente. El problema práctico inmediato de una nueva ronda de inversión en la que el Estado trataría de incentivar al capital está meridianamente claro. Los inversores querrán percibir sus flujos de ingresos trimestrales en concepto de intereses o dividendos. ¿Por qué iban a inmovilizar capital en proyectos enormemente ambiciosos para promover la transición ecológica o aumentar la inversión en sanidad y educación, que tendrán horizontes temporales largos y rendimientos inciertos? Y lo que es más importante, incluso si tal estrategia fuera viable, ¿sería deseable?

Aquí debemos hablar claramente al sector de la izquierda que podría describirse como «neokautskista». A estas alturas está claro que el gobierno de Biden no es en absoluto una reedición de los años de Clinton-Obama. Tiene un ala antineoliberal que está más que dispuesta a desplegar el poder del Estado para moldear el «sector privado» (ese peculiar neologismo que los «responsables de las políticas públicas» utilizan para referirse al capital). A algunos de sus miembros les gustaría ir más allá y participar en la inversión publica directa. Su sincero deseo es crear puestos de trabajo bien remunerados y ecologizar la economía. En respuesta a este planteamientos, muchos en la izquierda estadounidense critican el programa de Biden por sus compromisos políticos y su timidez. Pero, ¿en qué se diferencia, realmente, de las diversas nociones de «transición intersticial» tan comunes entre quienes conciben el establecimiento del socialismo como un *New Deal* actualizado? No mucho, marcas aparte.

El problema es que ni el gobierno de Biden ni los neokautskistas tienen una respuesta creíble a la lógica estructural del capital. Imaginemos, a modo de experimento mental, que la *bidenomics* en su forma más ambiciosa tuviera éxito. ¿Qué significaría esto exactamente? Por encima de todo, conduciría a la relocalización doméstica de la capacidad industrial tanto en la fabricación de chips como en la tecnología verde. Pero ese proceso se desarrollaría en un contexto global en el que todas las demás potencias capitalistas estarían intentando vigorosamente hacer más o menos lo mismo. La consecuencia de este impulso simultáneo de la industrialización sería la exacerbación masiva de los problemas de exceso de capacidad a escala mundial, lo cual ejercería una fuerte presión sobre la rentabilidad del mismo capital privado que se vio «atraído al proceso de inversión» por las políticas de industrialización «creadoras de mercado».

¿Cómo podría reaccionar el gobierno estadounidense ante esta coyuntura? Probablemente, la respuesta sería un mayor apoyo estatal, que podría adoptar la forma de una inyección monetaria que provocara burbujas del precios de los activos (lo que Robert Brenner ha descrito como «*bubblenomics*») o garantías directas de rentabilidad. Pero esto no haría sino exacerbar el fenómeno del capitalismo político. Es decir, los mecanismos directamente políticos se harían cada vez más necesarios para generar rentabilidad.

¿Cuál sería la respuesta adecuada a este dilema desde el punto de vista de una sociedad humanizada? El punto principal es que ningún socialista debería abogar por una «política industrial» de ningún tipo, ni tener nada que ver con los autodestructivos *New Deals*, verdes o no. Lo que el planeta y la humanidad necesitan es una inversión masiva en actividades de baja rentabilidad y baja productividad: cuidados, educación y restauración medioambiental. El capital es incapaz de hacerlo, porque busca un «valor» que estos sectores tienen dificultades para producir. La razón subyacente es obvia: ni la salud, ni la cultura, ni el medioambiente funcionan muy bien como mercancías. Así pues, como ya había intuido Oskar Lange en la década de 1930, el gradualismo no puede funcionar. Tenemos que apoderarnos de inmediato de las cúspides de la economía, en este caso del sector financiero. Cualquier otra estrategia conducirá al callejón sin salida descrito anteriormente o a una fuga masiva de capitales. En las condiciones actuales, las medidas a medias son absurdas y contradictorias. La cháchara sobre los *New Deals* y la «*rooseveltología*» de tono sepia debe ser expuesta como lo que es: un obstáculo retrógrado para el establecimiento del socialismo.